나는 고발한다
KT의 민낯을

어느 현직 KT 노동자의 불굴의 투쟁기

나는 고발한다 KT의 민낯을

오희표 지음

어느 현직 KT 노동자의 불굴의 투쟁기

아마존의나비

나는 고발한다
KT의 민낯을
어느 현직 KT 노동자의 불굴의 투쟁기

발행일	2025년 11월 10일 초판1쇄
지은이	오희표
펴낸이	오성준
편집	권용주, 김재관
마케팅	홍세영
디자인	아작 디자인팀
펴낸 곳	아마존의나비
등록번호	제395-251002014000114호(2014년 11월 19일)
주소	경기도 고양시 덕양구 청초로 19 아이에스비즈타워센트럴 A동 706호
전화	02-3144-8755, 8756
팩스	02-3144-8757
웹사이트	www.chaosbook.co.kr
이메일	info@chaosbook.co.kr
ISBN	979-11-90263-36-8 03300
정가	19,000원

· 아마존의나비는 카오스북의 인문사회 단행본 임프린트입니다.
· 이 책은 지은이 오희표와 카오스북의 독점 계약에 따라 발행된 저작물로 저작권법의 보호를 받습니다.
· 어떠한 형태의 무단 전재와 복제를 금합니다.

프롤로그

**끝나지 않은, 끝낼 수 없는
인간 존엄을 위한 투쟁의 장에서**

회사는 내 삶의 전부였다. 13년을 바쳤다. 단 하루도 소홀히 한 적 없었다. 그러나 내게 돌아온 것은….

2013년 2월 28일, 나는 해고당했다. 아무 예고도, 설명도, 기회도 없이. 나는 그렇게 버려졌다. 그날 이후, 내 삶은 송두리째 무너졌다. 나는 말하고 싶다. 그 누구도 알려고 하지 않았던, '대기업'이라는 이름 뒤에 숨겨진 잔인한 진실을.

권력은 너무도 쉽게 약자를 짓밟는다. 말 한마디, 사인 하나로 사람의 삶을 망가뜨린다. 그리고 그들은, 아무 일 없다는 듯 돌아선다. 그 뒤에 남겨진 우리는 부서진 마음을 부여잡고 겨우 하루를 버틴다. 살기 위해, 인간답게 살기 위해 울음을 삼키며 견디고 또 견딘다.

7년. 그 긴 시간 동안 나는 철저히 짓밟혔고, 고립되었고, 쓰러졌다. 그러나 나는 포기하지 않았다. 다시 일어섰고, 법정에서 진실을 증명해 냈다. 이 책은 그 치열했던 전쟁의 기록이다. 억울함에 대해 침묵을 강요당한 수많은 사람들 가운데 끝까지 싸운 한 사람의 이야기, 그리고 마침내 정의를 되찾은 나의 실화다.

그러나 이 이야기는 아직 끝나지 않았다. 나는 지금도 같은 회사를 다니고 있고, 또 다른 싸움 한가운데 서 있다. 또 다른 부당함에 맞서며 다시 법정에 선다. 이건 단지 나 하나의 이야기가 아니다. 이 시대를 살아가는 모든 '을'의 이야기다. 노동위원회에서 기각당하고, 민사법원에서 외면받고, 수 많은 변호사에게 "불가능하다"는 말을 들었다. 나는 법을 알게 되었고, 증거를 찾기 위해 노력했으며, 관련 자료들을 정리했다. 스스로 싸움의 칼을 들었다.

존엄이라는 말조차 사치였던 날들 속에서도 나는 끝끝내 포기하지 않았다. 나는 이 책을 통해 당신에게 묻는다.

"부당한 현실 앞에서, 당신은 침묵할 것인가? 아니면 맞설 것인가?"

이 책은 단순한 회고가 아니다. 당신이 지금 억울한 싸움 한가운데에 서 있다면, 이 책은 분명 당신의 무기가 되어 줄 것이다. 그리고 나는 믿는다.

정의는 언젠가 반드시 승리한다. 그 증거가 바로, 이 책이다

사랑하는 딸에게

아빠가 이 책을 쓰는 내내 가장 많이 떠오른 이름이 바로 너였단다. 때론 쓰러지고 싶을 만큼 버거운 날들 속에서 힘들고 외로울 때,

너의 존재는 아빠를 다시 일으켜 세워 주는 가장 큰 이유였어.

    이 책은, 아빠가 세상과 싸운 기록이자, 결국 너에게 부끄럽지 않기 위해 버텨 낸 시간들의 고백이야. 이 책을 읽게 된다면, 아빠의 세포 하나하나에 새겨진 진심이 너에게도 고스란히 전해지길 바란다.

감사의 말

    가장 먼저, 저에게 다시 도전할 용기와 믿음을 심어 주신 존경하는 민주노총 강두용 노무사님께 깊은 감사의 인사를 전합니다. 당신의 조언과 헌신적인 도움 없이는 이 싸움을 끝까지 이어갈 수 없었을 것입니다. 또한 민사 소송에서 승리할 가능성을 열어 주시고 방향을 제시해 주신 허선 실장님, 박국병 변호사님께도 진심으로 감사드립니다.

    무엇보다 제 인생에서 멘토이자 늘 든든한 버팀목이 되어 주신 27년 지기이자 KTF 시절부터 묵묵히 곁을 지켜 주시고, 흔들릴 때마다 다시 일어설 수 있도록 기댈 어깨가 되어 준 사수 박수기 형에게 깊은 감사의 마음을 전합니다.

    또한 이 책을 탈고하는 과정에서 스틸보소 조윤기 대표님을 비롯하여 좋은 의견과 따뜻한 조언을 아끼지 않으신 김백곤, 한찬우, 정장환, 곽덕용, 홍성호, 오경상, 김형준, 그리고 박상훈, 김형범, 서재호, 안근용, 조성윤, 정지민 님께도 깊이 감사드립니다.

    제 싸움을 가까이에서 지켜보시면서도 겉으로는 내색하지 않으셨던 아버지. 때로는 말과 행동이 달라 마음을 표현하지 않으셨지만, 그 진심은 언제나 느낄 수 있었습니다. 이 책의 출간을 함께하지는 못하지만, 지금 이 순간에도 하늘에서 제 걸음을 따뜻한 눈빛으로 바라보고 계시리라 믿습니다.

  이 책이 저처럼 부당한 현실 앞에 서 있는 분들께 작은 등불 하나가 되기를 바랍니다. 저는 이 책을 통해 여러분 곁에서 함께 싸우고, 함께 버티고, 함께 이기고자 합니다.

진심을 담아,
오희표

목차

프롤로그 5

1부 전쟁의 서막

01 성벽과 마주하다 13
02 침묵한 정의 67
03 그래, 내가 변호사가 되는거야 113
04 반격의 서막 139

2부 또 하나의 전장

05 돌아온 자 159
06 다시 부당함에 맞서 171
07 고발과 감시의 나날 201
08 역사적인 대법원 235
09 끝나지 않은 전쟁 249

3부 나의 삶, 나의 꿈

10 시련과 응전 273

에필로그 307
부록 1 KT, 권력과 낙하산 인사 15년 연대기 313
부록 2 부당 해고와 징계 앞에서 321

1부

전쟁의 서막

1장
성벽과 마주하다

전쟁의 서막

불길한 전화, 투쟁의 시작

　나의 이름은 오희표. 2000년, KTF에 입사했다. '무선망 설계와 최적화', 전파의 흐름을 읽고, 기지국의 위치를 잡고, 안테나의 방향과 출력을 조율하는 업무였다. 처음엔 도면 위에서 시작했지만, 곧 현장의 냄새와 감각이 더 중요하다는 걸 깨달았다. 그 사실을 가장 먼저 몸으로 가르쳐 준 사람, 바로 사수 박수기 대리였다.
　"전파 세기와 신호는 지형과 건물 상황에 따라 달라. 그건 현장에서 전파를 직접 측정하고 경험을 쌓아야 감이 잡히는 거야."
　그의 말처럼, 이 일은 책으로 배우는 게 아니었다. 나는 수도권 남부 전역을 누비며 건물 옥상과 복잡한 골목길에서 전파를 측정했다. 사람들이 "휴대폰이 잘 터진다"고 말할 때, 그 안엔 우리 기술자들의 보이지 않는 노력이 있었다.

당시 이동통신 시장은 다섯 사업자 간 경쟁이 치열했다. 기존 사업자는 절대 강자 SK텔레콤(011)과 신세기통신(017), 후발 PCS 3사는 KTF(한국통신프리텔 016), 한솔PCS(브랜드 '원샷' 018), LG텔레콤(019)이었다. 이후 인수·합병을 거치며 구조가 빠르게 단순화됐다. SK텔레콤은 신세기통신을, KTF는 한솔PCS를 각각 흡수했고, 2009년 6월 1일 KT가 KTF를 최종 흡수 합병, LG텔레콤은 LG데이콤과 파워콤을 합병하여 현재 국내 이동통신 사업자는 SK텔레콤·KT·LG유플러스 3사가 시장을 점유하고 있다.

국내 이동통신 업계 재편 현황

구분	회사명	번호	관련 식별(과거)	비고
초기 (5사)	SK텔레콤	011	-	
	신세기통신	017	-	
	KTF	016	-	
	한솔PCS	018	-	브랜드 '원샷 018'
	LG텔레콤	019	-	현 LG유플러스 전신
현재 (3사)	SK텔레콤	-	011 + 017(신세기통신)	
	KT	-	KT(유선) + 016(KTF) +018(한솔pcs)	
	LG유플러스	-	019(LG텔레콤) (LG데이콤+파워콤 흡수 합병)	

그러던 2012년 3월, 회사는 LTE 도입을 앞두고 있었고, 나는 원주에서 1주일 예정의 기술 교육을 받고 있었다. 금요일 오후 2시, 교육의 마지막 날, 잠시의 휴식 시간에 나는 강의실 밖에서 커피를 마시고 있었다. 그때, 휴대폰이 진동했다. 낯선 번호였지만, 나는 무심하게 전화를 받았다.

"여보세요? 오희표입니다."

"KT 감사실 최우식입니다. 월요일 오전 9시까지 감사실로 출석해 주십시오."

느닷없는 말이었다. '감사실 출석?' 나는 순간적으로 판단했다. '보이스피싱이네.'

"예? 감사실이요? 무슨 일 때문에요?"

"정식 요청입니다. 월요일 오전 9시까지 오셔야 합니다."

설명도 없고, 말투도 건조했다. 나는 웃으며 대답했다.

"하하, 뭐 이런 식으로도 보이스피싱을 하네요. 죄송하지만, 끊겠습니다."

전화를 끊었다. 장난 전화라 생각했고, 별일 아니라 넘겼다. 그런데 1분도 채 지나지 않아 같은 번호로 다시 전화가 걸려 왔다. 이번엔 목소리부터 달랐다. 짧고 거칠게 쏟아졌다.

"지금 장난하십니까? 내가 누군 줄 알고 이런 식으로 받으시는 겁니까?"

"아니, 갑자기 전화해서 감사실이니, 출석이니 하니까요. 누군지도 모르는데 제가 어떻게 믿습니까?"

"저는 KT 감사실 최우식입니다. 정식 업무 중입니다."

"그래요? 그렇다면 저도 국정원 직원입니다. 정말 감사실에서 공식적으로 연락한 거라면, 회사 메일로 정식 통보하세요. 전화 말고요."

잠시 침묵이 흘렀고, 이내 짧은 말이 이어졌다.

"알겠습니다. 곧 메일로 보내겠습니다. 월요일 오전 9시, 반드시 출석하십시오."

뚝, 전화가 끊겼다. 그리고 몇 분 후, 정말로 사내 메일이 도착했다.

보낸 사람: 감사실.

그 순간, 알았다. 이건 농담도, 보이스피싱도 아니라는 걸. 화면을 가만히 바라보았다. 메일 제목 하나가 수만 마디의 말보다 무겁게 가슴을 눌렀다. 놀랄 여지도 없었다.

[감사 출석 요구서] 성실의 의무 위반

가볍게 넘겼던 장난 같은 상황이 진짜 현실이 되기 시작했다. 나는 그때까지만 해도 몰랐다. 그 전화 한 통이, 내 삶의 모든 것을 뒤집을 전쟁의 서막이 될 줄은.

불안, 그러나 치밀한 준비

'내가 뭘 잘못한 거지? 감사실까지 출석하라고?' 머릿속이 복잡해졌다. 아무리 생각해도 딱히 떠오르는 게 없었다. 최근 있었던 일을 하나씩 더듬기 시작했다. 며칠 전 회식. 그리고 그 다음 날, 늦잠으로 인한 지각. 혹시 그건가? 예전에 협력사에서 무심코 한 번 받은, 그

가벼운 추석 햄 선물 세트 때문일까? 너무 오래된 일이고, 말도 안 되는 추측 같았지만…. 내 안에서는 그 사소한 일이 슬그머니 고개를 들며 의심의 실마리가 되기 시작했다. 별일 아닐 거라고 다독이면서도 머릿속은 쉴 새 없이 가능성을 쫓고 있었다. 이해할 수 없었다. 내가 지금 이 메일을 받아야 할 만큼의 무슨 잘못을 했던가. 그런 기억은 없었다. 없다고 믿고 싶었다. 마음이 복잡해진 나는 결국 평소 믿고 따르던 이 선배님에게 전화를 걸었다. KTF 시절부터 함께 일해 온 분이었다.

"선배님, 잠시 통화 가능하세요?"

"그래, 무슨 일이야?"

숨을 고르고 조심스럽게 말을 꺼냈다.

"회사에서…, 감사실 출석 요구서를 받았습니다. 월요일 오전까지 출석하라고…."

수화기 너머로 잠시 정적이 흐르더니, 곧 걱정스러운 목소리가 들려왔다.

"뭐? 갑자기 감사실 출석을? 무슨 이유도 없이?"

"네. 저도 정확히 모르겠어요. 그냥 성실의 의무 위반으로 출석하라는 말뿐입니다."

이 선배님은 낮게 한숨을 내쉬었다.

"야, 요즘 분위기 이상하다는 말…, 너 모르는구나? 장난 아닌 것 같아. 너도 알잖아…. 온리정보통신 있지? 협력사. 거기서 명절 때마다 우리 직원들한테 선물 세트 보냈던 거…. 그게 문제 됐어. 최근 5년 치 자료까지 감사가 들어갔잖아."

징계를 받았단 소문이 이미 사내에 퍼져 알고 있는 내용이었다.

"그걸로 KTF 출신만 징계 먹은 사람이…, 한 열 명은 넘는다더라. 견책, 감봉…, 전부 통보받았대. 아예 초토화시킨 거지. 팀장은 보직 내려놓고 징계 먹은 사람은 다른 쪽으로 발령내고, 그런데 진짜 무서운 건 따로 있어. 이게 단순한 윤리 감사가 아니라는 말이 있어. KTF 출신들…, 이번에 작정하고 길들이는 거라는 얘기가 공공연히 돌고 있어."

선배는 한숨을 돌리더니 말을 이어 갔다.

"지금 감사실 인원을 대폭 늘렸대. 심지어 이석채 회장이 검찰 출신 인사까지 신규 영입했대. 이 정도면 진짜 작정하고 파헤치겠단 거지. 외부 협력사고 뭐고 영업, 기술, 총무, 어느 부서건 그냥 통째로 뒤엎겠다는 분위기야."

"그래서 말인데…, 너도 잘 생각해 봐. 혹시 걸릴 만한 거… 없어?"

그 얘기를 듣는 순간 예전에 협력사에서 무심코 받은 명절 선물, 당시로선 흔했던 햄 세트 하나가 떠올랐다. 하지만 그건 벌써 7년이나 지난 일이다. 설마 이건 아니겠지. 게다가 현재 그 협력사는 없어진 지 오래다. 그건 아니다. 그럴 리 없다. 나는 고개를 저으며 가만히 듣고만 있었다.

"음…, 어디선가 조언을 먼저 받는 게 좋겠다. 너 혹시 민주노총 알아? 수원역 근처에 지부 있을 거야."

"민주노총이요…?"

"그래. 우리나라에서 제일 강성인 노조지. 하지만 그만큼 근로자 편에 서는 조직이야. 대단한 걸 기대하라는 건 아니지만, 순수하게 노동자 입장에서 들어 줄 수 있는 데야. 가 보면…, 적어도 혼자 생각하는 것보단 뭔가 실마리를 찾을 수 있을 거다."

"네, 선배님…, 감사합니다. 한번 가 보겠습니다."

전화를 끊고 나는 곧장 검색창을 열었다.

'민주노총 경기지역본부.'

다행히 위치는 멀지 않았다. 뭔가를 해야 한다는 생각이 들었지만, 무엇을 해야 할지는 알 수 없었다. 밤은 깊어졌고, 마음은 편치 않았다. 시간은 유난히 더디게 흘렀다.

낯선 문 앞에서, 민주노총 들풀 강두용 공인노무사

토요일 아침, 나는 수원역 인근 경기민주노총 건물 앞에 서 있었다. 이 조직의 이름은 뉴스에서만 봤을 뿐, 설마 내가 여길 직접 찾아오게 될 줄은 몰랐다. 어색하고 낯설었다. '도움이 될 수 있을까?' '그래도 누군가 내 이야기를 들어줄 수는 있겠지….' 작은 희망을 품고 문을 두드렸다. 똑똑, 똑똑. 아무런 반응이 없었다. 혹시나 하는 마음에 문 손잡이를 당겨 봤지만, 단단히 잠겨 있었다. '토요일이라 그런가…?' 아쉬움이 밀려왔다. 주변을 둘러보았다. 그때, 바로 옆 사무실 문 옆에 작게 붙어 있는 간판 하나가 눈에 들어왔다.

들풀 공인노무사 강두용 사무실

무언가에 끌리듯 문을 두드렸다. 안에서 들리던 키보드 소리가 멈추는 듯하더니 잠시 뒤 발소리가 다가왔다. 문이 열리고, 다소 피곤해 보이지만 단정한 인상의 중년 남성이 나왔다.

"무엇을 도와드릴까요?"

"상담 좀 받을 수 있을까요?"

그가 고개를 끄덕이더니 문을 더 열어 나를 안으로 이끌었다.

"들어오시죠."

작은 사무실 안은 책과 서류로 가득했다. 열려 있는 노트북 화면에 판례 검색창이 보였다.

"저는 강두용 노무사입니다. 민주노총 소속으로, 사용자 측은 대리하지 않고 근로자 쪽만 대리합니다. 자, 어떤 도움이 필요하신가요?"

조금은 안도감이 들었다. 나는 숨을 고르며 차분히 입을 열었다.

"노무사님, 제가 현재 KT에 근무하고 있구요. 회사에서…, 성실의 의무 위반으로 감사실 출석을 통보받았습니다. 그런데 자세한 사유는 설명받지 못한 상황이고, 이게 단순한 감사 절차인지, 아니면 불이익을 전제로 한 조치인지 걱정이 됩니다."

신중하게 내 말을 메모하던 강두용 노무사가 조심스럽게 말했다.

"출석 요구라면 보통은 내규 위반이나 인사 차원의 조치일 가능성이 있습니다. 하지만 회사가 문제를 삼고자 할 경우, 예상치 못한 상황으로 번질 수도 있습니다. 우선 감사실에서는 절대로 구체적인 진술을 하지 마시고, 묵비권을 염두에 두고 응대하세요."

나는 놀란 눈으로 그를 바라보았다.

"묵비권까지요…?"

"예. 당황해서 즉석에서 대답하다 보면, 오히려 빌미를 줄 수 있습니다. 질문이 들어오면 '기억이 정확하지 않다', '확인 후 말씀드리겠다' 정도로 정리하세요. 그리고 꼭…, 감사에서 오간 내용은 퇴실 후 바로 기록해 두셔야 합니다."

고개를 끄덕거리며 하나라도 놓칠새라 그의 말을 주의 깊게 들으며 메모를 해 나갔다.

"이후, 혹시 불이익 조치가 발생할 가능성도 있을까요?"

"그럴 가능성을 염두에 두고, 모든 상황을 문서와 날짜로 정리해 두세요. 이건 '싸움'이라기보다 증거를 남기는 대응의 시작입니다."

그의 말은 조용했지만 단단한 울림이 있었다. 나를 대신해 싸워 줄 수는 없었지만, 최소한 방향을 알려 줄 수는 있는 사람이었다. 그 사실만으로도 내게는 큰 위안이 되었다. 사무실을 나와 집으로 돌아 오는 길, 나는 그의 조언 하나하나를 떠올리며 곱씹었다. '불리한 진술은 하지 마라', '기억이 명확하지 않다면 즉답하지 마라', '가능하면 서면으로 남기고, 모든 질문은 퇴실 후 정리해 두라.' 나는 주말 내내 강 노무사의 말들을 되뇌며, 월요일을 준비했다. 와중에도 머릿속은 여전히 복잡했다. 도대체 무엇이 문제인지를 모르는데, 어떻게 완벽히 대비할 수 있을까. 강 노무사가 전해 준 조언은 분명히 힘이 되었지만, 감사실에서 어떤 질문이 나올지, 어떤 흐름으로 진행될지는 전혀 감이 오지 않았다. 나는 그저, 혹시라도 잘못된 말이나 판단으로 일을 더 크게 키우지 않겠다는 마음으로 그가 알려 준 원칙만을 가슴 속에 새기고 있었다.

감사실 가는 길

월요일 새벽 5시 30분, 알람보다 먼저 눈이 떠졌다. 방 안은 아직 어두웠고, 창밖의 거리는 조용했다. 오늘은 평소와는 다른 날이었다. 욕실 거울 앞에 섰다. '오늘, 결코 흔들리지 않는다.' 간결하게 다짐하고 준비를 시작했다. 감사실 출석. 단순한 절차는 아닐 것이다. 회사가 무엇을 어떻게 물을지, 나는 왜 불려가는지도 아직 명확치 않았다. 하지만 분명한 건, 오늘 내 태도와 대응이 이후의 결과를 가를 수도 있다는 사실이었다.

운동복을 입고, 자전거 헬멧을 썼다. 6년 넘게 이어온 출근 방식. 오늘도 그 흐름을 유지했다. 다만 오늘은 그 목적지만 다를 뿐이다. KT 정자동 본사, 그리고 감사실. 수원에서 정자동까지 자전거로 왕복 5시간, 편도만 해도 2시간 30분이 걸린다. 고개를 넘고 내리막을 반복하는 험한 길이었다. 숨이 차고 다리가 무거워졌지만, 멈추지 않았다. 그렇게 해야만 했다. 그래야 스스로 기죽지 않고, 멘탈을 붙잡을 수 있었다. 그것이 내가 선택한 방식이었다. KT 본사 앞에 도착한 시간은 오전 8시 40분. 땀에 젖은 운동복 차림으로 본사 건물에 들어서자, 로비의 시선이 느껴졌다.

"저 사람 뭐야?", "감사실 가는 거 아냐?" 웅성이는 소리가 들렸지만, 발걸음을 멈추지 않았다. 나는 흔들리지 않기로 했고, 지금 그 다짐을 행동으로 증명하고 있었다. 감사실 문 앞에 섰다. 손등으로 이마의 땀을 닦고, 짧게 숨을 골랐다. '정신 차리자. 말 하나, 행동 하나, 실수하지 말자.' 문 손잡이를 잡았다. 그리고, 문을 열었다.

첫 대면

문이 열리는 순간, 내부의 공기가 묘하게 바뀌는 걸 느낄 수 있었다. 회의실 책상 너머에 앉아 있던 감사인들이 동시에 고개를 들었다.

"어떻게 오셨습니까?"

"안녕하세요. 감사받으러 왔습니다."

"조사받으러 오신 게 맞습니까?"

"네. 오희표입니다. 잠깐 옷만 갈아입고 오겠습니다."

순간, 그들 사이에 미묘한 기류가 흐르기 시작했다. 대부분 편안한 복장으로 앉아 있는 감사의 자리. 그런데 헬멧과 운동복 차림에 땀에 젖은 남자가 문을 열고 들어오자, 당황스러운 시선들이 내게 꽂힌 것이다. 나는 화장실로 향했다. 거울 앞에 서서 짧게 심호흡하고 준비해 온 정장을 꺼내 입었다. 넥타이를 조이고, 단추를 채웠다. 다시 감사실로 돌아왔을 때, 회의실 안의 시선들이 다시 나를 훑었다. 그때, 신경질적이면서 낮은 목소리가 귀에 꽂혔다.

"조사받으러 온 사람이 수원에서 자전거 타고 운동을 하고 와?"

하지만 나는 모른 척 자리에 앉았다. 그러자 한 감사인이 얼굴을 찌푸리며 말했다.

"자전거 헬멧에 운동복까지…, 진짜 자전거 타고 오신 겁니까?"

"네, 평소 출근하던 방식 그대로 자전거 타고 왔습니다. 아침 운동도 겸해서요."

감사인의 얼굴에 어이없다는 표정이 스쳤지만 이내 아무 일도 없었다는 듯 시선을 돌렸다. 나는 이미 하나의 문장을 곱씹으며 마음을 다잡고 있었다. '그래, 오늘은 이 방식대로 간다. 흔들리지 말자.'

"오늘 감사는 50분 조사, 10분 휴식. 점심시간 1시간 빼고, 오후 6시까지 이어질 예정입니다."

"네, 알겠습니다."

나는 마음속으로 생각했다. '정시 출근에 정시 퇴근. 일단 깔끔하네. 하지만 그 생각은 오래가지 않았다. 최 감사인이 문서 한 장을 꺼내 들었다.

"녹음과 녹화를 진행하겠습니다. 동의하시죠?"

나는 문서를 찬찬히 훑어봤다. 고개를 천천히 저었다.

"거부합니다."

최 감사인의 표정이 딱 굳었다. 그의 입술이 얇게 일직선이 되었다.

"도대체 왜 거부하십니까? 감사 조사 시, 이건 필수입니다."

나는 고개를 들어 정면을 응시하며 말했다.

"필수라면서 왜 동의를 받습니까? 말이 안 되잖아요. 동의를 받는다는 건, 반대로 거부할 수도 있음을 의미하는 거 아닙니까? 그리고 정 녹취와 녹화를 원하신다면, 저도 핸드폰으로 동시에 녹음하고 녹화하겠습니다. 그 조건이라면 동의합니다."

최 감사인의 안색이 굳더니 목소리가 높아졌다.

"오 과장님이 직접 녹화·녹음하는 건 절대 안 됩니다."

"그럼 저도 녹화·녹음은 거부합니다."

짧은 정적 후, 한숨을 내쉰 최 감사인이 또 다른 문서를 꺼냈다.

"이건 확인서입니다. 동의하지 않아 발생하는 불이익에 대해 이의를 제기하지 않겠다는 내용입니다."

나는 문서를 바라보았다. 손끝이 떨렸다. 그러나 망설이지 않았다. 펜을 들어 서명했다. 그리고 또렷하게 말했다.

"서명하겠습니다. 다만, 이건 저의 권리를 지키기 위한 선택임을 분명히 밝힙니다."

최 감사인이 잠시 나를 노려보더니 비웃듯 말했다.

"지금까지 감사받으면서 녹음과 녹화를 거부한 사례는 처음입니다. 나중에 불이익이 생겨도 어쩔 수 없습니다."

"불이익을 주겠다는 뜻입니까? 그렇다면 그 말도 기록해 두시죠."

그의 협박성 발언에 나는 더욱 확실하게 대꾸했다.

계략, 그리고 함정

드러난 계략

감사실 안의 공기가 한층 더 무거워졌다. 이윽고, 본격적인 질문이 시작됐다. 최 감사인이 인쇄된 문서 다섯 장을 내밀며 내게 물었다.

"이 중에 가족 명의로 KT에 임대한 건물이 있습니까? 임대인 성명란에 가족 이름이 적힌 경우도 포함입니다."

나는 문서를 천천히 넘겼다. 서류에는 임대인 명단과 건물 주소가 빼곡히 적혀 있었다. '아, 이걸로 나를 잡으려는 거였군.' 가족 명의로 분양받아 회사와 임대 계약을 맺은 그 건, 그게 문제였던 거다. KTF 합병 전, 당시에는 많은 경우 그렇게 처리했었다. 임대가 불가능한 건물은 직원이나 지인의 명의로 분양을 받아 기지국 개통을 밀어붙이는 방식이었다. 회사는 이 사실을 알면서도 묵인했고, 심지어 권장하는 분위기였다. 현장에서는 그저 일상 업무 중 하나였고, 사내 게시판에도 다음과 같은 공지가 버젓이 올라와 있었다.

"분양 가능한 직원이나 지인이 있으면 알려 달라."

책임은 온전히 개인이 떠안는 구조. 나 역시 당시 그 흐름 속에 있었고, 관행대로 따랐을 뿐이다. 그런데 이제 와서 합병 후 수년이 지난 지금에서야 KT는 그 시절 아무 문제 삼지 않던 관행을 문제 삼기 시작한 것이다. 나는 지금, 단숨에 판단해야 했다. 이들은 이미 나를

'비위 행위자'로 낙인찍었다. 무슨 말을 해도 듣지 않을 것이다. 그렇다면…, 입을 다물어야 한다. 묵비권! 지금은 말이 아니라 '침묵'이 나를 지키는 무기가 되어야 한다.

"답변하지 않겠습니다."

"왜 답변하지 않으십니까? 가족관계증명서도 제출해 주셔야 합니다."

"개인 정보는 동의 없이 열람될 수 없습니다. 가족 정보를 포함한 서류는 당사자의 동의 없이는 제출할 의무가 없습니다."

"이렇게 비협조적이면, 결국 불이익을 받게 됩니다."

"'불이익'이란 단어를 계속 강조하시네요. 듣기에 따라선 협박처럼 들릴 수 있습니다."

감사실 안의 공기는 더욱 얼어붙었지만, 나는 한 치의 동요도 없었다.

숨겨진 함정

"오 과장님, 예전에 가족 정보 제공 관련 전자 서명하셨죠?"

감사인은 이미 확신하고 있는 표정이었다.

"저는 서명하지 않았습니다."

감사인의 눈썹이 움찔했다. 마치 예상과 다른 대답이 튀어나온 듯한 표정. 그는 화면을 확인하더니 말을 흐렸다.

"서명…, 안 하셨다고요?"

"네, 서명하지 않았습니다."

그의 손이 마우스를 쥐고 급히 뭔가를 클릭했다. 모니터에 띄운 것은, 내가 서명하지 않았다는 전자 기록. 그의 얼굴에 미세하게 당황스러운 표정이 스쳤다. 그 당황스러움이 끝나기 무섭게, 문이 벌컥 열리더니 누군가 급하게 들어오며 소리쳤다. "어, 이 사람이 왜 서명 안 했어?" "다른 직원들은 다 했는데 왜 혼자만 안 했냐고!" 짜증 섞인 반말. 정진수 감사팀장이었다.

"어, 지금 나한테 반말한 겁니까?"

"어… 취소, 취소입니다." 그는 당황해 입을 가리며 더듬었다. 어의가 없었다.

"불이익이 없다는 문장을 직접 확인했습니다. 그래서 서명하지 않았습니다."

그는 흥분한 상태였지만, 내 말에 다시 한 번 멈칫했다. 한동안 말없이 서 있더니, 뭔가 계획이 틀어졌다는 듯 그는 씩씩대며 뒤돌아 나갔다. 그들은 내가 당연히 서명했을 거라 믿고, 가족 정보부터 먼저 확인하고 나를 부른 것이었다. 전자 서명은 그저 '통과의례'로 생각하였을 테고. 녹음과 녹화를 거부당했음에도 감사팀장은 문 밖에서 모든 흐름을 지켜보고 있었던 것이다. 그런데 상황이 예상과 달리 흘러가자 갑자기 문을 박차고 뛰어든 것이다.

회사에서 전자 서명을 하라고 하면, 대부분의 직원들은 별 생각 없이 서명란에 동의할 것이다. 직접적으로 강요하지는 않지만, 누구나 느낄 수 있다. 묵시적 강요. 서명은 '당연한 절차'이며, 거부는 '문제의 시작'이라는 것을. 나도 그 자리에 있었다. 나는 그때, 어떤 대단한 철학이 있어서도, 누군가의 조언을 받아서 서명을 거부한 것도 아니었다. 다만 문서를 끝까지 읽었고, "동의하지 않아도 불이익이 없다"는 문장을 발견했을 뿐이다. 그래서 단순히, 별다른 뜻 없이 서명하지 않았다. 그게 다였다. 하지만 지금 생각해 보면, 아무 뜻 없던 그 선택 하나가 오늘 이 자리에서 단단한 보호막이 되고 있었다. 감사실 안에 다시 정적이 흘렀고, 첫날의 감사는 별다른 결론 없이 그대로 끝났다.

감사는 매일 반복됐다. 감사인은 내가 했던 말을 하나하나 타이핑해 출력했고, 그걸 들이대며 대조를 요구했다. 확인 절차가 끝나면, 지장을 찍고 간인까지 해야 했다. 마치 자백서를 받아내듯. 그날도 어김없이 같은 절차가 반복되었다. 출력된 문서를 넘기던 내 손이 한 문장에서 멈췄다. 거기엔 이렇게 적혀 있었다.

감사 받을 만한데.

그 문장을 보는 순간, 내가 언제 저런 말을 공식적으로 했던가? 기억을 더듬자, 불현듯 떠오른 순간이 있었다. 감사실 분위기에 눌린 채 억울함과 분노가 얽힌 순간, 무심코 툭 터져 나왔던 한 말, "감사, 받을 만한데." 단순한 반항심에 울컥해서 무심코 내뱉었던 말이었다. 그런데 그것이 문서 속에 '사실 진술'처럼 박혀 있었다. 나는 바로 정정했다.

"아, 이건 취소입니다."

"오 과장님이 하신 말씀이잖아요. 지금 와서 취소라뇨?"

그러더니 무언가 결심한 듯, 그가 다시 키보드를 쳤다. 키보드 소리가 신경질적으로 들렸다. 문서에 "아, 이건 취소입니다"라는 문장이 새롭게 출력되어 나왔다. 나는 그제야 그의 의도를 정확히 알았다. 내가 '이 문장을 철회한다'는 의미로 말한 것을, 그는 '그 말까지도 그대로 기록에 남기겠다'는 식으로 또 하나의 문장을 추가해 붙여 놓은 것이다. 내용을 지워 달라는 내 의도와 달리, 취소하겠다는 말조차 고스란히 '기록'으로 만들어 두겠다는 얄팍한 기술. 그리고 이어지는 그의 말.

"그럼 지장을 찍어 주십시오."

"아니요, 안 찍겠습니다. 그럼 감사팀장이 들어와 고함치면서 반발하고 취소한 상황도 같이 기록하시죠. 그것도 기록해야 공정한 거 아닙니까!"

감사인이 굳은 얼굴로 한참을 나를 쳐다봤다. 짜증 섞인 숨소리, 흔들리는 눈빛.

"그럼 진행이 어렵습니다."

"그럼 저도 어렵습니다."

이렇게 실랑이는 매일 반복됐다. 감사를 받는 시간보다 실랑이 벌이는 시간이 더 길었다. 그 모든 혼란의 시작은, 내가 녹화와 녹음을 거부했기 때문이었다. 기록이 없는 공간에서 진실은 언제나 위협적이니까. 그렇게 하루가 끝났고, 다음 날도 같은 흐름이 이어졌다. 질문 → 묵비권, 실랑이 → 답변 유보 → 지장 거부. 다섯째 날이 되자, 감사인들의 표정은 완전히 무너져 있었다. 질문은 진도가 나가지 않았고, 서로 주고받는 눈빛 가운데 간간이 한숨이 새어 나왔다. 쉬는 시간 10분, 좀 일찍 감사실 문을 열고 들어가는데 감사실 안에 소리가 들렸다. "아, 씨X…, 진짜 미치겠네. 이런 놈은 처음 봐." 분명히 내 귀에 들렸지만 나는, 못 들은 척하고 감사실 문을 열고 들어갔다. 진짜 싸움은 지금부터였다. 가끔, 예기치 못한 질문이 불쑥 튀어나올 때가 있었다. 그건 단순한 질문이 아니었다. 감사인은 마치 수사관처럼, 말의 맥을 끊고 다시 꼬리를 잡는 교묘한 기술을 쓰고 있었다. 단어 하나, 자칫 대답을 잘못하면 그대로 덫에 걸릴 수 있는 함정이었다.

나는 점점 지쳐 가고 있었다. 흔들리는 멘탈을 붙잡기 위해 내가 기댈 수 있었던 건 강 노무사님과의 전화 한 통이었다. 그 짧은 통화에서 그의 목소리를 들으며 나는 잠깐이라도 무너지지 않을 수 있을 듯싶었다. 하지만 문제는…, 쉴 수 있는 시간이 고작 10분뿐이었다. 강 노무사님이 바빠 통화가 어려울 때도 있었고, 자주 연락드리기도 죄송스러워 전화가 망설여졌다. 결국 나는 그 짧은 시간 안에 연락하고, 듣고, 또는 혼자 판단해 결론까지 내려야 했다. 그때, 한 가지 아이디어가 떠올랐다.

"최 감사님, 몸이 좀 안 좋습니다. 병원에 다녀와도 될까요?"

최 감사인이 잠시 침묵하더니 의외로 차분하게 말했다.

"네, 다녀오세요. 단, 병원 다녀오시면 진료 내역서와 영수증을 제출하셔야 합니다."

그 말을 듣는 순간, 나는 깨달았다. 그는 알고 있었다. 내가 몸이 아픈 게 아니라는 걸. 병원에 가는 이유가 치료가 아닌 '시간 확보'라는 걸. 그래서 '진료 내역서'와 '영수증'까지 요구한 것이다. 나에게 틈을 주지 않겠다는, 그의 냉정한 조치. 하지만 나는 얼굴색 하나 변하지 않았다.

"네, 알겠습니다."

겨우 벌어 낸 외출 기회. 나는 병원으로 향했다. 진료를 받고, 증빙 서류도 챙겨야 했다. 확보한 시간은 정확히 35분. 노무사님에게 전화를 걸었지만…, 연결되지 않았다. 발신음만 허공을 맴돌았다. 막막함이 밀려왔다. 그때 문득, 한 사람이 떠올랐다. 최 과장. 회사의 독려에 따라 가족 명의로 분양받았을 당시, 그 사실을 알고 있던 한 명. 망설이다 결국 통화 버튼을 눌렀다. 벨이 길게 울리는가 싶더니 그가 전화를 받았다.

"최 과장, 나야. 혼자만 알고 있어 줘. 내가 지금 감사받고 있는데, 혹시 최근에 조사받은 적 있어?"

"그래…, 나도 감사실 조사받았어. 그런데 너만 부른 게 아니더라. 관련자들 전부 먼저 불러서 다 조사한 다음…, 마지막으로 오 과장을 부른 것 같아. 나는 그때 상황을, 있는 그대로 말했어. 오 과장 그리고 다른 곳에 가서 이 얘기는 하지 말아 줘. 감사실에서 비밀 서약을 하고 나와서 그래"

"그랬구나. 알겠어, 사실대로 말해 줘 정말 고맙다. 나도 나중에 상황이 종료되면 그때 얘기할게"

숨이 막혔다. 이건 단순한 조사도, 즉흥적 대응도 아니었다. 정교하게 짜인 각본이었다. 그들은 모든 조각을 먼저 맞춰 놓고, 마지막 빈칸을 채우기 위해 나를 불러낸 것이다. 퍼즐의 마지막 조각. 그게 나였다. 내 입으로, 그들의 시나리오를 완성시키려는 수순. '이건…, 함정이야.' 불길한 예감이 휘감았다. 나는 두 번째 전화를 걸었다. 정 과장. 가장 가까운 거리에서 그 일을 함께 지켜봐 온 인물이었다. 신호음이 두 번, 그리고 짧은 정적.

"정 과장님 오희표입니다. 과장님도, 혹시 감사 조사받으셨습니까?"

그의 목소리는 평소와 달리 차가웠다.

"받았습니다. 그런데…, 오 과장님께 말씀드리는 건 조금 부담스럽네요. 감사는 잘 받으세요."

뚝. 전화는 그렇게 끊겼다. 어떤 설명도, 감정도 없었다. 말은 없었지만, 메시지는 분명했다. 회사는 이미 나를 '비위 행위'로 판단했고, 그래서 사람들은 나를 피하는 것이다. 그 순간, 손에서 힘이 풀려 나갔다. 이건 더 이상 '오해'의 영역이 아니었다. 누군가는 이미 결론을 내렸고, 나는 그 결론이 실행되기만을 기다리는 존재가 되어 있었다. '이대로는 안 된다.' 천천히 정리를 시작했다. 내가 가진 정보는 무엇인가. 그들이 원하는 건 무엇인가. 내가 빠진 함정의 구조는 어떻게 짜였는가. 이건 감정이 아닌 계산의 싸움이었다. 더 이상 끌려갈 수 없었다. 이제부터는 내가 게임의 흐름을 바꿔야 했다. 약자였지만, 내가 가진 단 하나의 진실로 거대한 거짓에 맞서야 한다.

KTF와 SK텔레콤

21세기 초, 이동통신 산업은 신호의 전쟁터였다. KTF는 후발 주자였다. 선점자는 SK텔레콤. 이미 전국 곳곳에 뿌리내린 기지국과 강력한 신호망을 가진 이동통신 업계의 절대 강자였다. 하지만, KTF는 멈추지 않았다. "신호는 속도다." 우리는 누구보다 빠르게 기지국을 깔아야 했다. 눈에 띄는 높은 건물, 시야가 확 트인 옥상, 한 치의 간섭도 없는 망 구조가 필요했다. 그게 바로, 가입자를 잡는 유일한 길이었다. 1997년부터 2003년까지, 2G에서 3G로 넘어가는 과도기였다. 시간이 곧 시장 점유율이었다. 이동통신 3사는 목숨을 걸고 경쟁했다. 실내 15평 상면 계약과 옥상 임차가 동시에 이루어져야 했다.

건물 선점은 곧 생존이었다.

하지만 문제는 내부 규정이었다. KTF는 '분양'이 불가능했다. 직접 땅을 살 수도, 건물을 가질 수도 없었다. 언젠가는 기지국이 철거될 수도 있기 때문에 내부 규정에 따라 회사는 임대만 가능했다. 그래서 건물 선점이 필요하나 임대가 안 되는 규정을 우회해 내린 결론,

'직원들의 지인 또는 가족을 통해 대신 분양받아 회사와 임대 계약을 체결하라'였다. 게시판 공지는 단도직입적이었다.

"현재 기지국 임대가 안 되어 기지국 개통이 지연되고 있습니다. 임대 가능한 직원이나 주변 지인이 있다면 알려 주시기 바랍니다. 단, 분양에 대한 책임은 본인에게 있음을 사전에 고지드립니다."

현장은 전쟁터였다. 팀장들은 실적을 위해, 파트장들은 생존을 위해 직원들에게 '지인 또는 가족들을 동원해 분양'을 권유했다. 심지어 외부 인맥까지 총동원됐다. 모두가 '신호' 하나를 위해 움직이고 있었다. 나 역시 그 전장에서 예외일 수 없었다. 회사의 권고에 따라 지인, 가족에게 분양을 받게 하여 합리적 조건으로 임대 계약을 체결했다. 누구도 문제 삼지 않았다. 그땐 모두가 '공공연한 묵인' 속에 움직이고 있었다. 심지어 SK텔레콤조차 일부 지역에서는 직접 분양을 받아 기지국을 개통했다. 그것이 현실이었다. 규정보다 속도가 우선이었고, 형식보다 개통이 중요했다. 우리는, 그렇게 '신호를 전쟁처럼' 확보하고 있었다.

이어지는 감사

더는 도망치지 않기로 했다. 감사실은 단지 조사실이 아니었다. 그곳은, 날조된 프레임 위에 나를 범인으로 만들기 위한 전장이었다. 그리고 이제, 나는 그 전장에 들이밀 소명서를 손에 쥐고 반격을 시작하려 했다. KTF와 SK텔레콤, 그 치열한 경쟁 속에서 우리가 무엇을 했는지, 왜 그렇게까지 할 수밖에 없었는지를…. 이젠 내가 소명서를 통해 직접 말하겠다. 두렵지는 않았다. 이제는 오히려 싸움의 규칙을 바꿔야겠다는 생각뿐이었다.

나는 노트북을 열었다. 문장은 방어가 아니라 공격이어야 했다. '왜 그랬는가'가 아니라, '그럴 수밖에 없었다'는 필연을 입증해야 했다. 밤이 깊어 가면서 이마엔 땀이 맺혔지만 손끝은 멈추지 않았다. 누구도 대신 써 줄 수 없는 글, 나만이 쓸 수 있는 현장의 진술서. 고맙게도 윤 지부장과 오경남 부장이 내 곁을 지켜 주었다. 그들의 조언으로 차가운 팩트 속에 따뜻한 응원이 녹아들었고, 그 응원은 나의 문서를 완성시킨 마지막 촉매였다. A4 용지 7장. 마침표를 찍고, 저장을 눌렀다. 끝났다. 아니, 이제 시작이었다. 나는 소명서를 출력해 봉투에 넣으며 생각했다. '내일, 이걸 제출하면 감사실의 공기는 어떻게 변할까?' 그들의 표정은? 그들의 시나리오는?

감사실 문을 열자, 창문 하나 없는 방 안, 감사인들이 이미 자리를 잡고 있었다.

"들어오시죠."

나는 자리에 앉아, 소명서를 꺼내 책상 위에 올리며 말했다.

"이번 감사는 기획 자체가 잘못됐습니다. KT와 합병 전 KTF와 SK텔레콤 간 경쟁 환경, 그리고 임대 구조에 대한 이해 없이 일방적 판단만으로 감사가 진행되고 있습니다."

감사인 중 한 명이 문서를 몇 장 넘기다 멈췄다. 그리고 고개를 들며 물었다.

"오 과장님, 결국 가족 명의로 그 부동산을 분양받았다는 사실…,

인정하신다는 거죠?"

"그 부분에 대해서는 답변하지 않겠습니다."

감사인의 표정이 바뀌었다.

"부인하시는 건가요?"

"답변하지 않겠습니다."

"묵비권을 행사하시겠다는 뜻으로 이해해도 되겠습니까?"

"그렇습니다. 제 권리를 행사하는 것입니다."

이후에도 몇 차례 유사한 질문이 반복됐다. 그러나 나는 시종일관 같은 태도로 대응했다. 소명서를 읽고도, 그들은 내가 전달하고자 했던 맥락이나 배경, 당시의 구조적 현실을 이해하려는 시도조차 하지 않았다. 대화는 질문이 아니라 진술 유도였고, 답을 정해 놓은 채 던지는 함정일 뿐이었다. 나는 판단했다. 이 자리에서는 어떤 설명도 나를 보호해 주지 못한다. 진술하는 순간, 나의 진술은 왜곡될 수 있고 악용될 가능성이 있다. 그래서 나는 침묵인 묵비권을 선택했다. 그것이 지금 내가 취할 수 있는 유일한 방어였다. 끝내, 최 감사인이 소명서를 책상에 내려놓으며 말했다.

"사실을 말할 의지가 없어 보이네요."

나는 더 이상 대꾸하지 않았다. 그들이 나의 소명을 거부했기에 나는 침묵으로 나를 지킬 수밖에 없었다. 그때, 하나의 생각이 문득 머릿속을 스쳤다. '업무용 폰.' KT 로고, 입사 이후 줄곧 써 온 번호. 머릿속에 퍼즐이 하나둘 맞춰지기 시작했다. '이 폰…, 회사 명의잖아. 내 통화, 내 움직임 전부, 발수신 기록까지… 그들에게 실시간으로 흘러들어갔던 건가?' 등줄기에 차가운 땀이 흘렀다. 그들이 나의 모든 통화 흐름을 이미 파악하고 있었다는 생각이 들자 등골이 서늘해졌다. 그동안 통화했던 동료들, 상담받았던 순간들. 만약 그게 모두 누군가에게 실시간으로 흘러들어갔다면? 나는 감사를 마치고 바로 자리를 떴다. 몸은 무거웠지만, 머리는 빠르게 돌아가고 있었다. '더는 이대로 노출될 순 없다.' 나는 곧장 인근 SK텔레콤 대리점으로 향했다. 의도는 하나였다. '감시망'에서 벗어나는 것.

"어서 오세요. 어떤 일로 오셨습니까?"
"번호 이동 아니고요. 신규 개통하러 왔습니다.".
"지금 최대한 빨리 개통해 주세요"
"네 알겠습니다."

나는 침착하게 개통을 마쳤고, 그날 이후 업무용 폰은 업무에만, 모든 중요한 통화는 새로 만든 번호로만 했다. '이제부터는 한 마디, 한 통화도 허투루 흘려선 안 된다.' 그들은 이미 내 뒤를 밟고 있는 건지도 모른다.

해고 회부

얼마 지나지 않아, 인사위원회에서 한 통의 통보 문서가 도착했다.

해고 회부.

손에 들린 문서를 다시 들여다봤다. 눈을 의심했다. 거기엔 이렇게 적혀 있었다.

기지국 임대를 통한 사적 이득, 정보 유출, 감사 시 모르쇠 일관,

성실의 의무 위반.

숨이 턱 막혔다. '내가? 정보 유출? 모르쇠?' 회사는 경위나 사정을 일절 고려하지 않았다. 기지국 예정지 정보를 기반으로 가족 명의로 분양받고, 이를 회사와 임대한 행위 하나로 모든 것을 '비위'로 몰아붙였다. 그들의 판단은 간단했다. 맥락은 없다. 정책도, 사내 지침도, 정황도 무시됐다. 과거 감사를 그대로 복사한 듯한 기계적인 단정이었다. 물론, 바깥에서 보면 그렇게 보일 수도 있다. 하지만 나는 알고 있다. 그 시작부터, 그 목적까지…. 그 누구도 모르는 진실을. 그럼에도 그들은 답을 정해 두고 나를 그 틀 안에 끼워 맞췄다.

나는 한참 문서를 들여다봤다. 결국, 그들은 자신들이 원하는 방향으로 나를 끌고 갔다. 이건 감사가 아니었다. 처음부터 날 겨냥한 '사냥'이었다. 가슴이 뛰기 시작했다. 무작정 걸었다. 정신을 차리고 보니 편의점 앞. 몇 년간 끊었던 담배 한 갑이 손에 들려 있었다. '이 순간만큼은…, 버텨야 한다.' 떨리는 손으로 불을 붙였다. 작은 불꽃이 필터 끝을 적셨다. 한 모금. 잠깐, 어지러움이 몰려왔다. 희뿌연 연기 속에 감정이 가라앉았다. '정신을 바짝 차려야지. 이럴수록.'

나는 곧장 강 노무사를 찾았다. 문을 열자, 자리에서 일어난 그가 내 눈빛을 읽으려는 듯 가만히 바라봤다. 내가 먼저 말을 꺼냈다.

"노무사님, 회사에서 인사위원회 참석 통보를 받았습니다. 해고 회부 절차에 들어간다고 합니다. 도와주세요. 수임을 부탁드립니다."

강 노무사는 말없이 고개를 끄덕이며 말했다.

"네, 알겠습니다. 인사위원회 통보 서류는 가지고 오셨어요?"

나는 가방에서 통보 서류를 꺼내 노무사에게 내밀었다. 그가 자리에 앉더니 서류를 펼쳤다. 말없이 한 장, 또 한 장 넘기며 읽어 가던 그의 미간이 점점 좁혀졌다. "기지국 임대를 통한 사적 이득, 정보 유출, 감사 시 모르쇠 일관, 성실 의무 위반…."

"이제부터는 대응 방식이 완전히 달라져야 합니다."

"감사 대응과 인사위원회 대응은 무엇이 다릅니까?"

"감사실은 검찰과 같습니다. 이미 죄인으로 상정해 놓고 듣고 싶은 것만 들으려 합니다. 반면 인사위원회는 법정과도 같습니다. 모두 기록될 겁니다. 감정보다 논리, 정황보다 근거가 중요한 곳입니다. 감사실에서 침묵하신 건 탁월한 선택이었습니다. 불리한 진술을 남기지 않았으니까요. 하지만 인사위원회는 다릅니다. 여기서는 반드시 입을 여셔야 합니다. 모든 정황을 명확하게, 차분하게, 일관되게 소명해야 합니다. 왜냐 하면 인사위원회에서 모든 걸 따져 소명해야 우리가 명분을 쥘 수 있기 때문입니다. 인사위원회 기록은 훗날 법정에서 결정적 증거가 될 수 있어요. 그러니 절대 흔들리면 안 됩니다."

"네 노무사님, 인사위원회에 가서 기존 소명서를 바탕으로 사실 그대로 모두 말하겠습니다."

"네, 우선 그렇게 하시면 됩니다."

"그럼, 인사위원회에서 해고가 결정되면요?"

"즉시 부당해고 구제 신청을 제기합니다. 그때부턴 회사 밖에서 법적 싸움이 시작됩니다."

"네 알겠습니다."

나는 고개를 끄덕였다.

인사위원회

2012년 11월, 나는 인사위원회 참석을 위해 전철역에서 내려 천천히 본사 건물 앞에 섰다. 바람 때문인지, 아니면 마음 탓인지, 온몸이 서늘하게 굳었다. 엘리베이터 앞에 도착해 버튼을 누르고 엘리베이터에 오르는데 누군가 나를 부르는 소리가 들렸다.

"어, 오 과장!"

고개를 들었다. 오 전무였다. KTF 시절, 내가 함께 일했던 상사. 조직이 달라진 뒤로는 만나기 어려웠던 사람.

"전무님…, 안녕하세요."

"인사위 참석하러 왔다는 거 들었다. 미안하다. 도와줄 수 있는 게 없어서…."

말보다 눈빛이 먼저였다. 그의 얼굴에는 말로 다 못할 아쉬움과 안타까움이 담겨 있었다.

"아닙니다. 제가 좋은 모습으로 뵈어야 하는데 이런 모습으로 뵙게 되어 죄송합니다."

"좋은 결과 있기를… 바란다. 잘하고."

"감사합니다. 전무님"

그 말 한 줄이 묘하게 힘이 됐다. 그는 내가 KTF 시절 어떤 시간들을 거쳐 왔는지 알고 있었다. 엘리베이터가 다시 서고 문이 열리자, 그는 내 어깨를 한 번 가볍게 두드리고 먼저 내렸다. 복도를 지나 숨을 고르고 회의실 문을 열었다. 회의실 안은 조용했고, 싸늘한 긴장이 감돌았다. 중앙에는 긴 테이블. 그 끝자락엔 다섯 명의 인사위원들이 앉아 나를 바라보고 있었다. 반대편 지정된 자리에 천천히 앉으면서 위원들의 얼굴을 하나하나 살폈다. 모두 낯선 이들이었다. KTF 시절을 함께한 인사는, 단 한 명도 없었다. '그렇겠지. 애초에 KTF 시절 임원이 인사위원으로 배정될 리가 없잖아.'

이미 예상했던 일이었지만, 막상 현실이 되니 마음 한구석이 답답했다. 그들은 서류를 살피며 내게 눈길을 주었고, 나는 그 시선을 정면으로 마주했다. 이제, 운명의 시간이 시작되고 있었다. 가운데 앉은 위원이 먼저 말을 꺼냈다.

"이제 오희표 과장의 징계에 대한 인사위원회를 시작하겠습니다."

땅, 땅, 땅! 나무 망치가 테이블을 세 번 두드렸다. 그 소리가 기묘하게 가슴속을 울렸다. 위원 중 한 명이 날카로운 시선으로 나를 바라보며 입을 열었다.

"감사 과정에서 왜 솔직하게 이야기하지 않았습니까? 왜 모르쇠로 일관하였습니까?"

그의 목소리는 칼날처럼 날카롭게 내 가슴을 파고들었다. 단단한 목소리로 대답했다.

"감사 과정에서 저는 충분한 설명 기회를 부여받지 못했습니다. 감사인의 의무인 수검인의 의견 수렴이나 존중의 태도는 커녕, 제 말을 들으려 하지도 않았습니다. 주어진 시간은 매우 제한적이었으며, 수검인의 소명권은 형식에 불과했습니다. 게다가 감사인이 지켜야 할 공정성과 설명 의무는 철저히 무시됐습니다. 그래서 저는 불이익을 피하기 위해 묵비권을 행사했고, 모르쇠로 일관할 수밖에 없었습니다. 하지만 오늘 이 자리에서는 다릅니다. 저는 지금부터 그때 말하지 못했던 모든 사실을, 있는 그대로 말씀 드리겠습니다."

나의 말이 끝나자 위원들 사이에 묘한 정적이 흘렀다. 위원들 사이로 미세한 눈빛 교환이 오갔다. 강 노무사 말이 생각이 났다.

"인사위원회는 이미 결론을 내려놓고 요식 행위만 남겨 둔 자리입니다. 잊지 마세요. 그들은 회사 편입니다."

이미 예상했던 일이었다. 결국, 이 자리는 공정한 재판이 아니라 형식적 절차에 불과했다. 그렇다고 내가 쉽게 물러설 이유는 없었다. 또 다른 위원이 서류를 넘기며 입을 열었다.

"하지만 직원으로서 회사에 협조해야 하지 않습니까? 지금이라도 잘못을 인정하면, 달리 고려해 볼 수도 있습니다."

의도는 뻔했다. 유도 신문. 나는 그 미끼를 단호히 뿌리쳤다.

"제가 소명서를 먼저 제출하고 말씀 드리겠습니다."

출력해 온 소명서를 위원들에게 전달하고, 나는 말을 이었다.

"소명서를 읽어 보시면 아시겠지만, 당시 규정상 KTF는 부동산 소유가 불가능했습니다. 기지국 임대가 어려운 상황이 되면, 회사는 직원들의 지인 또는 가족 친인척에게 분양을 받게 하여 임대 계약을 맺도록 유도했습니다."

나는 한 문장, 한 문장을 박자처럼 맞춰 가며 말을 이었다.

"계약 부서는 사내 게시판을 통해 공식적으로 직원들에게 협조를 요청했고, 실적 압박은 팀장, 파트장 라인을 타고 전 직원에게 전달됐습니다. 그 시절, 저뿐 아니라 모두가 그렇게 했습니다. 공개적으로 계약이 체결되었고, 회사는 단 한 번도 문제를 삼지 않았습니다. 그런데 합병 이후, 그때의 협조를 비위로 바꿔 버린 겁니다. 저는 잘못한 게 없습니다."

회의실은 정적에 잠겼다. 위원들은 서로 눈을 마주치며 당황한 기색을 감추지 못했다. 나는 가슴 속 깊이 담아 뒀던 말들을 다 꺼낸

듯, 속이 후련했다. 위원 중 한 명이 입을 열었다.

"노동조합에서, 한 말씀 하시죠."

나는 고개를 돌려 조합 간부를 바라봤다. 합병 후에도 난 노동조합 조직부장으로 활동했지만, KT 노조는 이미 오래전부터 '어용'이라는 비난을 면치 못하고 있었다. 그래도…, 그래도 한마디 정도는 해주지 않을까. 나는 마지막 기대를 담아 노동조합 간부의 얼굴을 똑바로 응시했다. 몇 번 입술을 달싹이던 그가 입을 열었다.

"음…, 오 과장은 평소 성실하고 헌신적인 직원입니다. 부디 선처를 부탁드립니다."

선처? 나는 잠시 귀를 의심했다.

"지금, 선처를 부탁한다고 하셨습니까? 노동조합은 저를 대변하러 온 거 아닙니까? 제 편에서 대변을 못할망정 선처해 달라니? 이거 정말 너무한 거 아니에요."

내 말이 회의실 벽을 울렸다. 하지만 조합 간부는 눈을 피했다. 위원들 역시 침묵했다. 어느 누구도, 나를 위해 입을 열지 않았다. 나는 그때, 모든 걸 깨달았다. 이 자리는 이미 연극 무대였다. 노동조합조차 회사를 향해 머리를 숙이고 있었다. 그들의 말 한마디, 고갯짓 한 번이 얼마나 비겁하게 느껴지던지. 결국 인사위원회는 회사의 뜻을 그대로 읽고 따라 쓰는 꼭두각시에 불과했다. 감사실의 심문, 그리고 오늘 인사위원회까지, 그 모든 과정을 8개월간 견뎠다. 혼란, 분노, 절망. 이제 판단은 그들 몫이다. 하지만 나는…, 내 몫의 진실을 다 말했다.

해고, 빗장 풀린 지옥문

해고 통보

2013년 2월 28일. 언제건 통보가 올 수 있었다. 회사의 운명도, 내 운명도. 이미 해고는 기정사실처럼 된 듯한 분위기 속에 혹시나 하는 실낱같은 희망이라도 있지 않을까 하는 마음으로 하루하루를 버티고 있었다. 그날도 현장이었다. 동료들과 전파 측정과 망 설계를 위해 밖을 누볐다. 그때였다. 주머니 속 휴대폰이 갑자기 찌르르 울렸다. 진동은 짧고 강렬했다. 조심스럽게 통화 버튼을 눌렀다.

"네, 오희표입니다."

잠깐의 정적. 그리고 차가운 목소리가 날아들었다.

"인사팀 유 차장입니다. 오늘 오후 2시, 팀 회의실로 와 주십시오. 해고 통보가 있습니다."

해고… 통보! 그 한마디가 내 머릿속을 휘저었다. 불길한 예감이 현실이 되는 순간이었다.

"뭐라고요? 해고 통보요?"

되묻는 목소리가 내 것으로 느껴지지 않았다. 입술은 바짝 말랐고, 손끝은 점점 차가워졌다.

"알겠습니다…."

간신히 한마디를 뱉고 전화를 끊었다. 그리고 그 자리에 선 채, 멍하니 차가운 바람을 맞았다. '드디어 올 것이 왔구나….' 내 표정을 본 동료들이 고개를 갸웃했다.

"무슨 일이야? 무슨 전화야?"

"해고 통보래. 오늘 오후 2시, 회의실로 오래."

"말도 안 돼…. 지금…, 해고라고? 갑자기?"

여기저기서 격앙된 목소리들이 터졌다. 동료들은 이해하지 못했다. 감사실에서 무슨 일이 있었는지 그때까지만 해도 그들은 몰랐으니. 하던 일을 멈추고, 나는 말없이 짐을 챙겼다. 무거운 발걸음으로 회사를 향했다. 심장은 두근거렸다. 회의실 문을 열자 인사팀 유 차장이 기다리고 있었다. 탁자 위엔 해고 통보서와 비밀 유지 서약서, 그리고 회사를 떠나는 자에게 건네지는 의례적인 문서 몇 장이 가지런히 놓여 있었다.

"오셨군요. 여기 해고 통보서입니다. 사인 부탁드립니다."

나는 말없이 통보서를 읽었다. 이미 다 알고 있는 내용이었다. 하지만 문서로 받는 순간, 가슴 한쪽이 묵직하게 가라앉았다. '이제 진짜 끝이구나.' 서명을 마치자 그는 비밀 유지 서약서를 내밀었다.

"이것도 서명해 주세요."

"이건 못 하겠습니다."

유 차장의 미간이 살짝 찌푸려졌다.

"회사 규정상 서명은 필수입니다."

"저는 더 이상 회사 직원이 아닙니다. 해고당한 사람에게 뭘 더 요구하십니까?"

나는 고개를 들고 그를 똑바로 바라봤다.

"그럼 사원증은 반납해 주셔야 합니다."

손이 주머니로 향하다 순간, 멈췄다.

"…잊어버린 것 같네요."

반사적으로 거짓말이 튀어나왔다. 사실, 사원증은 내 주머니에 있었다. 하지만…, 이상하게도 손이 떨어지지 않았다. 어차피 해고된 마당에 왜 내가 모든 걸 순순히 넘겨 줘야 하지? 순간적인 반항심이었다. 그것 하나라도 내 의지로 지키고 싶었다. 유 차장은 더 이상 따지지 않았다. 짧은 침묵 끝에 담담한 말이 오갔다.

"그럼 절차는 여기까지입니다. 퇴사 절차가 끝났으니 회사 시스템에 대한 접근 권한도 모두 삭제됩니다. 필요한 짐이 있으면 오늘 안으로 정리하시면 됩니다."

공간이 갑자기 낯설어졌다. 익숙했던 사무실 풍경이 멀게만 느껴졌다. 감사와 인사위원회, 그 모든 과정을 끝낸 후 나는 정확히 3개월을 기다렸다. 혹시나 하는 마음과 이미 다 알고 있다는 마음이 싸우는 날들. 아침이면 가슴이 뛰었고, 퇴근길엔 어깨가 무거웠다. 13년 동안 내 자리였던 곳이, 이제는 나와 무관한 공간이 되었다. 3월 1일, 조직 개편이 시작되는 날. 임원 계약이 종료되는 날. 회사가 조용히 사람을 지워 가는 날. 나의 해고 통보일은 그 하루 전인 2월 28일.

위로와 다짐

사무실에는 말이 없었다. 어느 동료도 묻지 않았다. 하지만 책상 하나 비워지는 순서를 통해 우리는 누구보다 빨리 상황을 알아챘다. '이번엔 누구지?', '다음은?' 조직 개편이 시작되면 임원들이 가장 먼저 사라진다. 공지도 없다. 그냥 어느 날 책상이 비워져 있을 뿐이다. 그리고 며칠 뒤, 신규 임원 발령, 팀장 인사, 그리고 팀원 인사. 그렇게 사람을 바꾸고, 기억을 지워 간다. 어떤 시기 조직 개편마다 늘 반복되던 흐름이었다. 그리고 그 '순서'에 맞춰 해고될 거라는 생각은 전혀 해 보지도 못했던 나는, 임원들이 사라지는 날을 때맞춰 오늘, 혼적 없이 정리된 것이다.

나는 말없이 내 자리에 앉아 짐을 정리했다. 책상 서랍 속 작은 메모지, 회사 로고가 새겨진 다이어리, 모니터에 붙어 있는 포스트잇, 회사에서 받은 공로패, 그 모든 것이 지금까지 나였던 흔적이었다. 하지만 지금부터는 아니다. 늘상 자전거로 출퇴근했기에 한 번에 짐을 다 옮기긴 어려웠다. 하지만 그것보다 더 마음을 흔드는 건, 이 회사를, 이 책상을, 이 시간들을 정말 떠나보내야 한다는 현실이었다. 짐을 자전거에 올리며 머뭇거리던 그때 나를 부르는 소리가 들렸다.

"오 과장, 짐 다 챙겼어?"

고개를 들자 윤 지부장이 서 있었다. 그의 눈빛에는 말로 담기 힘든 복잡한 감정이 얹혀 있었다.

"오 과장, 짐 많잖아. 차로 옮겨 줄게. 같이 가자."

윤 지부장의 한마디에, 꽉 틀어쥐고 있던 숨이 스르르 풀렸다. 말보다 진한 위로였다. 형식도, 동정도 아니었다. 그저 묵묵히 함께 걷겠다는, 오래된 동지의 말이었다.

윤 지부장. KT와 KTF 합병 후 노동조합 안양 지부를 지켜 온 사람. 내가 조합 간부로 3년간 함께 어깨를 맞댔던 동료이자, 누구보다 믿음직한, 나의 든든한 버팀목이었다. 말하지 않아도 통했고, 흔들릴 때마다 옆에 서 준 사람이었다.

"지부장님 감사합니다. 사실 어떻게 해야 할지…, 갈피를 못 잡고 있었어요."

윤 지부장은 말없이 내 어깨를 두드렸다. 말을 넘어서는 묵직한 침묵과 따스한 토닥거림이었다. 트렁크가 열리고, 짐이 하나둘 실렸다. 차곡차곡, 자전거까지 실은 내가 뒤를 돌아봤다. 익숙했던 사무실이었지만 이제는 돌아갈 수 없는 세계였다.

차가 출발했다. 수원까지 가는 길, 창밖으로 스쳐 가는 풍경들이 마치 슬로모션처럼 느려졌다. 차 안에 흐르던 정적은 무겁고 깊었다.

"윤 지부장님, 제가 이렇게 해고될 줄은 정말 몰랐습니다. 조합 간부로서 본의 아니게 이런 상황까지 오게 되어 죄송합니다. 아무리 생각해도… 아직도 현실 같지가 않아요."

말을 꺼내는 순간, 목이 메었다.

"오 과장, 나도 KT에서 이런 일을 겪게 될 줄은 몰랐어. 내 가까운 동료가, 그것도 이렇게… 해고되는 걸 보는 건 처음이다."

"저도요, 지부장님. 살다 살다 해고 통보받긴 처음입니다. 허허…, 그냥 묵묵히 일만 했는데, 이렇게 될 줄은 몰랐네요."

가볍게 웃었지만 웃음 뒤에 씁쓸함이 남았다.

"이제부터가 시작이야. 너, 여기서 무너질 사람이 아니잖아."

"맞습니다. 여기서 멈출 생각 없습니다. 법적으로, 끝까지 싸워야죠."

"그래…, 바로 그거야. 포기하지 마."

"네, 그래야죠."

집 앞에 도착했다. 자전거를 내리고 짐을 내렸다. 윤 지부장을 향해 깊이 허리를 숙였다.

"정말…, 그동안 감사했습니다. 그리고…, 힘내겠습니다."

"넌 강한 놈이야. 힘내고, 오 과장 또 연락하자."

"네 지부장님. 연락드리겠습니다."

작별인사를 하고 차가 멀어지는 동안 한참을 그 방향을 바라봤다. 13년 함께한 동료들, 워크숍의 순간들, 기지국 철탑을 오르던 날들, 성과를 위해 밤을 지새우던 기억이 차례로 떠올랐다. 억울함과 '이대로 무너질 수 없다'는 마음, 그리고 절망이 번갈아 밀려왔다.

불확실한 날들 앞에서

편의점에서 소주 두 병과 담배 한 갑을 샀다. 벤치에 앉자마자 소주를 들이켰다. 담배에 불을 붙였다. 한 모금, 또 한 모금. 그저 뭐라도 하지 않으면 버틸 수가 없었다.

"도대체 내가 뭘 그렇게 잘못했길래…?"

입 밖으로 새어 나온 한마디. 억울했다. 분했다. 아팠다. 하지만 견디기 힘든 건…, 바로 이대로 끝이라는 두려움이었다. 그날, 나는 오랜 시간 벤치에 앉아 있었다. 생각은 꼬리에 꼬리를 물었고, 가슴은 식을 줄 몰랐다. '이대로 끝낼 순 없다. 이 부당함을 증명해야 한다.' 이미 강두용 노무사와 해고되면 바로 노동위원회에 진정을 내기로 결정된 사안이다. 그러나 머릿속을 파고드는 또 하나의 현실. 대기업, 자본, 권력. 반면에 나는 아무런 배경도 없는 개인. 그들에게 맞서 싸운다는 건, 실화로는 감당키 어려운 이야기다. 정의는 현실에서 얼마나 멀까. 나는 두려웠다. 하지만 그 두려움 속에서 비겁하게 사라지는 건 나답지 않다.

"이 사건은 코에 걸면 코걸이, 귀에 걸면 귀걸이다." 내 해고 사유는 그렇게 애매하고 모호한 경계에 있었다. 내가 가진 주장들이 법정에서 인정받을 수 있을까? 법은 내 편이 되어 줄까, 아니면 또 하나의 벽이 되어 나를 막아설까? 그럼에도…, 한 가지는 분명했다. 이대로 가라앉을 순 없다. 이 싸움이 얼마나 더럽고 지독할지 몰라도, 후회 없는 선택을 해야 했다. 누가 내일을 장담할 수 있는가. 내일 어떤 일이 터질지, 이 싸움이 몇 년을 끌지, 그건 아무도 모른다. 하지만 단 하나, 나는 알고 있었다. 내가 이대로 포기한다면, 나는 평생을 후회 속에 살게 될 것이다. 그리고 그때는 아무리 후회해도, 되돌릴 수 없으리라는 것을. 무너짐이 피할 수 없는 결과라면, 쓰러지는 모습만큼은 내 의지로 결정하자고 다짐했다.

억울함을 삼키며

민주노총 경기지부 들풀, 강두용 노무사

그날, 이후 나는 민주노총 경기지부 '들풀 강두용 노무사'를 찾았다. 머뭇거릴 시간도, 돌아볼 여유도 없었다. 내가 들고 간 건 단 하나, 절박함뿐이었다. 사무실 문을 밀고 들어섰을 때, 그가 앉아 있었다.

강두용 노무사. 나는 숨을 고르고, 내가 겪은 모든 것을 그에게 털어놓았다. 해고 통보서, 당시 기지국 분양 및 임대의 현실, 경위, 회사의 감사실 압박, 서류에 사인하라고 몰아붙이던 그날의 공기까지. 그는 단 한 번도 내 말을 끊지 않았다. 말없이 들어 주었다.

"지금, 감정적으로 대응하시면 안 됩니다. 모든 기록을 남기십시오. 싸움은 길고 고될 겁니다. 하지만 체계적으로 접근하면…, 해 볼 만합니다."

그의 한마디에, 나는 직감했다. 강 노무사님을 만나지 않았다면, 나는 이미 끝났을 것이다. 만약 그날 감사실에서 서류에 도장을 찍었다면? "잘못했다"는 한마디를 뱉었다면? 그들은 그것을 근거로 나를 합법적으로 내쳤을 것이다. 그리고 나는, 다시는 회복할 수 있는 기회조차 잡을 수 없었을 것이다.

"감사는 연극이라 생각하면 됩니다. 대본은 이미 짜여 있죠. 과장님은 그 연극의 희생양이었습니다. 그들은 이미 잘못을 인정한 것처럼 몰아갑니다. 그리고 반박하는 순간, 불리한 증거를 꺼내 들죠. 결론은 정해져 있었습니다. 그들의 시나리오에 끌려가지 않아서 다행입니다. 이 싸움, 길고 험할 겁니다. 하지만…, 반드시 끝까지 가야 합니다."

이 싸움의 시작은, 법정도 아니고 회사도 아니었다. 바로 나 자신이었다. 나는 강 노무사의 말에 고개를 끄덕였다. 그렇게 나의 싸움은 시작되었다. 감사 과정에서, 해고 가능성을 염두에 두고 회사 밖의 싸움에 대비해야 했다.

USB 하나. 그것이 나의 무기였다. 회의록. 기지국 현황. 사내 규정집. 결재 메일과 인트라넷 자료. 모든 파일을 하나씩 USB에 담았다. 아무도 모르게, 숨 쉬듯 자연스럽게. 언젠가 이 기록들이 나를 구할 날이 올 거라 믿으며. 그리고 지금, 민주노총 강 노무사 앞에서 나는 그 USB를 꺼냈다.

회사 측 주장은 간단했다. '사적 부당 이득', '정보 유출.' 가족 명의로 된 기지국 임대 계약이 문제라는 것이다. 하지만 그 계약은 KTF와 KT 합병 전부터 수년간 정당하게 승인되었던 사안이었다. 사내 규정에 따라 절차대로 진행된 임대. 문제 삼은 적도 없고, 경고받은 적도 없었다. 자신들이 침묵해 온 과거를 이제 와 '범죄'로 포장하고 있었다.

"우리가 증명해야 할 건 단 하나입니다. 이 계약이 그 당시 규정에 따라 정당하게 이루어졌다는 사실, 그걸 입증해야 합니다. 그리고 이

USB 속 기록들이 방패가 되어 줄 수 있습니다. 천천히 시간을 가지고, 꼼꼼히 들여다보세요."

"네 알겠습니다. 노무사님 제가 자세히 들여다보고 그때 상황과 증거가 될 수 있는 것을 찾아 정리해 보내 드리도록 하겠습니다."

그렇게 나는 사무실에서 나와 바로 집으로 향했다. 집으로 돌아온 나는 다시 USB를 열었다. 이메일. 결재 로그. 업무 일지. 사내 보고서. 모든 폴더를 하나씩 꼼꼼히 확인했다. '이건 쓸 수 있어', '이건 논리 연결이 부족하다.' 분석하고, 분류하고, 마치 법정 전장의 지도를 그리듯 하나하나 정리해 나갔다.

그러나, KTF 시절 자료는 이미 사라졌고, 규정은 바뀌었으며, 내부 링크는 닫혀 있었다. 관련 문서는 "보관 기한 초과"라는 규정에 가려졌다. 역시 대기업의 시스템은 철저했다. 내가 상대해야 할 구조가 얼마나 복잡하고 교묘한지 다시금 실감했다. 밤마다 노트북 앞에 앉아 수백 통의 이메일과 파일을 뒤졌다. 작은 실마리라도 찾으려 당시 상황을 아는 동료들의 이름을 조심스레 적어도 보았다. 그러다 보면 갑자기 억울함, 분노, 노동조합의 외면, 감사 과정이 생각이 나면서 불끈불끈 감정이 복받친다. 머리가 지끈지끈 아프다. 이럴 때마다 담배를 안 피울 수 없었다. 감정을 가라앉혀야 했다. 이렇게라도 하지 않으면 버틸 수가 없었다.

투쟁의 첫 걸음

나는 마침내 경기지방노동위원회에 부당해고 구제 신청서를 접수했다. 살아오면서 처음으로 법정 다툼이란 걸 시작한 순간이었다. 그

전까지 법은 늘 남의 일이었고, 나는 일만 해 온 사람이었다. 첫 소송의 문턱. 진정서 한 장 한 장, 모든 사실과 증거를 집약해야 했다.

해고는 단순한 행정 조치가 아니었다. 계획적이고, 조용한 제거 작업이었다. 강 노무사와 함께 준비한 자료는 수십 장. 해고 과정의 타임라인, 당시 기록, 회사가 남긴 흔적을 스토리-증거-정황 순으로 정리했다. 특히 감사, 해고의 절차는 예상보다 더 철저했다. 회사 측의 절차엔 허술함을 찾기 힘들었다. 우리가 기대했던 빈틈은 보이지 않았다. 한 줄의 과정도 빠뜨리지 않은 '정상적 해고'의 외피. 역시 대기업이었다. 법의 구멍조차 허락하지 않는 시스템형 해고였다.

노동위원회 접수증을 받았다. 비록 첫 발걸음이었지만, 이 싸움이 어디까지 이어질지 쉽게 짐작할 수 없었다. 억울함은 준비가 되었고, 준비는 결심으로 바뀌었다. 나의 첫 법정 투쟁은 그렇게 시작됐다.

실업 급여

경기지방노동위원회에 부당해고 구제 신청서 접수와 동시에 머릿속에 실업 급여가 떠올랐다. '이제 해고된 만큼, 실업 급여라도 받으면 조금은 숨통이 트이겠지.' 실업 급여를 신청하면 7개월간 매달 120만 원을 받을 수 있다는 걸 알았다. 7개월간 840만 원이면, 어느 정도는 버틸 만하다.

나는 희망을 갖고 수원 고용노동부로 향했다. 차가운 공기 속에 복잡한 심정이 교차했지만, 단 하나의 바람은 명확했다. '이 힘겨운 시간을 버틸 수 있는 작은 희망이라도….' 그렇게, 나는 실업 급여 신청을 위해 문을 열고 들어섰다. 번호표를 뽑아 손에 쥐고 잠시 숨을 고르자니 내 차례가 되었다. 담당자의 시선이 나를 향했다.

"안녕하세요. 실업 급여 신청하러 왔습니다."

"어떻게 실직하게 되셨나요?"

"회사에서 해고되어 현재 실직 상태입니다."

"해고 사유가 어떻게 되시죠?"

"회사가 성실 의무 위반과 사적 이득을 위한 정보 유출을 이유로 해고를 통보했습니다. 하지만 저는 부당해고라 판단해 지방노동위원회에 구제 신청을 했고, 현재 절차가 진행 중입니다."

정적이 흐르는가 싶더니, 담당자가 살짝 고개를 갸웃하며 말했다.

"근로자에게 귀책 사유가 없는 경우에만 실업 급여 신청이 가능합니다. 말씀하신 내용처럼 귀책 사유가 명시되어 있다면 실업 급여 수급이 어렵습니다."

컴퓨터 키보드를 몇 번 두드리더니 화면을 주시하며 덧붙였다.

"이직 확인서에 퇴직 사유가 '징계 해고', 회사에 불이익을 초래함, 사적 이득, 정보 유출로 기재되어 있네요. 이런 경우는 실업 급여 수급이 원칙적으로 불가합니다."

"이직 확인서가 뭐죠?"

담당자가 모니터에서 시선을 떼며 설명했다.

"이직 확인서는 회사에서 퇴사자의 퇴직 사유와 근무 기간을 고용보험공단에 공식적으로 통보하는 문서입니다. 여기에 기재된 내용이 실업 급여 심사에 큰 영향을 미칩니다. 죄송하지만 실업 급여 수급이 힘들 것 같습니다."

담당자의 얘기를 듣는 동안 내 가슴속에선 실망과 함께 알 수 없는 뜨거운 무언가가 요동쳤다. 억울함과 답답함이 복받쳐 올랐다. 화가 나서 미칠 것만 같았다. 그대로 집에 돌아온 나는 멍하니 천장을 바라보며 곰곰이 생각에 잠겼다. '이게 말이 돼? 나는 분명 부당해고라 주장하고 있는 상황이잖아. 아직 결론도 나지 않았는데, 무조건 실업 급여를 못 준다는 게 맞는 거야?' 속이 갈기갈기 찢어지는 듯했다. 억울함과 분노가 뒤엉켜 잠도 오지 않았다. 하지만 여기서 멈출 수는 없었다. 나는 밤새 지방노동위원회에 구제 신청한 내용과 준비한 이유서를 다시 한 번 꼼꼼히 읽고 점검했다. 문서 한 장 한 장에 담긴 내 절박함이 손끝으로 전해졌다. '부당해고도 열받아 죽겠는데 이제 실업 급여도 수급받을 수 없다고 이건 아니야.' 내 입장에 이건 부당했다. 다음 날, 나는 고용노동부를 다시 찾았다. 어제 그 담당자의 자리를 향해 걸어갔다. 두려움보다 결연함이 앞섰다.

"저, 다시 왔습니다."

담당자가 놀란 표정으로 나를 쳐다보았다.

"어제도 말씀드렸듯 현재로서는 실업 급여 수급이 어렵습니다."

"담당자님, 한 가지만 묻겠습니다. 부당해고인지 아닌지, 여러분들이 판단할 수 있는 겁니까?"

목소리가 커졌다. 순간, 사무실이 고요해졌다. 담당자의 눈빛에 약간의 당황스러움이 비쳤다.

"그건…, 법원의 판결이나 노동위원회의 판단에 따라…."

"맞습니다. 부당해고인지 아닌지는 노동위원회와 법원이 판단할 일입니다. 그런데 아직 그 결론이 나지도 않았는데, 저에게 실업 급여를 지급하지 않는 건 부당하지 않습니까? 이 부분은 실업 급여를 지급하는 주체인 고용노동부가 판단해야 되는 거 아닙니까?"

담당자는 내가 쏟아 내는 말에 한동안 말을 잇지 못했다. 나는 손에 든 서류를 그 앞에 내밀었다.

"여기 보세요. 노동위원회에 구제 신청한 내용과 지금까지 준비한 이유서입니다. 저는 현재 소송 중이며, 명백히 실직 상태입니다. 실업급여는 실직한 사람이 생계를 이어 가며 재취업을 준비할 수 있도록 돕는 제도 아닙니까? 그런데 제가 지금 이 상황에서 지원을 받지 못한다면, 그 취지가 무슨 의미가 있습니까?"

내 목소리에는 억울함과 절박함이 가득 담겨 있었다. 담당자는 문서를 천천히 넘겨 보며 입술을 굳게 다물었다. 눈가에 스치는 미묘한 변화, 그건 단순한 관료적 태도가 아니었다. 나는 마지막으로 힘주어 말했다.

"저는 억울합니다. 부당해고 여부는 아직 법의 판단을 기다리고 있습니다. 그 전까지, 최소한의 생계마저 막는 건 너무하다고 생각하지 않으십니까? 재검토해 주십시오."

담당자가 문서를 덮으며 고개를 들었다. 짧지만 무겁게 한숨을 내쉰 그가 내 눈을 마주보며 말했다.

"무슨 말씀인지 알겠습니다. 제가 결정할 사안은 아니고, 저도 이런 경험은 처음이라 쉽게 판단할 수 없습니다. 일단 상사에게 보고하고 내부적으로 다시 검토해 보겠습니다. 3일 후에 다시 방문해 주세요."

그제야 무겁게 짓눌렸던 가슴이 조금은 풀리는 듯했다. 고용노동부는 처음엔 "안 된다"고 말했다. 그러나 진실을 그대로, 정직하게 설명하면 달라질 수 있다는 믿음이 있었다. 억울함을 담아 논리적으로 전달했을 때, 결국 그들도 부당함을 외면할 수는 없을 것이다.

3일 후, 다시 고용노동부를 찾아 그 담당자 앞에 앉았다.

"기다리셨죠?"

담당자가 나를 보며 짧은 인사를 건네더니 한 장의 서류를 내밀며 덧붙였다.

"이건 확약서입니다. 읽어 보시고, 동의하시면 서명해 주세요."

서류를 받아들고 조심스레 읽기 시작했다. 문장의 무게가 마음에 박혔다.

부당해고 소송에서 승소할 경우, 지금까지 받은 실업 급여는 전액 반환한다.

문장은 부당해고 소송에서 승소했을 때 발생하는 법적 의무를 명시하고 있었다. 승소 시, 그 동안 수령한 실업 급여는 전액 반환해야 한다. 얼핏 보면 당연한 듯하지만, 이 말은 다른 한편으로 중요한 의미를 담고 있었다. 만약 소송에서 패소한다면, 받은 실업 급여는 반환할 필요가 없다는 뜻이다. 즉, 실업 급여를 온전히 받을 수 있다는 의미였다. 월 120만 원씩 7개월간 총 840만 원에 달하는 실업 급여. 이것은 나에겐 금액을 넘어서는 의미였다. 정말 다행이다. 조금이라도 버틸 수 있는 금액을 확보할 수 있었다. 돈도 돈이었지만, 나의 주장이 인정받았다는 사실이 마음을 더 뜨겁게 했다. 법은 때때로 냉정하지만, 그 속에서도 진심과 논리가 통할 수 있음을 나는 경험했다.

해고 예고 수당

나는 실업 급여를 받으면서도 미래를 고민하며 해고와 관련된 정보를 찾아 보았다. 그러다 '해고 예고 수당'이라는 개념을 처음 접했다. 문장 하나가 나를 멈춰 세웠다.

"30일 전 예고 없이 해고했다면, 회사는 반드시 통상 임금 30일 분을 지급해야 한다."

해고 통보 당시 상황을 떠올렸다. 통보는 없었다. 사전 예고 없이 어느 날 갑자기 당일 시행된 해고였다. 법은 그걸 '예고 없는 해고'라 부른다. 그렇다면 해고 예고 수당은 내가 요구할 수 있는 정당한 권리가 아닌가? 해고 예고 수당을 받으려면 안양지청에 진정서를 넣어 배정받은 근로감독관이 진정인 회사 측에 사실 확인을 통해 판정하는 과정임을 알았다. 나는 곧장 움직여 안양지청에 진정을 넣었다. 근로감독관이 배정되어 양측이 출석했다. 회사 측에서 서류를 내밀며 말했다.

"사적 이득, 정보 유출, 성실 의무 위반. 그게 해고 사유입니다."

감독관이 고개를 끄덕이더니 말을 이었다.

"해고 사유가 정당하면, 예고 수당은 지급되지 않습니다."

아쉬웠지만 충분히 예상하던 대답이었다. '또 그 방식인가?' 실업 급여 신청 때도 그랬다. 회사는 항상 유리한 쪽에 섰고, 근거는 늘 그럴싸했다. 내 입장은 언제나 그 다음이었다. 하지만 이번엔 달랐다.

"지금은 소송 중입니다. 정당한 해고인지 여부는 아직 판단되지 않았습니다. 그런데 왜 결론을 내리는 겁니까? 별도 기관인 안양지청에서 절차를 걸쳐 판단해야 하는 것 아닙니까?"

감독관이 한숨을 내쉬며 말했다.

"일단 증빙 서류부터 제출하시죠. 절차대로 확인해 보겠습니다."

나는 곧장 준비했다. 지방노동위원회에 제출했던 자료들과 증빙 자료를 꺼내 제출하자, 회사 측 담당자가 바로 말을 꺼냈다.

"이미 우리도 같은 내용으로 반박 서류를 제출했습니다."

감독관은 짧게 대답했다.

"양측 서류를 모두 검토한 후 판단하겠습니다."

그리고 정확히 3주 후, 결과가 도착했다. 봉투를 열었다. 안에는 단 한 줄.

회사의 법 위반 여부를 인정하기 어려움.

이 통보를 인정할 수 없었다. 나는 안양지청의 해당 근로감독관을 찾아가 도대체 어떤 근거로 자세한 이유와 설명없이 이렇게 간단하게만 통보할 수 있는 거냐고 따졌다. 그런데 해당 근로감독관이 나의 물음에 답을 주지 않으며 자리를 피했다. 다른 창구를 찾아 앞서의 결정을 인정하지 못해 억울한 경우, 법적으로 어떻게 해야 하느냐 물었다. 그런데 그가 의외로 간단한 답을 줬다. 진정서는 한 번으로 끝나는 게 아니라, 반복적으로 계속 제출할 수 있고, 필요하다면 열 번, 백 번도 낼 수 있다고 했다. 게다가 근로감독관 교체 요청도 할 수 있다고 했다. 그중 한 번이라도 내 주장이 인정된다면, 해고 예고 수당을 받을 수도 있는 것이다. 앞서의 결정을 인정한다면, 그건 내 해고의 정당성을 인정한다는 의미와 상통하므로 나는 그 결정을 결코 받아들일 수 없었다.

다시 진정서를 접수했다. 이번에도 거절당할 수 있지만, 한 번만 인정받으면 해고 예고 수당을 받을 수 있을 거라는 기대로 마음을 다잡았다. 그동안 모아 둔 모든 자료를 다시 꺼내 새로 배정된 근로감독관에게 제출했다. 모든 상황을 정리하고, 내가 당한 부당해고의 억울함을 제대로 전달하기 위해 여러 차례 근로감독관을 찾아가 설명하고 또 설명했다. 말뿐이 아니라, 법적 근거와 사례를 철저히 준비하여 설득에 나섰다. 근로감독관이 내가 제출한 자료를 넘기다 말고 고개를 들었다. 눈빛이 처음과 달랐다.

"제가 가족 명의로 기지국 임대 계약을 했던 건 사실입니다. 하지만 그건 제 개인 판단이 아니었습니다. 당시 KTF 내부 지침에 따른 공식적 권고였죠."

처음엔 형식적으로 듣던 그가, 진심으로 묻고 있었다.

"회사에서 그렇게 지시했다고요?"

기지국 임대가 지연되고 있습니다. 임대 가능한 직원 또는 주변 지인이 있다면 알려 주시기 바랍니다. 단, 분양에 대한 책임은 본인에게 있음을 사전에 고지드립니다.

"이게 실상입니다. 기지국 개통이 지연되면 팀장과 파트장에게 실적에 대한 책임이 전가되어, 직원들은 실적 압박에 시달렸고, 분양자를 찾아야 했습니다. 저도 그중 한 명이었을 뿐입니다. 그 시절, 이동통신 산업은 속도의 전쟁이었습니다. KTF는 후발 주자였고, SK텔레콤은 이미 전국망을 갖춘 1등 기업이었습니다. 우리는 하루라도 빨리 건물을 선점해야 했습니다. 그런데 회사 내부 규정상 KTF는 건물을 '분양'받을 수 없었고 임대만 가능했습니다. 그래서 직원들 지인 또는 가족 친인척에게 분양을 받게 하여 KTF와 임대 계약을 맺은 거죠."

"그럼 당시 회사는 그걸 문제 삼지 않았다는 거군요?"

"오히려 장려했죠. 실적 압박을 통해 가족이나 지인을 동원해 분양받으라고 했습니다."

나는 가지고 간 노트북을 돌려 감독관에게 보여 줬다. 그 안에는 2000년대 초반, 통신사의 치열한 경쟁과 현장 실무 실상이 담겨 있었다.

"본인 말대로라면, 이건 개인의 문제가 아닙니다. 회사의 구조적 관행이네요."

"그걸 증명하기 위해 제가 여기까지 온 겁니다. 이건 단순한 해고의 문제가 아니라, 과거 회사가 주도했던 실무 방식에 대한 책임 문제입니다."

작은 승리

미온적이던 반응이 조금씩 달라지는 것을 느낄 수 있었다. 감독관이 내 자료를 꼼꼼히 살피며 점점 더 깊이 있는 질문을 하기 시작했고. 나는 더욱 확신을 가지고 설명을 했다. 3주라는 시간은 길었다. 하지만 마침내, 기다리던 결과가 도착했다.

귀하께서 진정하신 해고 예고 수당 미지급 건에 대해 고용노동부에서 조사한 결과, 회사가 근로기준법 제26조를 위반한 사실이 확인되었습니다. 따라서 회사는 신청인에게 30일분 통상 임금을 지급해야 합니다.

천천히, 다시 읽었다. 이번에는 회사가 아니라 안양지청 근로감독관이 내 의견을 받아들였다. 결과는 해고 예고 수당 지급.

금액 자체보다 값진 보람은 내가 틀리지 않았다는 확인이었다. 여기에 오기까지 여러번 진정을 냈고, 반려도 겪었다. 담당이 바뀔 때마다 처음부터 차근차근 설명했고, 필요한 자료를 모아 다시 제출했다. 그 시간들이 헛되지 않았다는 걸 오늘 알았다. 누군가는 이걸 작은 승리라 말할지 모른다. 하지만 내겐 달랐다. 버틸 시간을 확보한 것이었고, 다음 싸움으로 넘어가기 위한 체력을 보충하는 과정이었다.

가족

해고 후, 시간이 지나며 가족들의 반응이 차가워지는 걸 느끼기 시작했다. 경제적 어려움이 당장에 컸지만, 무엇보다 가족들의 시선이 내겐 가장 버거웠다. 기대와 실망이 함께 섞인 눈빛, 그리고 조심스럽지만 냉담한 반응들. 철도청 공무원으로 평생 성실하게 조직 생활을 하시다 은퇴한 아버지는, 오랜 사회 경험과 삶의 무게로 내가 늘 존경해 온 분이었다. 집에서 쉬고 계신 아버지가 어느 날 나를 보자마자 깊은 한숨을 내쉬며 고개를 절레절레 저었다.

"그렇게 공부시켜 놨더니, 회사에서 쫓겨났냐? 대체 무슨 짓을 한 거냐…. 저놈을 이해할 수가 없어."

아버지에게 있어 '조직'은 평생을 바쳐 지켜야 할 가치였고, 그 조직에 반하는 행동은 도저히 받아들일 수 없는 일이었다. 아버지의 목소리에는 분노라기보다는, 아들이 조직의 틀을 벗어나 버렸다는 깊은 실망과 안타까움이 묻어 있었다. 내가 입을 열기도 전에 형이 말을 보탰다.

"대기업 상대로 싸워서 되겠냐? 그냥 접어. 시간 낭비하지 말고 얼른 다른 길 찾아."

아내까지 거들었다.

"그러게요. 가족들 생각도 좀 해 줬으면 좋겠어요. 하지 말라고 해도 고집만 부리잖아요."

가족들의 반응에 나는 아무 말도 할 수 없었다. 위로는커녕 모두가 나를 한심하게 여기는 듯했다. 가족들의 말이 틀린 건 아니었다. 상대는 거대 기업, 나는 혼자 싸워야 했다. 현실적으로 승산이 없어 보일 수도 있다. 하지만 나만큼 이 싸움이 억울하고, 포기할 수 없는 사람도 없었다. 가족들의 싸늘한 시선 속에서 나는 마치 집안에서도 외로운 섬에 갇힌 기분이었다. 하지만 그럴수록 나에겐 더 포기할 수 없는 강한 동기가 됐다.

진실을 찾아

소송을 준비하면서 나는 점점 더 분명한 사실 하나를 깨닫게 되었다. 그것은 과거 KTF 시절의 상황을 입증하지 않으면 절대로 승소할 수 없다는 사실이었다. 당시 회사에서 이루어진 각종 내부 절차와 규정들이 존재했지만, 이를 법정에서 인정받기 위해서는 단순한 주장만으로는 부족했다. 반드시 이를 증언해 줄 사람들이 필요했고, 공식적인 확인서가 필요했다. 그러나 현실은 내 기대와는 전혀 달랐다.

나는 처음엔 단순히 진실을 밝히는 일이니 어려울 것이 없을 거라 생각했다. 하지만 여전히 회사에 근무하고 있는 직원들에게 증언을 부탁하는 일은 생각보다 훨씬 큰 난관이었다. 나와 함께 일했던 동료들은 대부분 진실을 알고 있었고, 내 주장에 공감하는 사람들도 적지 않았다. 하지만 그들 모두 하나의 지점에서 머뭇거렸다. 바로 회사의 보복이었다.

"미안해, 도와주고 싶은 마음은 굴뚝같지만…, 내가 나서면 불이익을 받을 수도 있잖아. 우리도 먹고 살아야 하니까…."

이런 류의 답변을 들을 때마다 나는 속이 타들어 갔다. 그들은 나의 억울함을 이해하면서도, 지금의 자리와 생계를 지키기 위해 입을 다물었다. 단 한 줄의 확인서라도 써 줄 수 없겠느냐는 부탁에도 돌아오는 대답은 한결같았다. "정말 미안해…."

시간이 지날수록 증인 찾는 일은 어려웠다. 회사 측에서 직원들에게 암묵적인 압박을 가하고 있다는 소문까지 들려왔다. 누군가는 "괜히 나섰다가 인사 평가에서 불이익을 받을 수도 있다"는 말을 했고, 또 다른 누군가는 "예전에 내부 고발을 했다 쫓겨난 사례도 있었다"며 두려워했다. 그들의 입장이 이해되지 않는 것은 아니었다. 하지만 그럴수록 몰려드는 절망감은 어쩔 수 없었다. 명백한 사실임에도 이를 증명할 사람이 없다는 것, 결국 나 혼자 거대한 벽에 맞서 싸워야 한다는 것을 의미했다. 이 길이 얼마나 외로운 여정이 될지 실감하는 나날이었다. 어떤 방법을 써서라도, 반드시 증거를 확보하고 진실을 밝혀야 된다.

결국 나는 새로운 방법을 선택할 수밖에 없었다. 녹취였다. 직원들의 직접 증언이나 확인서를 받는 것이 불가능하다면, 그들의 말을 있는 그대로 기록하는 수밖에 없었다. 나는 KTF 시절의 상황을 잘 아는 동료들 한 명씩 전화를 걸기 시작했다. 물론 조심스러웠다. 누군가 회사에 이 사실을 알리기라도 한다면, 나뿐 아니라 통화한 상대방까지 곤란한 상황에 처할 수도 있었다. 그래서 나는 신중하게 대화를 이끌어 나갔다. 처음부터 중요한 질문을 던지기보다는 자연스럽게 과거의 일을 떠올리게 만들었다.

"그때 우리가 분양을 받을 수밖에 없었던 이유, 기억하시죠?"

잠시 침묵이 흐른 뒤, 상대방이 대답했다.

"네, 맞아요. 그게 당시 묵시적인 회사의 정책이었으니까요."

나는 그 한마디 한마디가 얼마나 중요한 증거가 될지 잘 알고 있었다. 단순한 기억이 아니라, 법정에서 인정받을 수 있는 '증언'을 남기는 일이었으므로, 최대한 사실 그대로 이끌어 내는 것이 중요했다. 나는 퍼즐을 맞추듯, 여러 사람들의 기억을 조각조각 이어 붙이며 전체 그림을 완성해 나갔다. 이렇게 40명 가까운 동료들과 통화하며 하나씩 녹취록을 쌓아 갔다. 녹음이 끝난 후에는 다시 파일을 정리하며 핵심 발언들을 정리했다. 시간이 흐를수록, 하나의 명확한 패턴이 드러났다. 같은 경험을 한 사람들이 같은 기억을 공유하고 있었다. 회사는 묵시적으로 인정했고, 내부적으로는 확실한 정책이 존재했음을 모두 알고 있었다.

녹취록

나는 이 자료들을 보다 체계적으로 정리하기 위해 속기사에게 의뢰하기로 했다. 녹취 내용을 문서화하고, 법적 증거로 활용할 수 있도록 준비가 중요했다. 이제까지의 노력들이 의미를 가지려면, 반드시 증거로서 인정받을 수 있게 만들어야 했다.

자전거를 타고 수원 법원 사거리 어느 속기사 사무실에 도착한 나는 문을 열었다. 사무실은 소박했다. 책상 위에는 빼곡한 서류들이 쌓여 있었고, 컴퓨터 화면에는 누군가의 녹취록이 타이핑된 흔적이 남아 있었다. 내가 전해 준 USB를 컴퓨터에 꽂고 파일을 불러와 확인한 속기사가 눈을 동그랗게 떴다.

"이렇게 방대한 통화 기록을 가지고 오신 분은 처음입니다. 보통은 몇 건 정도인데, 이건 정말 대단하네요."

"저도 처음입니다. 하지만 이번 상황을 헤쳐 나가려면 이 녹취록이 반드시 필요하거든요."

속기사가 파일을 하나하나 열어 내용을 확인하기 시작했다. 그의 손 움직임에 따라 키보드가 경쾌한 소리를 내고, 화면에는 통화 기록이 글자로 변환되어 나타났다. 화면을 바라보며 나는, 이 한 줄 한 줄의 녹취록이 내 운명을 결정짓는 중요한 증거라는 사실을 다시금 되새겼다. 속기사가 고개를 끄덕이며 말했다.

"이렇게 철저하게 준비하시는 분들은 결과가 좋게 나오는 경우가 많아요. 꼭 잘 되실 겁니다."

지금까지의 모든 과정이 머릿속을 스쳐 지나갔다. 불안과 절망 속에서도 한 명 한 명에게 전화를 걸고, 그들의 기억을 끌어내 녹취한 수많은 시간들. 회사의 압박을 두려워하며 말을 아끼던 동료들의 목소리, 그리고 마침내 얻어 낸 결정적 증언들이 화면 가득 펼쳐지고 있었다.

"제발 그렇게만 된다면, 정말 좋겠네요."

300만 원이라는 비용이 들었지만, 나는 한 치의 망설임도 없었다. 이 녹취록이야말로 내게 남은 마지막 무기였다. 타이핑을 멈춘 속기사가 내게 조심스레 물었다.

"이 모든 자료를 법정에서 사용할 계획이신가요?"

"네. 최대한 할 수 있는 건 다 해야죠. 이게 없으면 저는 패소할 겁니다. 이 녹취록이 있다면 해 볼 만할 거라 생각해요"

내 결연한 표정을 확인한 속기사가 다시 작업을 이었다.

"좋습니다. 제가 할 수 있는 만큼 최대한 정확히 듣고 작성하겠습니다. 옆에서 잘못 들은 부분이 있으면 바로 바로 말씀해 주세요."

밤이 늦도록 속기사와 함께 녹취록을 정리했고, 나는 그의 옆에서 하나하나의 문장이 증거로 완성되는 과정을 지켜봤다. 과정은 길고 힘들었다. 하지만 그 모든 순간이 나에게는 실낱같은 희망이었다. 새벽이 가까워질 무렵, 속기사가 마지막 파일을 저장하며 나에게 이야기했다.

"이제 모든 준비가 끝났습니다. 이걸로 충분히 싸울 수 있을 겁니다. 이렇게 오랜 시간 공들여 작업한 건 처음이네요. 정말 좋은 결과가 있길 바랍니다. 힘내세요."

"네 고맙습니다. 힘이 나네요"

속기사 녹취록이 저장된 USB를 꼭 쥐었다. 이 안에 내가 한 달간 밤을 지새우며 쌓아 올린 증거들이, 그리고 내가 싸워 온 모든 기록들이 담겨 있다. 사무실을 나와 자전거에 올라 집으로 향했다. 페달을 밟을수록, 하나를 마무리했고 한 걸음 더 나아가고 있다는 감각이 분명해졌다.

2장

침묵한 정의

냉정한 판결

회사의 손해 배상 청구

해고당한 지 불과 4주. 아직도 그 충격에서 벗어나지 못한 채 소송 준비로 하루하루를 버티던 어느 날, 법원에서 날아온 우편물이 내 손에 들렸다. 아무런 예고도 없이, 그야말로 한낮의 벼락처럼 날아든 통지가 일상을 송두리째 흔들어 놓았다. 심장이 철렁 내려앉았다. '이건 또 뭐지?'

조심스레 통지서를 꺼내 읽어 내려 갔다. 그런데 이게 웬 말인가. 해고만으로도 부족했던 것인지, 회사는 '비위 행위'라는 말도 안 되는 이유를 내세워 무려 1,322만 원의 손해 배상 청구를 한 것이었다. 순간 머릿속이 하얘졌다. 믿을 수 없었다. 눈을 의심하며 몇 번이고 문장을 되새겼다. 하지만 변하지 않는 차가운 활자들이 내 정신을 갉

아먹었다. '해고도 모자라 손해 배상까지? 손해 배상액 1,322만 원? 이건 진짜 너무하잖아. 아니, 이 미친 XX들!'

　가슴이 답답했다. 억울함과 분노가 한꺼번에 밀려왔다. 회사를 위해 그렇게 피땀 흘려 일했건만, 돌아온 것은 해고도 모자라 내 인생을 끝장내려는 소장이었다. 내 존재 자체를 짓뭉개겠다는 듯 조여 오는 냉혹한 공격. 그들은 단순히 나를 회사에서 내쫓는 것으로 끝낼 생각이 없었던 것이다. 무릎 꿇리기를 넘어 다시는 일어나지 못하도록 완전히 짓밟으려 하고 있었다. 그날 밤, 나는 술병을 붙들고 혼잣말을 내뱉었다.

　"이게 진짜 가능한 일이야? 회사라는 게 이렇게까지 할 수 있단 말이야!"

　한 모금, 두 모금 들이켰지만 분노는 가라앉지 않았다. 오히려 속이 타들어 갈 뿐이었다. 생각하면 할수록 치가 떨렸다. 돈이야말로 가장 강력한 무기였다. 해고된 상황에서 생활비도 빠듯한데, 변호사 선임 비용까지 감당해야 한다니. 이건 완전히 나를 파멸시키려는 수작이었다. 대기업의 힘이란 이런 것이구나. 그들은 나를 발로 차 쓰러뜨린 것만으로 만족해하지 않았다. 이제는 일어설 기회조차 주지 않겠다고 한다. '도대체 내가 뭘 그렇게 잘못했길래.'

　분노, 절망, 불안, 억울함, 그리고 두려움까지 뒤섞여 도저히 감당할 수 없을 만큼의 감정들이 나를 짓눌렀다. 그들이 원하는 건 내가 무너지는 것이었다. 그들에게 무릎 꿇고 패배를 인정하는 것이었다. 절대 그럴 수는 없었다. 나는 술병을 내려놓고 깊은 숨을 들이마셨다. 머릿속은 여전히 혼란스럽고 두려웠다. 그날 밤 나는, 한숨도 잘 수 없었다. 머릿속은 복잡했고, 무엇을, 어떻게 해야 할지 몰랐다.

다음 날, 나는 강 노무사를 찾아갔다. 그의 표정이 심각했다.

"민사 소송에는 노무사가 아니라 변호사가 필요합니다. 제가 변호사가 아니라 선임이 안 됩니다. 반드시 변호사를 선임하셔서 대응하셔야 합니다."

변호사를 선임해야 한다는 것은 알겠는데, 해 본 적도 없고, 어떤 기준으로 변호사를 선택해야 하는지조차 몰랐다. 누구를 찾아가야 할까? 경험도 없고, 조언을 구할 사람도 마땅치 않았다. 그저 막막하기만 했다.

고민 끝에 고교 동문 중 한 명이 변호사라는 사실이 떠올랐다. 1년 후배였던 한정수 변호사. 급한 마음에 그에게 연락을 했고, 다행히도 그는 시간을 내어 주었다. 사무실에서 만난 한 변호사는 차분한 태도로 내 이야기를 들었다. 그 동안 해고의 부당함, 회사의 비합리적 처사, 그리고 내가 겪고 있는 불안과 분노까지. 모든 것을 털어놓은 뒤 소장을 읽은 그의 반응을 기다렸다. 잠시 생각에 잠기던 그가 이내 깊은 한숨과 함께 고개를 절레절레 저었다.

"이건 쉽지 않은 싸움입니다. 솔직히 이길 가능성이 낮아요."

그의 말이 나를 다시 절망으로 몰아넣었다. 수없이 고민하고 각오했던 일이지만, 막상 전문가의 입을 통해 직접 듣게 되니 한층 더 무거운 현실로 다가왔다. 하지만 물러설 수 없었다. 물러난다면 나는 모든 것을 잃게 될 것이다. 지금까지의 삶과 자존심, 그리고 미래까지.

"그럼 일단 계약을 하자. 당장 여유 자금이 없으니 300만 원 선임료로 시작하고, 이긴다면 성공 보수를 챙겨 줄게."

"선배, 솔직히 서초에서는 보통 최소 선임료가 500만 원입니다. 부담되실 테니, 그냥 성공 보수 없이 500만 원에 끝내시죠. 제가 해 보겠습니다."

　이길 가능성이 낮다고 생각한 그로선, 굳이 승소 후에 받을 성공 보수에 대한 기대보다는 지금 확실한 선임료를 받는 것이 더 낫다는 판단이었을 것이다. 그의 제안에 솔직히 실망감을 감출 수 없었다. 내 사정에 대한 고려보다는 철저히 계산적인 태도가 엿보였기 때문이다. 하지만 난 변호사가 필요했다. 대안이 없었다. 나는 깊은 한숨을 내쉰 끝에 그의 제안을 받아들였다.

　"알겠어, 그렇게 하자. 잘 부탁해."

　한 변호사는 고개를 끄덕였고, 나는 계약서에 서명했다. 이제 후퇴는 없다. 모든 것이 결정되었고, 또 다른 싸움이 시작되었다.

　한 변호사를 선임한 나는 소송 준비를 위해 다시 자료를 모으기 시작했다. 이 과정에서 깨달은 사실이 있었다. 나의 사건을 가장 잘 아는 사람은 변호사가 아니라 바로 나 자신이라는 사실이다. 강 노무사와 함께했던 방식처럼, 내가 사건의 기초 사실을 철저히 정리하고 이를 바탕으로 변호사가 정리하는 방식이 가장 효과적일 것이라 판단했다. 변호사에게 모든 것을 맡기고 기다리는 것이 아니라, 나 자신이 중심이 되어 움직여야 했다. 매일 밤늦게까지 쓰고 읽고 고치기를 반복했다. 지방노동위원회 부당해고 구제 신청과 손해 배상 청구 소송 두 가지 싸움을 동시에 진행해야 하는 현실이 나를 짓눌렀다. 정신이 혼미해질 정도로 몰입했고, 머릿속은 복잡하게 얽힌 법리와 증거들로 가득 찼다. 순간 순간이 한계의 연속이었다. 밤이 되면 책상 위에 산처럼 쌓인 서류를 보며 스스로를 다그쳐야 했다. 이번에도 내가 모든 걸 증명해야 한다. 아무도 대신해 주지 않는다. 이건 내 몫이니까. 내 삶을 지키기 위한 과정이다.

포기하고 싶은 순간도 있었다. 소송 준비는 단순 서류 작업 과정만은 아니었다. 법을 확인하고, 판례를 찾았으며, 증거를 모아 정리했다. 쓰고 읽고 고치기를 수십 번 반복했다. 3자가 이해하는 언어로 핵심이 분명하게 전달되도록 다듬고 또 다듬었다. 내가 준비하지 않으면, 대신 싸워 줄 사람은 없었으므로.

회사가 제기한 손해 배상 소송에서 나는 손해 부존재를 입증해야 한다. 억울함을 호소하는 데서 그치는 것이 아니라, 손해가 발생하지 않았음을 명확하게 증명해야 했다. 나는 법률적 논리뿐 아니라 기술적 이해를 위한 자료도 직접 준비하고, 회사의 운영 방식, 매출 구조, 조직의 흐름까지 낱낱이 분석하며, 반박 논리를 정리했다. 이 모든 것을 입증할 수 있는 자료를 모으고, 단계적으로 법정에서 설명할 계획을 세웠다. 무엇을 먼저 입증해야 하는지 스케줄 표를 작성했다. 이제는 물러설 수 없다. 아니, 물러설 곳조차 없다. 우선순위를 정했다. 우선은 지방노동위원회의 부당해고 구제 신청에 집중해야 한다. 이것이 기반이 되어야 손해 배상 소송에서도 승산이 있을 것이다.

지방노동위원회 첫 심문

지방노동위원회의 첫 심문 날짜가 잡혔다. 아침부터 온몸이 긴장으로 굳는 듯했다. 강 노무사와 함께 준비를 단단히 하고 심문실에 들어섰다. 위원들이 앉아 있는 테이블이 거대한 성벽처럼 느껴졌다. 벽 너머에 마치 나를 시험하고 견제하는 존재들이 거대하게 버티고 있는 듯했다. 하지만 이 과정은 반드시 넘어야만 했다. 내 삶과 자존심이 걸린, 결코 물러설 수 없는 시험대였으니까.

심문실 안에 들어선 순간, 익숙한 얼굴이 눈에 들어왔다. 나를 감사했던 최 감사인과 인사팀 담당자가 반대편 자리에 앉아 있었다. 그들의 존재를 보는 것만으로도 분노가 치밀어 올랐다. 감사 당시의 굴욕적 순간들이 주마등처럼 스쳐 지나갔다. 수많은 서류 앞에서 일방적 질책에 노출되었던 순간들, 무력하게 변명해야 했던 순간들, 그리고 그들의 냉소적 시선까지. 모든 기억이 한순간에 되살아났다. 그들은 내 시선을 피하고 있었다. 그들 역시 이 자리가 편치는 않을 것이다. 회사의 명에 따라 움직여야 하는 그는, 이제 내가 반격하는 자리의 불편한 증인이 되어 있었다. 반면, 인사팀 담당자는 굳은 얼굴로 나에게 시선을 두지 않았다. 회사의 입장을 대변해야 하는 그의 입장은 더 복잡했을 것이다. 나의 복직이 그의 업무에 어떤 영향을 미칠지, 혹은 이 심문 결과가 회사 내부에 어떤 파장을 일으킬지 생각하고 있을지도 모른다. 이 싸움에서 누가 이길지는 아직 알 수 없다. 하지만 한 가지는 분명했다. 오늘의 심문은 단순한 법적 절차가 아니라, 회사와 나 사이의 거대한 균열을 상징하는 것이었다.

위원장이 입을 열었다.

"신청인의 부당해고 주장에 대해 간략하게 설명해 주시겠습니까?"

강 노무사는 준비한 서류를 단단히 쥔 채 차분한 목소리로 답했다.

"신청인은 회사가 주장하는 '사적 부당 이득'과 관련하여 부당하게 해고되었습니다. 당시 KTF 시절의 내부 규정에 따라 정당하게 이루어진 임대 계약이었으며, 회사의 묵시적 승인을 받은 절차였습니다. 그러나 회사는 합병 이후 새로운 해석을 적용하여 부당한 해고를 단행했습니다."

강 노무사의 논리적인 설명에도 불구하고 회사 측 노무사는 바로 반박했다.

"당시의 규정은 현재 KT 내부 감사 결과와는 전혀 다릅니다. KTF 시절의 내부 규정 어디에도 해당 계약이 허용된다는 내용은 없었으며, 이는 명백한 사적 이익을 위한 행위였습니다. 억측에 불과합니다."

긴장감이 감도는 회의실 안에서 강 노무사가 나의 어깨를 두드리며 속삭였다.

"흔들리지 마세요. 준비한 자료대로 우린 차근차근 설명하면 됩니다."

나는 심호흡을 한 뒤 단호한 목소리로 반박하며 덧붙여 말했다.

"합병 이후에도 해당 계약과 관련된 새로운 규정이 도입되지 않았으며, 제가 체결한 계약은 KTF 시절 정상적으로 이루어졌습니다. 또한, 합병 이후 저는 새 규정에 대한 어떠한 통보도 받지 못했습니다. 그러므로 회사의 과거 규정과 현재 규정을 동일 선상에서 비교하는 것은 부당합니다."

순간, 회사 측 노무사가 고개를 저으며 날카롭게 반격했다.

"회사의 정책은 시대에 따라 변화할 수밖에 없습니다. 합병 이후 감사 과정에서 기존 계약의 문제가 발견되었고, 이는 단순한 행정적 착오가 아니라 회사의 재정적 손실을 초래할 수 있는 사안이었습니다. 따라서 우리는 규정을 바로잡고 이에 따른 적절한 조치를 취한 것입니다."

회의실은 긴장으로 가득 찼다. 한 위원이 침묵을 깨고 물었다.

"신청인은 본 계약이 문제없다고 주장하지만, 결과적으로 회사가 손실을 입었다면 이에 대한 책임은 누구에게 있습니까?"

이 질문에 나는 잠시 침묵했지만, 곧 강단 있는 목소리로 대답했다.

"계약이 체결될 당시 모든 절차는 회사 내부 규정에 따라 정식 결재 라인을 거쳐 정상적인 프로세스로 진행되었으며, 회사 내부에서도 이를 문제 삼지 않았습니다. 과거에는 필요에 의해 직원들에게 권장했던 사안을 지금 와서 회사는 손실이라고 주장하고 있지만, 손실을 입힌 적이 없으며 당시에는 문제가 되지 않았던 일을 이제 와서 문제 삼는 것 자체가 어떤 의도인지 이해하기 어렵습니다. 오히려 그동안 아무런 지적 없이 방치해 온 회사 측에 책임이 있는 것 아닙니까?"

나의 발언에 표정이 굳어졌던 회사 측 노무사가 이내 다시 입을 열었다.

"법과 규정은 지속적으로 발전합니다. 당시의 문제점을 지금에서야 바로잡았다 하여 부당하다고 할 수는 없습니다. 회사는 재정적 손실을 최소화하고, 공정한 내부 규정을 유지할 책임이 있습니다."

나는 다시 반박했다.

"그렇다면 회사는 합병 이후 새로운 규정을 도입할 때 기존 계약자들에게 이를 공지하고 합리적 조정 기회를 제공했어야 합니다. 하지만 저는 어떠한 통보도 받지 못했습니다."

위원들 사이에서 조용한 웅성거림이 일었다. 분위기가 점점 팽팽해지고 있었다. 심문은 이어졌고, 회사 측 노무사는 끊임없이 우리를 몰아붙였다. 회의실 공기가 더욱 팽팽해졌다. 과연 이번 심문에서 누구의 논리가 더 설득력을 가질 것인가?

자발인가? 강압인가?

강 노무사가 준비해 온 녹취록을 꺼내 들었다.

"위원님, 이 10명의 녹취록은 당시 KTF에 재직하였던 동료들과의 대화를 담고 있습니다. 이 대화는 계약이 회사 관리자의 지시로 이루어진 것임을 뒷받침하는 중요한 증거입니다."

회사 측 노무사가 즉각 반박하고 나섰다.

"녹취록은 신빙성이 떨어질 수 있습니다. 당시 상황을 왜곡하거나, 편집된 내용일 가능성을 배제할 수 없습니다."

강 노무사가 단호하게 맞섰다.

"이 녹취록은 전문 속기사를 통해 작성되었으며, 법적 효력을 갖춘 증거입니다. 또한, 여기에는 당시 회사 담당자의 명확한 지시 사항이 담겨 있어 사실을 입증하는 강력한 증거가 됩니다."

위원들이 녹취록을 검토하는 동안 심문실 안은 숨소리조차 들리지 않을 정도로 고요했다. 시간이 멈춘 듯했다.

"위원님, 저희는 녹취록을 반박하는 확인서를 확보했습니다. 녹취록에 등장하는 직원들이 직접 작성한 확인서로, 신청인이 해고당해 불쌍하다는 이유로 일시적으로 동조했을 뿐, 실상은 녹취록의 내용과 다르다는 점을 명확히 밝히고 있습니다. 확인서를 검토해 주시기 바랍니다."

회사 측은 준비해 온 확인서를 위원들에게 제출했다. 확인서에는 녹취록에 등장하는 직원들이 서명한 내용이 담겨 있었다. 모든 확인서에는 비슷한 문구가 반복되었고, 회사의 공식적인 입장과 일치하는 내용이었다. 확인서를 본 강 노무사가 한숨을 내쉬었다. 회사 측이 우월적 지위를 이용해 직원들을 압박하여 확인서를 작성하도록 했을 가능성이 높아 보였지만, 이를 입증하기란 쉽지 않았다. 이미 회사의 공식적인 확인서가 존재하는 상황에서 녹취록의 증거력이 상당 부분

희석될 우려가 있었다. 나는 속으로 생각했다. '이렇게까지 하는군. 직원들을 불러 압박하고, 회유하며 준비한 사실과 다른 이 확인서들이 진실된 것일까? 하지만 이를 뒤집을 명확한 증거가 없다면, 우리의 주장도 힘을 잃을 수밖에 없다. 어렵게 마련한 증거가 무력화될지도 모른다.'

실제로 확인서를 하나하나 검토해 본 결과, 모든 직원이 비슷한 단어와 표현을 사용하고 있었다. 마치 누군가가 지시를 내려 일괄적으로 작성된 것처럼 보였다. 하지만 이를 입증하기엔 역부족이었다. 위원들이 심각한 표정으로 양측의 주장을 검토했다. 회사 측은 강경한 태도를 유지했고, 강 노무사는 이를 반박할 새로운 논리를 찾기 위해 애썼다.

"위원님, 이 확인서가 직원들이 자발적으로 작성한 것인지에 의문이 듭니다. 같은 단어가 반복되고 있으며, 녹취록의 내용과 전혀 일치하지 않습니다. 회사의 우월적 지위를 이용해 직원들이 강압적으로 작성한 것이란 합리적 의심이 들 수밖에 없습니다. 확인서의 신빙성에 대하여 검토해 주십시오."

강 노무사가 정확히 지적하면서 주장했다. 하지만 회사 측 노무사는 더욱 단호한 목소리로 대응했다.

"직원들은 자발적으로 확인서를 제출했습니다. 그들은 회사의 명예를 지키기 위해, 그리고 진실을 바로잡기 위해 이 확인서를 작성한 것입니다. 강압이 있었다는 근거는 전혀 없습니다."

강 노무사를 보니 침착함을 유지하는 듯했지만, 내심의 불안마저 감추지는 못하는 듯했다. 어렵게 300만 원의 비용을 들여 확보한 녹취록이 회사 측 반격으로 수포로 돌아갈 위기에 처해 있었다. 심문이 끝날 무렵, 위원들이 신중한 태도로 양측의 주장을 모두 경청한 후 추후 2차 심문 회의를 거쳐 결정을 내리겠다고 밝혔다. 강 노무사는 심문장을 나오면서도 결코 포기하지 않겠다는 결의를 다졌다. 이렇게 첫 번째 심문은 끝이 났다.

신뢰와 직장 동료

첫 번째 심문이 끝난 직후, 나는 곧바로 다른 증거들을 찾아야 했다. 그동안 연락을 끊었던 동료들에게 다시 전화를 걸기 시작했다. 하지만, 수화기 너머로 전해진 반응은 무거운 침묵과 차가운 외면뿐이었다. 오랜 세월 함께했지만 모르는 관계인 양, 대부분은 통화조차 거부하거나 피했다. 회사의 압박 속에 어쩔 수 없을 것이라는 걸 이해했지만, 가슴 한편에 스미는 서운함과 고립감마저 지울 수는 없었다. 그들은 회사의 묵시적 지시, '그를 철저히 고립시키라!'에 따라 행동하는 듯했다. 명확한 지시가 있었는지는 알 수 없지만, 그렇게 일사불란하게 외면하는 모습은 우연이라고 믿기엔 지나치게 완벽했다. 단 한순간에, 나는 회사라는 과거의 울타리 안에서조차 철저히 고립된 존재가 되어 있었다. 그 와중에도 윤 지부장과 오경남 선배, 몇몇 소수의 사람들은 예외였다. 그들은 상황이 바뀌어도 나와의 인간관계를 저버리려 하지 않았다. 해고라는 벼랑 끝에 몰린 후에야 비로소 알게 되었다. 진짜 내 곁에 남는 사람이 누구인지, 힘들 때 손을 놓지 않는 사람이 누구인지를.

특히 나를 힘들게 했던 것은 재직 당시 친하게 지내던 협력사 직원들의 변화였다. 과거에는 웃으며 대화하던 이들이었건만, 내가 전화를 걸면 모두 얼어붙었다. 어떤 이들은 말을 아꼈고, 어떤 이들은 아예 전화조차 받지 않았다. 몇몇은 어색한 변명으로 통화를 급히 끝내려 했고, 더러는 차단된 듯 아예 연결이 되지 않았다. 180도 달라진 태도. 한숨이 절로 나왔다. 그럴 때마다 나는 말로 표현할 수 없는 깊은 자괴감과 괴리감을 온몸으로 체감했다.

현실은 냉정했다. 회사를 떠난 순간, 그동안 함께 동고동락한 동료들이 하나둘 등을 돌렸다. 그들과 나를 이어 줬던 것은 '인간적 신뢰'가 아니라 '회사'라는 연결고리 하나뿐이었다는 사실을 절감하는 순간이었다. 그럼에도 희망의 끈은 완전히 끊어지지 않았다. 협력사 직원들 중에서도 김 과장님, 오 부장님은 달랐다. 그들은 나의 해고 사실을 알고도 변함없이 예전처럼 대해 줬고, 마치 아무 일도 없다는 듯, 진심을 잃지 않은 채 따뜻하게 대해 주었다. 그들의 작은 온기 덕분에 나는 무너져 내리던 마음을 조금은 추스릴 수 있었다. 이렇게, 나는 몸으로 깨달았다. 직장 동료란 결국, 회사라는 테두리 안에 있을 때만 가능한 관계라는 것을. 퇴직 선배들이 술자리에서 허탈하게 던졌던 "회사 사람은 동료일 뿐이다"라는 말을, 나는 이제야 뼛속 깊이 이해할 수 있게 되었다.

흔쾌히 써 준 확인서

두 번째 심문일이 잡혔다. 마지막 심문일이었다. 드디어 끝이 보이기 시작했다. 하지만 마지막이라 해서 방심할 순 없었다. 나는 이번에야말로 결정적 한 방을 날릴 수 있도록 더 강력한 증거와 증언을 준비해야만 했다. 그 과정은 마치 법정 드라마의 주인공이 된 듯한 기분이었다. 변호사도 아니면서 말이다. '이번엔 정말 제대로 준비해야 해!' 스스로를 다잡으며, 우선 5명의 녹취록을 추가하여 첨부했다. 이왕이면 확실한 지원군이 필요했다. 그래서 떠올린 돌파구가 바로, 재직자가 아닌 퇴직자 선배님들이었다. 그분들은 이미 회사의 손아귀에서 벗어나 자유인이 된 터라 보다 솔직한 증언을 해 줄 가능성이 컸다.

그중에서도 단연 떠오른 한 사람이 있었다. 나의 KTF 선배이자 인생의 멘토인 박수기 선배. 당시의 상황을 누구보다도 잘 알고 있을 선배는, 단순히 '아, 그랬었지' 하는 수준을 넘어 사건의 핵심을 꿰뚫고 있는 사람이었다. 나는 두근거리는 마음으로 선배에게 전화를 걸었다.

"형, 혹시 시간 좀 괜찮으세요?"

"오, 이게 누구야! 무슨 일이냐?"

"예전에 그 일이요. 마지막 심문일이 잡혔습니다. 형님의 도움이 필요합니다."

잠시 침묵하던 그가 이내 무겁지만 단단한 목소리로 답했다.

"그래, 만나자."

약속 장소에서 만난 선배는 예전보다 훨씬 여유로워 보였다. 회사를 떠난 선배들 중 특히 더 건강하고 밝아 보였다. 내가 경험하기로 늘 변화를 두려워하지 않고 도전하는 삶을 사는 수기 선배가 내 얘기를 듣더니 이렇게 말했다.

"너 참 끈질기다. 그게 바로 네가 가진 큰 강점이야."

그러더니 일고의 망설임도 없이 그 자리에서 확인서를 작성했다. 확인서를 쓰는 선배의 필체엔 강단이 있었고, 문장에는 신념이 담겨 있었다. 확인서의 내용은 과거 KTF 시절, 임대가 안 되는 기지국 예정지 건물에 대한 분양을 권장하여 임차 계약을 체결한 사실과 당시 이동통신 3사의 기지국 개통이 얼마나 빨리 이루어져야 했는지, 그리고 그러한 과정이 결국 회사에 이익을 주는 행위임을 구체적으로 설명하는 내용이었다. 나는 두 손으로 확인서를 소중히 받아들며 말했다.

"수기 형, 정말 감사드립니다. 이 확인서가 제게 엄청난 힘이 됩니다."

수기 형이 조용히 내 손을 덥석 잡았다. 그 온기가 내게는 마치 사부가 제자에게 주는 마지막 가르침으로 다가왔다.

"힘들 텐데 한번 제대로 싸워 봐. 그리고! 끝까지 포기하지 말고. 영화에서 보면 마지막에 항상 주인공이 고비를 넘기잖아. 그리고 인생이 너무 순탄해도 재미 없잖아. 너도 네 드라마의 주인공이야! 힘든 일 있으면 언제든지 연락하고."

그 한마디가 내겐 얼마나 큰 힘이 되었는지 모른다. 언젠가 수기 형과 술잔을 기울이며 이 순간을 회상하는 날이 오겠지. 그때 이 장면이 영화의 한 장면처럼 파노라마로 떠오르지 않을까.

증인

두 번째로, 명퇴한 선배 중 당시 계약 담당자였으며, KTF 시절 노동조합 부위원장을 역임한 이영구 차장을 찾아갔다.

"야 오랜만이다. 잘 지내지?"

"네 차장님, 잘 지내는 건 아니구요…."

나와 함께 수년을 함께 일했던 이 차장은 오랜만에 마주한 나를 반갑게 맞아 주었다. 하지만 내 얼굴에 서린 깊은 고민과 피로를 읽어낸 듯, 그가 굳은 표정으로 물었다.

"오희표, 무슨 일이야? 무슨 안 좋은 일이라도 있는 거야?"

나는 이 차장에게 지금까지의 과정과 현 상황을 솔직하게 설명했다. 부당해고, 억울한 처우, 그리고 내가 처한 법적 대응까지 차근차근 이야기했다. 말없이 내 이야기를 들으며 고개를 끄덕이던 이 차장이 깊은 한숨을 내쉬었다.

"너, 진짜 힘들었겠다. 해고는 너무한 거지."

나는 망설이다가 조심스럽게 부탁했다.

"차장님, 혹시 당시 계약 과정에 대한 확인서를 작성해 주실 수 있을까요? 그리고…, 재판에 증인으로 나서 주시면 안 되겠습니까?"

이 차장이 잠시 생각에 잠기는 듯했다. 나는 그의 얼굴을 바라보며 간절한 마음으로 대답을 기다렸다. 몇 초가 참으로 길게 느껴졌다. 이윽고 그가 단호한 표정으로 고개를 끄덕이며 입을 열었다.

"내가 직접 증인으로 나서 줄게. 나서 줘야지. 네가 겪고 있는 일을 생각하면 가만히 있을 수 없다."

그의 한마디에 나도 모르게 울컥했다. 이 차장은 내가 준비해 간 종이에 펜을 들어 확인서를 작성하기 시작했다. 그가 펜을 움직일 때마다, 오랜 시간 나를 짓누르던 무게가 조금씩 가벼워지는 듯했다.

"이걸로 될까? 부족한 부분 있으면 말해."

나는 감사의 마음을 전하며 확인서를 받아 들었다. 그의 글씨에 오랜 시간 함께했던 동료로서의 책임감과 정의로운 마음이 담겨 있음을 알 수 있었다. 그날, 이 차장의 진심 어린 도움은 나에게 정말 커다란 희망을 주었다. 나는 두 선배의 확인서와 증언 의사를 전해야겠다는 급한 마음에 강 노무사에게 한달음에 달려갔다. 내 운명을 바꿀 수도 있다는 생각이 머릿속을 가득 채웠다. 사무실 문을 열자, 강 노무사가 놀란 듯 나를 바라보았다.

"노무사님, 선배님 두 분이 확인서를 써 주시고, 증인으로도 나서 주겠다 했습니다!"

강 노무사가 고개를 끄덕이며 말했다.

"아주 좋은 추가 증거가 될 수 있겠네요. 재판에서 중요한 역할을 할 겁니다. 고생하셨어요."

나는 안도의 한숨을 내쉬었다. 강 노무사가 추가 준비가 필요하다며 말했다.

"이제 증인 채택 요청을 진행하고, 예상 질문지를 작성해야 합니다. 상대 측에서 어떤 질문을 할지 예측하고, 철저히 대비해야겠어요."

그 후 우리는 이영구 차장과 함께 예상 질문지를 정리하고, 실제 심문을 대비한 연습을 여러 차례 반복했다. 증인들이 법정에서 신뢰성 있게 답변할 수 있도록 하나하나 점검하며 준비를 마무리해 나갔다.

공격과 방어

지노위 증언

드디어 지방노동위원회 심문기일이 다가왔다. 이영구 차장과 동행하여 법정 심문실에 들어서자 차갑고 묵직한 공기가 온몸을 감쌌다. 상대편 테이블에 회사 측 노무사가 이미 자리 잡고 있었다. 정면에 자리잡은 위원장의 시선이 우리를 향했고, 강 노무사는 차분한 목소리로 증인 신청을 했다.

"증인으로 당시 계약 담당자였던 이영구 차장을 신청합니다."

이 차장이 증인석으로 걸어 나갔다. 단호한 발걸음, 자신감 넘치는 태도였다. 증인 서약을 마친 그가 마이크 앞에 섰다. 강 노무사가 첫 질문을 던졌다.

"당시 계약이 이루어진 과정에 대해 설명해 주십시오."

"당시 회사의 지시에 따라 계약이 이루어졌습니다. 공식 회의에서도 논의된 사안이었으며, 누구도 이를 문제 삼지 않았습니다. 오희표 과장의 가족 명의로 분양을 받았고, 제가 당시 임차 계약 담당자였습니다. 결재 라인을 탔고, 합리적으로 임차 계약이 체결되었습니다. 임대가 쉽지 않은 상황에서 지인 분양을 통한 임차 계약이 당시로는 회사를 위한 좋은 방법 중 하나였습니다."

회사 측 노무사가 날카로운 질문을 던졌다.

"그게 정말 회사에서 공식적으로 지시한 건가요? 가족 명의로 분양을 받으라는 문서나 메일이 있었습니까?"

이 차장이 잠시 망설이다 답했다.

"그 부분에 대한 공식 메일이나 문서는 없었지만, 문제가 안 되고 회사를 위한 일이었다는 것은 모두가 알고 있는 내용이어서 문제 삼을 수 없었던 것이었습니다."

순간, 심문실의 공기가 얼어붙는 듯했다. 그의 말이 끝나자마자 회사 측 노무사가 놓치지 않고 날카롭게 파고들었다.

"공식적인 문서나 메일이 없었다는 거네요? 공식 문서나 메일 지시가 없었다면, 이 모든 것이 개인적 판단으로 이루어진 일 아닌가요? 어떻게 이렇게 가족 명의로 분양을 받아 회사를 상대로 사적 이득을 취할 수 있단 말입니까."

회사 측의 날카롭고도 교묘한 질문들이 이어지면서, 심문이 점점 우리가 원하지 않는 방향으로 흘러갔다. 이 흐름을 어떻게든 되돌리고 싶었지만, 나는 그저 속으로 안타까움을 곱씹을 수밖에 없었다.

결국 2차 심문은 그렇게 마무리되었다. 끝까지 증언해 준 이 차장에게 감사 인사를 하면서도 나의 속마음은 편치 않았다. 이 차장의 증언이 부족했던 것은 아니었다. 하지만 회사 측 노무사의 공식 문서와 메일을 물고 늘어지는 전략적 질문이 심문의 흐름을 꼬이게 만들었다는 생각을 지울 수 없었다. 처음에는 우리가 분명히 유리한 위치에 있다고 확신했지만, 지금은 애매해졌다. 심문이 끝난 후, 복도를 걸으면서 나는 불안감에 사로잡혔다. 이대로 괜찮을까? 결과가 정말 우리가 원하는 방향으로 나올까? 결정적인 순간, 회사 쪽에서 던진 질문 하나가 분위기를 가르고 들어온 것 같았다. 말은 정제되어 있었고 태도는 침착했지만, 그 안엔 교묘한 의도가 숨어 있었다. 논점을 살짝 비틀어 본질을 흐리는 방식. 심판자의 눈앞에서 진실을 희미하게 만드는 기술이었다. 우리는 할 수 있는 모든 걸 쏟아부었다. 결과는 알 수 없지만, 한 가지는 분명했다. 우리는 최선을 다했다.

지방노동위원회 기각

얼마 지나지 않은 2013년 7월 17일, 결과가 통보되었다.

사건: 경기2013부해691.
주식회사 케이티 부당해고 구제 신청사건 경기지방노동위원회
주문: 이 사건 근로자의 구제신청을 기각한다.

숨이 막혔다. 머릿속에 정리해 온 모든 논리가 순식간에 무너지는 기분이었다. 밤새워 준비한 녹취록, 법률 검토 자료, 증거 문서들, 모든 것이 단 한 문장 앞에 무너져 내렸다. 손에 쥔 종이가 바람에 흩날리는 휴지조각처럼 느껴졌다. 멍하니 판정서를 바라보았다. 그렇게까지 준비했는데, 이렇게 허무하게 끝나는 걸까? 정의라는 것이 과연 존재하는 걸까? 더 이상 생각을 이어 갈 수 없었다. 나보다는 담담한 표정의 강 노무사가 나를 찬찬히 바라보며 말했다.

"이건 끝이 아닙니다. 중앙노동위원회로 갑시다. 여기서 멈출 수 없습니다."

"네, 노무사님. 그래야죠. 바로 진행하시죠."

하지만 그 순간 사실 희망보다 통계가 먼저 뇌리를 때렸다. 중노위에서 뒤집힐 확률이 20%도 안 된다는 사실. 불안감이 밀려왔다. 두려운 통계에 희망이 꺾이는 듯했다. 하지만 포기하면? 그 순간 모든 게 끝난다. 부당한 처우를 받는 수많은 사람들과 나 스스로의 존엄을 위해서라도 끝까지 가야 했다. 패배의 쓴맛, 하지만 이대로 주저앉을 수 없다. 그날 밤, 나는 고등학교 후배 김수종 세무사를 불러냈다. 수종이는 세무사이면서 현재 노무사 시험을 준비하고 있어 나를 누구보다도 잘 이해하고 있는 후배이자 친구이다. 내 표정을 본 그가 아무 말 없이 고개를 끄덕였다. 우리는 술잔을 부딪쳤고, 한 잔, 두 잔 들어가면서 억눌렀던 감정이 터져 나왔다.

"아, 진짜 억울하다. 이게 말이 되냐?"

"형, 아직 끝난 거 아니잖아요. 중앙노동위원회로 가야죠."

"중노위에서 이길 확률이 20%도 안 된대."

"확률이 중요한가요? 끝까지 가는 게 중요한 거죠. 형! 힘내세요."

맞는 말이다. 포기하면 0%, 싸우면 가능성은 남는다. 취기가 오를수록 억울함도, 분노도, 서러움도 점점 희미해졌다.

화물 운전대를 잡고

나는 해고와 함께 퇴직금을 수령하려면 IRP 계좌를 통해야 한다는 사실을 처음 알게 되었다. IRP는 퇴직금을 받기 위한 전용 계좌로, 내가 수령한 퇴직금은 약 5,000만원 정도였다. 그 돈으로 곧장 고교 동창 대길이가 알선해 준 1톤 화물 탑차 구입과 일자리 프리미엄을 합한 금액 1,800만 원을 해결했다. 화물 운송 자격증을 따고, 화물 운송 사업자 등록까지 마친 나는, 드디어 대길이가 알선해 준 화물 운송업의 길에 본격적인 첫발을 내디뎠다. 가슴은 두려움과 설렘으로 동시에 뛰고 있었다. 새로운 여정이 시작되고 있었다. 새로 구입한 화물차에 처음 오르던 날, 나는 스스로를 다독이며 중얼거렸다.

"괜찮아. 이건 시작일 뿐이야. 돈을 벌면서 동시에 싸움을 준비하면 되는 거야."

화물 운전은 생각보다 고된 일이었다. 아침 일찍부터 저녁까지 운전대를 잡고, 무거운 짐을 싣고 내리는 반복 작업이 체력을 소모시켰다. 하지만 한 달에 270만 원 정도의 수입은 나와 가족의 생계 유지에 큰 도움이 되었다.

그날도 나는 파란 하늘 아래 화물을 싣고, 라디오에서 흘러나오는 '여성시대' 방송을 듣고 있었다. 부드럽게 퍼지는 DJ의 목소리와 따뜻한 음악이 차 안을 채우며, 지친 내 마음을 포근히 감싸 주었다. 거친 도로 위를 달리며 차창 너머로 스쳐 지나가는 풍경을 바라보자니, 잠시나마 세상의 무게를 내려놓은 듯한 기분이 들었다. 화물차 운전을 하는 동안 '여성시대'는 나에게 단순한 라디오 프로그램이 아니었다. 그것은 내 지친 하루에 위로를 건네 주는 소중한 친구이자, 하루의 동반자였다. 일반 사람들의 평범한 일상 이야기부터 가슴 뭉클한 사연까지, 모든 이야기들이 내 마음을 따뜻이 어루만져 주었다. 때로는 슬픈 사연에 눈시울을 붉히기도 하고, 때로는 누군가의 소박한 행복에 나도 모르게 미소 짓곤 했다. 그런 순간만큼은 지난날의 고단함도, 도로 위의 긴장감도 잠시 잊을 수 있었다. '희표야, 너도 잘 해내고 있어. 그리고 앞으로도 잘 할 거야.' 그렇게 '여성시대'는 나에게 힘이 되었고, 세상의 따뜻함을 느끼게 해 주었다.

여느 때처럼 사연에 귀 기울이며 길을 달리고 있었다. 주머니 속 휴대전화가 진동하기 시작했다. 화면을 확인하는데 낯익은 이름이 눈에 들어왔다. 강 노무사였다.

"네, 노무사님."

"오 과장님, 준비는 잘 되고 있습니까? 소송에 필요한 자료 몇 가지를 추가로 보내 주시면 좋겠습니다."

고속도로 휴게소에 차를 세우고 강 노무사와 대화를 이으며 필요한 사항은 메모했다.

"네, 필요한 자료는 오늘 밤에 정리해 보내드리겠습니다."

"오 과장님, 쉽지 않은 길일 텐데…, 힘내세요."

강 노무사는 내게는 언제나 든든한 버팀목이었다. 노무사의 한마디 한마디가 작게는 투쟁의 방향을, 크게는 내 삶의 방향을 바로잡아 주었고, 지친 순간마다 다시 일어설 수 있는 힘을 주었다.

운전을 마치고 집에 돌아오면 나는, 화물 운전으로 지친 몸을 이끌고 소송 준비에 매달렸다. 감사 과정에서의 불합리한 대우와 인사위원회에서의 부당한 결정들을 다시 복기하며, 반박 자료를 작성했다. 회사로부터 받은 문서, 동료들과 주고받은 메시지까지 모든 자료를 검토했다. 한밤중 지친 몸으로 책상 앞에 앉아 있던 나에게 동갑내기 아내가 다가왔다.

"내가 보기엔 쉽지 않은 길 같아. 이 상황은 이기기 힘들어…. 너무 지치지 말고, 이제는 내려놓는 것도 생각해 봐."

아내 입장에서는 당시 상황과 구체적 맥락에 대한 충분한 이해가 어려울 수 있었을 터, 드러난 사실만 보고 내가 비위 행위를 저지른 것으로 오해할 만도 했었다. 내가 아무리 아니라고 우겨도 드러난 정황만으로도 아내의 시선에선 오해할 만한 상황이었다. 아내의 걱정과 생각이 무리는 아니었고, 나 또한 아내에게 무슨 말을 할 수 없었다. 하지만 아내의 그러한 오해가 나를 힘들게 하기보다 오히려 오기와 투지를 마음속에 불러일으켰다. '내 상황은 나, 오희표가 가장 잘 알아. 혼자 조용히 준비해야지.' 그럴 때면 나는 다시 노트북을 열고 자료를 정리하기 시작했다.

딸과 함께

어느 날, 딸아이가 등교 준비가 늦어 급해했다. 바래다 주고 출근하면 딱 맞을 듯싶어 내 화물차에 딸을 태우고 학교로 향했다. 12살 딸이 처음 타 보는 아빠의 커다란 트럭이 신기한지 옆 좌석에서 연신 두리번거렸다. 아무래도 화물차이다보니 승용차보다 좌석이 높아 아이의 입장에선 시야가 훤했던 모양이었다. 딸아이가 창밖을 내다보며 연신 감탄했다.

"와, 아빠! 차가 엄청 크네! 위에서 보니까 세상이 다르게 보여!"

나는 웃으며 말했다.

"응, 아빠 차 크지? 기분 어때?"

딸아이가 눈을 반짝이며 말했다.

"진짜 멋져! 친구들이 보면 깜짝 놀라겠다!"

나는 그런 딸아이를 보며 묘한 감정을 느꼈다. 아빠 화물차를 타고 등교하는 아이의 입장에선 어쩌면 부끄러울 수도 있다고 생각했지만, 딸아이는 오히려 신기하다며 즐거워했다. 나에게는 먹고 살기 위해 고군분투하는 하루의 시작이었지만, 딸에게는 아빠와 함께하는 특별한 경험이었다. 딸이 눈을 반짝이며 조심스럽게 물었다.

"아빠, 회사에서 쫓겨난 거야? 나쁜 짓 한 거야?"

그 말을 듣는 순간 가슴이 철렁했다. 딸아이의 맑은 눈동자가 나를 가만히 바라보고 있었다. 아이의 순수한 질문에 어떻게 답해야 할지 머릿속이 복잡했다. 억울함과 답답함이 밀려왔지만, 무겁게 가라앉은 마음을 애써 다잡았다. 나는 딸을 향해 담담히 미소 지으며 말했다.

"아니야, 아빠는 나쁜 사람이 아니야. 그런 거 아니야. 오히려 잘못된 걸 바로잡으려고 싸우고 있는 거야."

나는 최대한 따뜻하고 자신감 있는 목소리로 말했다. 딸의 표정에 무언가 모를 걱정이 스쳤다. 나는 딸의 작은 손을 꼭 잡아 주며 다시 말했다.

"아빠 잘못한 거 없어. 그리고 꼭 이길 거야. 그러니까 우리 딸도 걱정하지 말고 씩씩하게 지내야 해. 알겠지?"

걱정스러운 듯 아빠를 보던 딸이 얼굴에 이내 밝은 웃음을 띠며 고개를 끄덕였다. 괜히 뭉클했다. 아직 어리지만, 아빠를 걱정하는 딸의 마음이 나의 마음을 다잡게 했다. 그날 밤, 나는 다시 한번 다짐했다. 이 싸움에서 반드시 이겨 딸에게 떳떳한 아빠가 되겠노라, 아무리 힘든 길이라도 포기하지 않고 최선을 다하겠노라고. 기왕에 시작한 일. 다음 날도, 딸을 학교에 데려다주기 위해 차에 올랐다. 딸은 신나게 노래를 흥얼거리며 차 안을 밝게 만들었다. 그런 딸의 모습이 나의 기운을 한껏 돋우었다. 학교 앞에 도착하자 딸아이가 활짝 웃으며 말했다.

"아빠, 고마워! 조심히 가! 오늘도 힘내!"

딸이 두 손을 크게 흔들며 배웅했다. 미소를 머금은 채 딸의 뒷모습을 한동안 바라보았다. 작은 몸으로 밝게 뛰어가는 모습이 나에게 덩달아 힘을 내게 만들었다. 인생은 이렇게 작은 순간들이 모여 만들어지는 것이었다. 오늘 하루도 힘차게 출발하자. 출근길이 가벼웠다.

중앙노동위원회

지방노동위원회의 판정을 뒤집기 위해 우리는 중앙노동위원회에 재심을 신청했다. 1심에서 기각된 상황, 통계상 2심에서 승소할 확률은 20% 미만의 불리한 싸움이었다. 이번 재심이 내가 회사와 싸울 마지막 기회일 것이다.

심문기일, 법정에 들어섰다. 중앙노동위원회의 분위기가 이전보다 훨씬 더 엄중하고 차가웠다. 강 노무사는 우리 주장을 더욱 보강하고, 새로운 증거 자료를 준비했다. 상대 노무사 역시 만만치 않았다.

더욱 치밀한 논리를 들이밀며 날카롭게 나를 몰아붙였다.

"사유가 합당했다면, 감사 과정에서 왜 모르쇠로 일관하고 묵비권을 행사했습니까? 감사에서 솔직히 말하지 않은 점은 해고 사유를 뒷받침하는 중요한 정황입니다."

회의실 안이 조용해졌다. 회사 측 노무사가 기다렸다는 듯 나를 향해 기선을 제압해 들어왔다. 하지만 나는 물러서지 않고 답했다.

"묵비권은 저의 권리입니다. 감사 과정이 공정했다면, 굳이 묵비권을 행사할 이유가 없었겠죠. 하지만 감사는 철저히 불공정했고, 저를 압박하기 위한 수단이라고 느꼈습니다. 소명서를 제출했지만 감사인은 철저히 무시했고, 저에게 방어할 기회조차 주지 않았으며, 이미 결론을 정해 놓은 상태에서 조사를 진행했습니다. 그런 상황에서 저는 어떻게 해야 했을까요? 회사가 만든 함정에 빠져, 저를 해고하려는 논리를 제공해 줘야 한단 말입니까?"

상대 노무사의 얼굴이 굳어졌다. 격한 마음을 가라앉히려 잠시 끊었던 마지막 말을 던졌다.

"그래서 저는 묵비권을 행사했고, 부당함에 맞서 외부에서 싸우기로 한 것입니다."

회의실이 정적에 휩싸였다. 우린 최대한 침착하게 논리를 펼치고 추가 녹취록을 전부 증거로 제시했다. 쌍방 공방이 이루어졌고. 마침내 위원장이 고개를 들며 말했다.

"신청인, 최종 변론하세요."

회의실 안이 다시 정적에 휩싸였다. 나는 마른침을 삼켰다. 이 발언이 나의 운명을 결정할 수도 있었다. 천천히 자리에서 일어나 주변을 둘러보았다. 앞에 앉아 있는 위원들, 나를 노려보는 회사 측 노무사, 모두가 내 입을 주시하고 있었다. 나는 숨을 가다듬고, 단단한 목소리로 입을 열었다.

"저는 회사를 위해 일해 왔습니다. 회사의 성장을 위해, 누구보다도 현장에서 열심히 뛰어다녔습니다. 그리고 그 과정에서 어떤 불법적 행동도 하지 않았습니다. 그럼에도 저는 부당하게 해고되었습니다. 과거 KTF 시절, 회사는 후발 주자로서 어떻게든 기지국을 빨리 개통해야만 했습니다. 경쟁사보다 한 걸음이라도 앞서기 위해, 직원들의 지인과 가족에게 기지국 임대 가능한 건물의 분양 및 매입을 권유한 것은 업계에 흔한 전략이었습니다. 그것이 문제가 된 적은 단 한 번도 없었습니다. 오히려 나는 회사로부터 두 번의 공로패를 받았으며, 그에 따른 회사의 비용 절감액만 3년간 9,000만 원에 이른다는 내역도 이번 증거 자료에 명확히 첨부했습니다. 그러나 지금, 회사는 저를 희생양 삼아 모든 책임을 떠넘기려 하고 있습니다. 회사가 과거 KTF 시절에는 묵인했던 것을, KT와 합병 후 이제 와 문제 삼는 것입니다. 만약 이 논리가 받아들여진다면, 앞으로 회사의 모든 직원들은 언제든 같은 방식으로 희생될 수밖에 없습니다. 저를 해고한 회사의 조치는 부당합니다. 저는 회사에 피해를 끼친 적이 없습니다. 부디, 위원님들께서 현명한 판단을 내려 주시기를 바랍니다."

말을 마친 나는 천천히 자리에 앉았다. 정적, 하지만 위원들은 무표정했다. 그들의 시선에서 어떤 감정도 읽을 수 없었다. 하지만 한 가지는 확실했다. 강 노무사와 나는 마지막까지 포기하지 않았고, 우리에게 주어진 모든 과정을 묵묵히 최선을 다해 완주해 냈다. 이제 그들의 선택만 남아 있다. 2주 후인 2013년 10월 21일, 마침내 재심 결과가 나왔다.

중앙노동위원회 재심판정서

[사건] 중앙2013부해677 주식회사 케이티 부당해고 구제 재심신청

[주문]

이 사건 근로자의 재심 신청을 기각한다.

마치 누군가가 나를 깊은 심연 속으로 밀어 넣는 기분이었다. 또다시 패소. 혹시나 했던 기대가 산산이 부서졌다. 중앙노동위원회에서도 인정받지 못했다는 현실은 생각보다 훨씬 더 가혹했다. 두 번의 패배. 한 번은 버틸 수 있었다. 그러나 두 번째 패배는 단순한 좌절이 아니었다. 냉혹한 현실의 선언이었다. "네가 뭘 해도 바뀌지 않아!" 그들의 판결이 내게 그렇게 말하는 듯했다. 강 노무사님과 나는 최선을 다했고, 논리적으로 대응했고, 모든 증거를 모았다. 하지만 결과는 변하지 않았다.

치밀한 감시와 통제의 그림자

재심 판정이 내려진 지 얼마 후, 나는 한겨레신문의 단독 기사를 보고 눈을 의심했다.

"KT, 해고 직원 '통화 내역' 맘대로 들여다봤다"(2013년 11월 21일, 한겨레 박승헌 기자)

KT가 해고 직원의 휴대전화 통화 내역과 위치 정보를 불법적으로 입수해 중앙노동위원회 재심 과정에서 증거로 제출했다는 내용이었다.

기사에 따르면 회사가 해당 직원이 누구와 언제, 어디서 통화했는지를 상세히 기록한 '통신 사실 확인 자료'가 중노위 재심 과정에 제

출되었다. 법률 전문가들은 이러한 KT의 행위는 명백한 통신비밀보호법 위반임은 물론 도덕적으로도 문제라 비판했다. 이어지는 기사 말미에는 "회사로부터 가족 현황, 경제 상황을 비롯해 취미와 사생활을 감시당하는 등 부당한 대우를 받아 왔다"는 KT 직원의 주장을 대법원이 일부 받아들임으로써 회사의 집요하고 치밀한 사찰 정황이 인정되었다는 내용까지 있었다.

나는 해당 기사를 읽고 또 읽었다. 기사에 거론된 해고자는 비록 나와 경위는 조금 다르다 할지라도 맥락은 너무도 비슷했다. 거대한 성벽 앞에서 자신의 억울함을 강변하는 나약한 직원을 향해, 회사는 자신들을 위해 청춘을 바쳤던 삶을 송두리째 빼앗은 것도 모자라, 통신 기록까지 들여다보며 개인적·사회적 관계의 끈까지 도륙내고야 말겠다는 식으로 감시 체제를 작동한 것이나 다름없었다. 치밀하고 무시무시했다. 등골이 오싹했다. 그렇게 KT라는 공룡은 치밀한 감시 체제를 공공연히 드러내어, 떠난 자와 남은 자의 일상을 통제하고자 하는 것인가.

해당 기사 속 인물은 곧 '나의 또 다른 모습'이었으며, 그 치밀한 감시망은 남아 있는 자들의 일상마저 틀어지고 '가만있으라' 강요하는 무시무시한 채찍이자 덫이었다.

나는 지난 감사 과정에서도 느꼈었다. 그들은 누구와 언제 통화하고 누구를 만났는지, 나의 일거수일투족을 파악하고 나의 감정의 내면을 깊숙이 들여다 보는 듯했다. 나를 감시하고 있다는 생각이 거의 확신으로 다가왔지만, 나는 강해 보이고 싶었고, 스스로 믿고 싶지 않았으므로 설마하며 애써 외면했다.

하지만 기사를 읽고 또 읽는 지금, 나의 짐작과 애써 외면하려 했던 의구심은 여지없는 현실이 되어 나를 조롱하고 있었다. 나의 통신 내역과 심지어 위치까지 모두 그들의 손안에 있었던 건 아닐까. 생각이 여기에 미치자 마비가 온듯 온몸이 굳어졌다. 해고 이후에도 이렇게 잔인하게 감시당하고 있었다니…. 분노와 두려움이 나의 감정을 갈갈이 찢어 놓고 있었다. 누군가 내 뒤에서 조용히 숨소리를 듣고 심장박동수까지 세며 조롱하는 듯했다.

그날 밤, 나는 한참을 잠들지 못했다. 나의 이제 싸움은 단순한 해고의 문제가 아니었다. 한 인간을 짓밟는 거대 공룡의 잔인한 폭력에 대항하는 '인간 존엄의 회복' 투쟁이어야 했다.

좌절과 분노 속에서

노동자를 위한 정의는 있는가?

지방노동위원회와 중앙노동위원회를 거치며 내가 가장 크게 가진 의문은 이것이었다. '이들의 판단은 정말 공정한 것인가?' 두 번의 판결에서 심문이 거듭될수록, 나는 더 의문에 빠져들었다. 그들의 결정 기준은 무엇인가? 무엇을 근거로 판정을 내리는 것인가? 명확한 원칙이 있는 것인가, 아니면 어떤 상황에 따라 달라질 수 있는 것인가? 심문장에서 주고받았던 질문과 답변들을 되새겨 보았다. 애매한 상황이 발생했을 때, 그들의 결정은 마치 '귀에 걸면 귀걸이, 코에 걸면 코걸이' 같은 방식으로 내려지는 듯싶었다. 같은 사건이라도 해석에 따라 전혀 다른 결과가 나올 수 있는 문제였다. '이렇게 중요한 문제를, 이렇게 모호한 기준으로 결정해도 되는 걸까?'

노동위원회 구성원들을 생각했다. 그들은 대체로 노동 관련 경력을 가진 전문가, 교수, 그리고 일부 변호사들로 구성되어 있었다. 그런데 이들 중 판사처럼 법을 깊이 있고 공정하게 해석할 수 있는 전문성을 갖춘 사람이 몇이나 될까? 법적 해석의 깊이가 부족하다면, 과연 공정한 판결이 가능할까? 나는 그들이 놓친 법적 논리의 빈틈을 생각하며 절망했다. 이들은 정말로 노동자를 보호하려는가, 아니면 회사의 논리로 방어하는 데 더 익숙한 것인가? 그들에게 공정한 판단을 기대하는 것이 과연 가능할까? 부당해고를 당한 노동자가 이 시스템 안에서 진정한 정의를 찾을 수 있을까? 난 완전히 패배했다. 억울했다. 절망의 와중에 떠오른 사람이 있었다. 강두용 노무사. 그는 내가 겪은 과정을 누구보다 가까이에서 지켜봐 준 사람이었다. 일전에 그와 나눈 대화가 떠올랐다.

"노무사님, 술 한잔하시죠."

"지금은 아닙니다. 소송이 끝나면 그때 편하게 한잔하는 거로 하시죠."

그때 그는 웃으며 약속했었다. 소송이 진행되는 동안, 그에게 몇 번 술자리를 청했지만 그때마다 그는 완곡히 거절했다. 그는 내게 술이 아니라 견뎌내기를 권했던 것이다. 핸드폰을 꺼내 번호를 눌렀다. 이번에도 거절당하지 않을까 걱정했지만, 다행히 흔쾌히 수락해 주었다. 아마도 그 역시 이번 패소를 곱씹으며 많은 생각을 했을 것이다. 술자리는 내가 단골로 다니던 곳, 수원 역전시장에 있는 곱창찌개 전문점으로 정했다. 이곳은 내가 고민이 있을 때마다 찾는 곳이었다. 언제나 뜨거운 국물과 진한 소주 한잔이 위로가 되어 주었던 곳. 하지만 이날의 술자리는 그냥 가벼운 자리가 될 수 없었다. 강 노무사와 함께 술잔을 들며, 그동안 함께 걸어온 길, 고된 여정 속에 나눈 동지애를 되새기고 감사의 마음을 전하며, 깊은 대화를 나누고 싶었다.

가게에 도착하자 익숙한 곱창찌개의 진한 냄새가 풍겨 왔다. 자리에 앉아 안주를 주문했다. 손끝이 살짝 떨리고 있었다. 이번 패소가 주는 무게 때문이리라. 잠시 후, 문이 열리더니 강 노무사가 들어왔다. 여느 때처럼 차분한 표정이었지만, 얼굴에 피곤한 기색이 스쳤다.

"오래 기다리셨죠?"

"아닙니다. 오늘만큼은 꼭 한잔하고 싶었습니다."

첫 술 잔을 넘기며 먼저 감사의 마음을 전했다.

"노무사님, 정말 감사드립니다. 노무사님은 정말 제 분신처럼, 제 가슴속 울분을 대변해 주셨습니다. 매 순간 최선을 다해 변론해 주셨고, 그 열정은 제게 고스란히 느껴졌습니다. 정말로 한마음 한뜻으로 싸웠습니다."

말을 멈추며 흔들리는 감정을 다잡으려 했지만 이미 내 목소리는 떨리고 있었다.

"노무사님께 말씀드리지 않았어도…, 저는 다 느꼈습니다. 정말로 감사드리고…, 존경합니다."

그 말을 하는데, 깊은 곳에서 뜨거운 것이 차올랐다. 뜨거움을 감추려 황급히 얼굴을 돌려 잔을 들었지만, 이미 눈에는 눈물이 흘러내리고 있었다. 그동안 눌러 두었던 내 안의 감정들이 한꺼번에 분출되어 터지는 순간이었다.

"이겼어야 했는데…, 미안합니다. 무슨 말을 해야 할지 모르겠네요."

"별말씀을요. 저는 온몸으로 다 느꼈습니다. 누구보다도 최선을 다하신 분이 노무사님이라는 걸, 제가 가장 잘 알고 있습니다."

잔을 부딪치는 순간, 말로 다하지 못한 감정들이 잔잔하게 퍼져 갔다. 계속 술잔을 기울이던 중 노무사에게 진심으로 묻고 싶은 말을 꺼냈다.

"노무사님, 저의 해고 사안을 보셨을 때…, 이제 행정 소송으로 가야 할까요? 아니면 여기서 멈춰야 할까요? 솔직하게 말씀해 주세요. 어떻게 해야 하나요?"

지방노동위원회, 중앙노동위원회는 행정 기관이므로 불복할 경우 행정 소송이 가능하다는 얘기를 노무사에게 들은 적이 있었다. 두 번의 패소를 겪으며 현실의 벽을 체감했다. 더 싸우는 것이 의미가 있을까, 아니면 체념하고 받아들이는 것이 맞을까. 강 노무사가 잔을 내려놓더니 깊은 숨을 들이쉬었다. 그리고 차분한 목소리로 말했다.

"이 사안의 진실은 분명합니다. 부당하게 해고했고, 과한 처사였습니다. 그럼에도 행정 소송에서 승소할 확률은 극히 낮습니다."

그 역시 이 싸움이 어렵다는 걸 인정하는 것 같았다. 그렇다면 여기서 멈춰야 할까?

"하지만…, 방법이 없는 것은 아닙니다. 민사로 진행하는 방법이 있습니다."

"민사요? 그렇게도 가능한 건가요?"

"가능합니다."

정신이 번쩍 들었다.

"노무사님, 그럼 행정 소송은요?"

"행정 소송은 1심부터 3심까지 이어지지만, 이미 지노위와 중노위에서 패소한 사건이라면, 법원 또한 그 연장선상에서 판단하게 됩니다. 그래서 행정 소송에서는 승소 가능성이 상대적으로 낮습니다. 하지만, 민사로 '해고 무효 확인 소송'을 새롭게 제기하면, 법원이 이 사건을 기존 노동위원회의 판단과 무관한 새로운 시각에서 검토합니다. 완전히 새로운 판단을 받아 낼 수 있으니 민사가 훨씬 유리합니다. 말하자면, 이미 노동위원회에서 진 사건이라면, 행정 소송보다는 민사 소송으로 방향을 바꾸는 것이 현명하고 전략적인 선택입니다."

새로운 돌파구, 민사 소송

그의 말은 단순한 조언이 아니었다. 나는 처음 듣는 이야기였다. 지노위와 중노위에서 패소했어도 민사로 다시 도전할 방법이 있다는 것. 가능하다는 말을 들으니 마음속에 다시 희망의 싹이 움트기 시작했다. 동시에 불안도 엄습했다. 두 번이나 패소한 마당에 또다시 싸움을 이어 가는 게 과연 옳은 선택일까? 나는 다시 강 노무사를 바라보았다.

"노무사님, 솔직하게 말씀 부탁드립니다. 어떻게 생각하세요?"

"제가 졌기 때문에 할 말은 없는데요. 그렇지만…, 그래도 제가 생각할 때는… 한번 해 볼 만하지 않을까요?"

그의 말이 묘하게 가슴을 울렸다. 패배의 쓴맛을 본 사람만이 할 수 있는 말. 포기하고 싶지만, 끝까지 싸워 본 사람만이 던질 수 있는 질문이었다. 순간, 내 안에서 뜨거운 무언가가 움찔했다.

'맞다. 해 볼 때까지는 끝까지 해 봐야 한다. 그래야 나중에 후회가 없을 것이다.'

결정했다. 더는 머뭇거리지 않기로. 나는 단단히 각오를 다지며 말했다.

"좋습니다. 그럼, 이 싸움…, 법정에서 다시 시작하겠습니다. 그런데 노무사님 지노위와 중노위에서 연이어 회사 측 손을 들어 준 판정서를 다시 읽으며 느낀 생각이 있습니다. 법리 판단보다는, 근거는 갖춘 듯 보였지만 전반적인 서술의 흐름과 논리 전개가 유독 회사 측 입장을 지지하고 있다는 느낌이 들었습니다. 중립적이라기보다 편향적이라는 느낌이 쉽게 지워지지 않습니다."

"오 과장님, 저도 그렇게 생각합니다. 지노위나 중노위는 행정 기관이지, 독립 법원이 아닙니다. 그래서 저는 가정법원처럼 노동 문제만 다루는 전문 노동법원이 따로 마련되어야 한다고 생각합니다. 현재는 노동계나 기업계에 소속된 위원들이 판결을 내리기 때문에, 다 그렇다는 건 아니지만 부정확한 판단이 나올 가능성은 존재합니다. 만약 독립적 노동법원이 생긴다면, 법을 전공하고 판례에 정통한 판사가 판결을 내리게 되니 지금보다는 훨씬 더 정밀하고 공정한 판단이 가능할 겁니다."

노무사 말을 들으면서, 내가 느꼈던 의문과 완벽히 일치한다는 확신이 섰다. 지노위와 중노위가 판사가 아닌 '위원들'에 의해 결정되는 구조 자체가 가진 한계, 그 본질을 정확히 짚은 통찰이었다. 강 노무사의 말은 책에서 배운 이론이 아니라, 수많은 현장을 직접 마주하며 체득한 깊이 있는 통찰이었다. 그 순간 '역시…, 이분은 다르다', 한마디 한마디에 담긴 진심과 날카로운 현실 인식, 그리고 근로자 편에 서려는 분명한 태도, 나는 다시 한 번 강 노무사의 열정이 직업 정신을 넘어선 진심이라는 걸 절감할 수 있었다. 다시 술잔을 들었다. 이 잔을 비우는 순간, 내 결심도 더 굳어진다. 명확해졌다.

"노무사님, 민사 소송을 제기하겠습니다. 끝까지, 최선을 다해 보겠습니다."

그리고 나는 회사가 청구한 손해 배상 소송에 집중해야 할 이유, 그리고 반드시 이겨야 한다는 의지를 다시 한번 다지며 물었다.

"노무사님, 지금 진행하고 있는 회사의 손해 배상 청구 소송에서 승소하면, 해고 민사 소송에도 도움이 될까요?"

"손해를 끼친 게 없다면, 당연히 승소하겠죠. 그리고 그 사실이 법원에서 입증된다면, 회사가 해고를 강행한 것은 앞뒤가 맞지 않는 처사라는 걸 법원에서도 인정할 가능성이 있습니다. 즉, 손해 배상 소송의 승리는 단순한 보상이 아니라, 해고 무효 확인 민사 소송에서 결정적 뒷받침이 될 수도 있습니다."

그 말을 듣는 순간, 머릿속이 환하게 정리되는 듯했다. 나는 그동안 민사 소송을 단순히 손실을 최소화하기 위한 방편으로만 생각하고 있었다. 하지만 그게 아니었다. 손해 배상 소송에서의 승소는 이후 진행할 부당해고 구제 민사 소송에서의 승기를 쥐게 할 무기였다. 어둠 속에서 한 줄기 빛을 본 느낌이었다.

"그렇다면…, 이번 손해 배상 청구 소송에서 반드시 승기를 잡아야겠군요. 노무사님. 저 민사 소송에 더 집중하겠습니다. 최선을 다해 보겠습니다."

그 말과 동시에 내 안에 다시 무언가가 꿈틀 대는 것을 느꼈다. 그리고 강 노무사가 말했던 한마디 "한번 해 볼 만하지 않을까요?" 그 짧은 문장이 내 마음 깊은 곳에 박혀, 다시 일어설 용기를 줬다. 그 말이 없었다면, 나는 부당해고 구제 민사 소송이라는 길을 다시 시작할 결심조차 못 했을 것이다.

회사의 꼼수, 합의

나는 부당해고로 인한 복직을 위해 민사 소송이라는 우회로를 택하기로 결정했다. 하지만 그보다 먼저, 현재 회사가 나를 상대로 제기한 손해 배상 청구 소송에서 반드시 승소해야만 했다. 그 소송에서 이겨야, 이후 진행할 해고 무효 확인 민사 소송에서도 법적·심리적 우위를 확보할 수 있기 때문이다. 하지만 손해 배상 청구 소송은 지리하게 이어져 시간이 길어질수록 피로감도 커졌다. 그러던 어느 날 오후, 전혀 예상치 못한 전화가 걸려 왔다. 후배 한 변호사였다.

"형, 회사 쪽 변호사에게 연락이 왔습니다. 합의를 제안하더라고요."

"뭐라고, 합의? 합의라니 그게 무슨 말이야?"

"네, 형. 아직 구체적 합의 조건을 제시한 건 아니고요, 합의 의사가 있냐는 확인 차원의 연락이었습니다. 어떻게…, 합의를 고려해 볼까요?"

내가 지노위, 중노위에서 두 번의 패소를 당할 때까지 일언반구 언급이 없던 회사가, 이제 와 합의를 제안한다고? 한참을 생각에 잠겼다. 회사가 먼저 합의를 제안했다는 것은 그들 또한 이 소송에 부담을 느끼고 있다는 뜻은 아닐까? 아니면 또 다른 전략이라도 준비하고 있다는 말일까?

"일단 합의 내용을 서면으로 보내 달라고 해. 직접 확인해 보고 결정하자."

"네 형, 알겠습니다."

'합의.' 그 한 단어에 나는 혼란스러워졌다. 승소 가능성뿐 아니라 자존감마저 흔들릴 수 있는 중대한 국면이었다. 두 차례의 패소를 견디며 여기까지 온 과정, 이제 와서 합의를 한다는 게 현명한 결정일까? 아니면 회사의 또 다른 전략에 전격 휘말리는 건 아닐까? 생각이 복잡할수록 판단은 흔들렸다. 나는 곧바로 김수종 세무사에게 전화를 걸었다.

"수종아, 한 변호사 알지?"

"네, 잘 알죠. 한 변호사가 저한테 세무 관련해 자주 물어보거든요. 도와드린 적도 많고, 요즘도 종종 연락 와요."

나는 순간적으로 머리를 굴렸다. 한 변호사와 김 세무사를 한 자리에서 만나 보자. 술 한잔 기울이며 솔직한 답을 들어야겠다. 이 싸움, 감정으로만 판단할 문제는 아니다. 경험적으로나 법적으로나 냉정한 조언이 필요했다. 사실 한 변호사는 내가 저녁에 술 한잔하자 할 때마다 피했었다. 변호사라는 직업상 거리 두기가 필요했을 수도 있다. 하지만 나는 짐작하는 바가 있었다. 한 변호사가 술을 전혀 안 마시는 것도 아니었다. 그래서 김 세무사와 한 자리에서 보면 어떨까? 하는 생각에 이르게 된 것이다. 김 세무사와 한 변호사는 이미 친분이 적지 않았다. 세무 관련 협업도 자주 했고, 서로 간 신뢰도 두터웠다. 만약 김 세무사와 함께 자리를 마련한다면, 한 변호사도 함께 술잔을 기울이며 자연스러운 대화가 오갈 수 있을 것이다. 그 와중에 법리적으로나 경험적으로 허심탄회한 답변을 들을 수도 있을 것이라는 기대였다.

"수종아, 한 변호사랑 함께 저녁에 술자리 한번하자. 할 얘기가 좀 있어."

"네 형. 좋습니다. 제가 약속 잡을게요"

김 세무사와 나는 각별한 사이였다. 우리는 동문회에서 처음 만났다. 관심사도 비슷했고, 경제적 개념과 가치관도 유사했다. 무엇보다도 그는 나의 해고와 그로 인한 고통의 과정을 지켜본 후배였다. 때로는 조언자로, 때로는 묵묵한 지지자로 내 곁을 지켜 줬다. 이런 후배와 함께라면, 내 심정을 숨김없이 털어놓을 수 있다. 그렇게 우리는 한 변호사와 함께 만나기로 했다.

술자리가 마련되었고, 우리는 자연스럽게 잔을 부딪혔다. 처음에는 가벼운 이야기들로 시작했다. 김 세무사와 한 변호사의 만남도 오랜만이었고, 그만큼 일상의 대화로 시작된 대화는 세무 이야기, 최근 있었던 사건들, 법조계 소식들로 이어졌다. 적당히 취기가 돌 무렵, 한 변호사가 갑자기 서류를 꺼내 탁자 위에 놓았다.

"한 변호사, 이거 뭐야?"

"사실, 오늘 사무실에서 나오는 데 회사 측에서 합의서 문안을 보내 왔어요. 형과 함께한다길래 출력해 가지고 나왔습니다."

나는 한 변호사가 내민 합의서 사본을 집어 들고 천천히 읽어 내려갔다. 패소를 인정하고 행정 소송 및 해고 무효 확인 등 민사 소송을 제기하지 않는다면, 손해 배상 청구 소송을 취하하겠다는 내용이었다. 문장을 다 읽고 나서도 한동안 어떤 결정을 내릴 수 없었다. 아직 내가 부당해고 구제 민사 소송을 제기하지도 않은 상태이며 지노위, 중노위에서 패소했으면 포기할 거라 예상했을 텐데, 합의문의 내용으로 봐서 회사 측 입장은 그런 게 아니었다. 해고 무효 확인 등 민사 소송을 제기하지 않으면, 손해 배상 소송을 취하하겠다…. 나는 합의서를 내려놓고 한 변호사를 정면으로 응시하며 물었다.

> **합 의 서**
>
> "갑" : 주식회사 케이티
>
> "을" : 오희표
>
> "갑"과 "을"은 수원지방법원 성남지원 2013가소14500 손해배상 사건(원고 : 주식회사 케이티, 피고 : 오희표)(이하, '본 사건'이라 함) 등 관련하여 원만한 분쟁 해결을 위해 다음과 같이 합의한다.
>
> - 다 음 -
>
> 1. "을"은 주식회사 케이티 재직 중에 무선국소 설치 또는 임대차계약 체결 관련하여 업무상 부적절한(또는 불미스러운, 또는 바람직하지 않은 등) 처신이 있었음을 인정한다.
>
> 2. "갑"은 "을"에 대한 본 사건 소를 취하하고, "을"은 부당해고구제신청 사건(경기 2013부해691 및 중앙 2013부해677) 기각결정 관련한 행정소송 및 해고무효확인 등 민사소송을 각 제기하지 아니한다.

"한 변호사 솔직히 말해 줘, 나를 친형이라 생각하고. 어떻게 해야 하는 게 맞는지, 진심으로 네 의견을 말해 줘."

한 변호사가 잠시 생각에 잠시더니 말했다.

"형, 제가 볼 때 승산이 희박합니다. 지노위와 중노위에서 패소한 상황에서, 회사 측이 제기한 손해 배상 청구 소송에서 승소할 가능성은 더욱 낮습니다. 게다가 소송이 길어질수록 변호사 비용도 커집니다. 1심, 2심, 3심까지 가게 되면 경제적 부담이 만만치 않을 겁니다. 그리고 만약 패소하면…, 손실은 더 막심해질 거예요. 제 생각에는 이쯤에서 합의하고 정리하는 것이 더 낫다고 생각합니다."

나는 합의서를 다시 내려다보았다. 합의를 받아들이는 것이 현실적 선택일까? 아니면 끝까지 싸워야 할까? 그런 혼란의 와중에 한 변호사의 말은 나를 흔들어 놓았다. 나는 이미 부당해고 구제 민사 소송 방향을 결정했지만, 그의 현실적 조언은 나의 앞선 결심을 뒤흔들기에 충분했다. 승산이 낮다는 경고, 소송 비용, 그리고 패소했을 때 감당해야 할 손실. 머릿속이 복잡했다. 한참을 고민 끝에 한 변호사에게 여운을 남기는 답을 해 줬다.

"생각할 시간을 좀 줘. 고민해 보고 연락할게."

그렇게 우리는 헤어졌고, 돌아오는 내내 머릿속은 복잡했다. 그날 밤, 집으로 돌아와 스스로에게 질문을 던졌다. '패소가 두려워 여기서 멈춰야 하는 걸까? 결국, 돈이 문제인 건가?' 지금 물러선다면, 앞으로도 나는 부당한 현실 앞에서 늘 한 발 물러설 것이다. 두려움에 굴복하고, 손익 계산에 얽매여 결국 아무런 행동도 하지 못한 채 살아가게 될 것이다. 그리고 답을 내렸다. '아니다. 이건 아니다….' 아직 부당해고 구제 민사 소송을 제기하지도 않았는데, 회사가 먼저 합의를 제안해 왔다. 뒤집어 생각하면, 내가 앞으로 소송을 제기할 수도 있다는 가능성을 의식한 회사가 그 싹을 자르려고 먼저 합의를 시도하는 게 명확하다. 나에게 또 다른 덫을 놓듯 교묘한 방식으로 압박을 가하려는 의도가 엿보였다. 그렇다면 회사가 이후에 전개될지도 모를 싸움에 대한 확신이 없다는 뜻이기도 하다. 강 노무사의 말이 머릿속을 맴돌았다. "회사는 부당해고 구제 소송 포기를 압박하기 위해 손해 배상 청구 소송을 제기한 겁니다." 그 한마디가 흐려져 가던 나의 의식을 또렷이 일깨웠다. 흩어졌던 퍼즐 조각들이 한꺼번에 맞춰지는 느낌이었다.

반격의 준비

다음 날 아침, 결심을 굳힌 내가 한 변호사에게 전화를 걸었다. 신호음이 몇 번 울리더니 그의 목소리가 들렸다.

"형, 고민은 좀 해 보셨나요?"

"한 변호사, 나 합의 안 해!"

전화기 너머로 침묵이 흘렀다. 한 변호사는 내가 어떤 결정을 내릴지 궁금해 했을 것이다. 하지만 더 이상 망설일 필요가 없었다. 나는 말을 끊지 않고 나의 결심을 확실히 밝혔다.

"어떻게든 끝까지 갈 거야. 부당해고 구제 민사 소송도 제기할 거고, 회사가 제기한 손해 배상 청구 소송에도 당당히 맞설 거야."

전화기 너머 조용한 숨소리만 들려 왔다. 잠시 후 낮은 소리로 최종 확인을 구했다.

"형, 확실한 겁니까?"

"그럼 확실하지. 손해 배상 청구 소송에 필요한 증거는 내가 직접 더 모으고 있어. 계속 정리해서 바로바로 보내 줄 테니, 준비만 단단히 해 줘."

한 변호사가 잠시 침묵하더니, 이내 무거운 목소리로 대답했다.

"알겠습니다, 그럼."

그들의 목표는 처음부터 분명했다. 법정에서 공정하게 맞설 의도가 없었던 것이다. 다만 나를 위축시키고, 스스로 포기하게 만들려는 것이었다. 지쳐서 무릎 꿇고, 합의서에 도장을 찍게 만들려는 것. 그것이 회사의 전략이었을 것이다. 이들은 싸우지 않고 이기는 방법을 너무도 잘 알고 있을 터였다. 상대를 두려움에 빠뜨려 스스로 포기하도록 만드는 것. 그러나, 나는 결코 그들의 의도대로 움직여 줄 생각이 없었다. 그날 이후, 나는 모든 걸 다시 정리하기 시작했다. 우선, 증거를 다시 철저히 검토해 나갔다. 지금까지 모아 둔 자료를 분석하며, 혹시 놓친 부분은 없는지. 증거 하나하나가 전장에서는 무기가 될 터였다. 방어가 아니라, 반격 태세를 갖춰야 했다. 나는 새로운 전략을 세우기 시작했다. 지금까지는 방어적 태도였다. 하지만 이제는 다를 것이다. 회사를 압박하는 공격적 접근 방식을 취하기로 했다. '이제부터는 내가 주도한다.' 회사 측이 내놓은 합의 조건을 다시 떠올렸다. "패소를 인정하고 부당해고 구제 민사 소송을 포기하면 손해 배상 청구 소송을 취하하겠다." 얼핏 내가 유리한 조건으로 보일 수도 있었다. 하지만 그건 착각이었다. 회사는 이 싸움을 장기전으로 끌고 가 결국 나를 지치게 만들어 포기하게 만들려는 의도였다. 이제 어떤 압박에도 굴하지 않고 손해 배상 소송은 반드시 이겨야 된다. 마음을 다잡았다. 끝까지 가겠다.

낮술과 기발한 아이디어

　해고 후 생계를 위해 손 댄 몇 가지 사업들을 시행착오와 시장 환경 탓에 정리해야 했다. 그러고 나자 허탈감과 좌절감이 밀려들었다. '나는 대체 뭘 한 걸까? 왜 이렇게 된 거지?' 모든 걸 내려놓고 싶었다.
　수원의 재래시장 골목 어귀, 그곳은 어느새 나의 아지트가 되어 있었다. 낮부터 홀짝이는 소주 한 병, 그리고 또 한 병. 처음에는 쓰디쓴 맛이 입안을 맴돌았지만, 어느 순간부터 익숙해졌다. 낮부터 시작된 술자리는 저녁이 되어도 끝날 줄 몰랐다. 마치 술잔을 기울이는 일이 내 현실을 삼키는 유일한 방법인 양, 나는 잔을 비우고 또 비웠다. 기울어진 소주병들만이 내 무너진 마음을 대변하는 듯했다. '그래, 과거는 과거다. 이미 벌어진 일은 돌이킬 수 없어. 그냥 경험이라 치자. 어차피 인생이란 게 다 이런 거지…' 하지만 체념 속에서도 한 가지 생각만은 머릿속을 떠나지 않았다. 회사와의 싸움. 그건 결코 쉽게 넘길 수 없는 문제였다. 술을 마실수록 몸은 나른해졌지만, 이상하게 머리는 점점 또렷해졌다. 마치 깊은 바다 속에 묻혀 있던 기억들이 다시 떠오르듯 하나둘 선명하게 다가왔다.

번뜩이는 생각이 스쳤다. '그래 이거다!' 술 한 잔에, 묻혀 있던 씨앗이 단비를 만나 피어난 새싹처럼 아이디어가 돋아났다. 법적으로 유리한 아이디어가 떠올랐다. 그동안 놓치고 있던 법 조항, 회사가 저지른 실수들, 증거가 될 만한 자료들…, 온갖 가능한 증거들이 하나하나 나열되었다. '그래, 이거야. 이거면 가능할 수도 있어.'

첫 번째 떠오른 아이디어는 회사의 손해 배상 소송에 대한 대응 방안이었다. '좋아, 내가 임대해 회사와 계약한 기지국 위치가 회사에 얼마나 결정적인 요소로 작용했는지 수치로 보여 주자.' 비로소 웃음이 되살아났다. 사실 기지국 위치는 수익성에 절대적 영향을 미치는 요소였다. 그 영향을 단순 주장만으로는 부족하고 가능한 한 입증된 수치로 증명해야 했다. '그래, 데이터를 활용하자. 수익 차이를 명확히 제시하면 회사도 함부로 무시할 수 없겠지. 기지국의 위치별 수익 데이터를 확보해 분석하면 될 거야.' 기지국 선점 지역과 그렇지 못한 지역의 매출 차이를 비교해 제시하면, 회사도 거부할 수 없는 내 주장의 타당성이 분명히 드러날 것이었다. 만약 특정 지역에서 기지국을 선점한 덕분에 경쟁사보다 높은 수익을 올렸다면, 그 데이터가 내 무기가 될 수 있다. 반대로, 선점하지 못한 경우에 발생한 손해가 얼마인지 입증할 수 있다면 회사의 논리를 완전히 뒤집을 수 있을 터였다.

퍼즐 맞추기

그리고 이어진 두 번째 생각, '맞아, 사원증. 퇴직하면서 사원증을 반납하지 않은 건 어찌 보면 신의 한 수일지도 몰라.' 혼자 생각에 피식 웃음이 새었다. 그때가 떠올랐다. 퇴직 절차를 밟던 날, 인사팀 직원이 내게 말했다. "사원증 반납해 주셔야 합니다." 그때 나는 멍하니 선 채 주머니에 있는 사원증을 만지작거리다 일부러 눈을 크게 뜨며 시치미를 뗐었다. "아, 그거⋯. 잊어버린 것 같아요." 인사팀 직원이 살짝 짜증이 난 듯 한숨을 쉬었지만, 더 이상 따지고 들진 않았었다. 그때는 사실 순간적 반항심에서 나온 대답이었다. 하지만 지금 생각해 보니, 어쩌면 이게 나에게 남겨진 가장 강력한 '무기'가 될 수도 있다. 오래된 가죽 지갑에서 사원증을 꺼내 들었다. 낡은 플라스틱 카드에 새겨진 내 이름과 사번, 그리고 회사 로고가 아직도 선명했다. '사원증만 있으면 회사 직원처럼 행세할 수 있어. 녹취나 자료를 수집하는 경우에 큰 도움이 되겠지.'

세 번째로, 'SK텔레콤 사례'가 떠올랐다. KTF 시절, 경쟁사 SK텔레콤에서 기지국을 선점하기 위해 인천 계산동의 한 건물을 회사 명의로 분양받은 사례가 있었다. 당시 몇몇 동료들이 수군거리던 장면이 생생히 떠올랐다. "SK텔레콤은 저렇게 분양받는데, 우리 회사도 저런 방식으로 분양받으면 안 되나?" 과거 KTF와 LG텔레콤은 SK텔레콤과 달리 규정상 회사 명의로 분양받을 수 없었고, 오로지 임차만 가능했다. 당시로선 그 조치가 내게 있어 그다지 큰 의미로 다가오지 않았지만, 지금 내 상황에서는 '무기'가 될 수 있었다. 그게 사실이라면…, 지금 회사가 나에게 적용하는 규정이 과연 정당한지 되묻게 만들 수 있고, 나 역시 그 사례를 근거로 반격 논리를 만들 수 있을지 모른다. 이에 대한 명확한 사례를 찾아 입증할 수 있다면, 주장이 아니라 확실한 논리가 완성될 것이다. SK텔레콤이 기지국 개통을 위해 회사 명의로 분양받은 전력이 있다면, 내가 주장하는 논리에도 힘이 실릴 것이다.

네 번째, 임차료 문제였다. "기지국 임대가 그렇게 쉬운 일이 아니지. 특히 전자파 민원이 걸리면 임대인은 기지국을 철거하려 할 테니까." 주변 사례 하나하나를 떠올리는 사이에 내 입꼬리가 나도 모르게 올라갔다. 월 임대료가 100만 원에서 200만 원으로 뛰어오른 사례가 있었다 들었다. 그런데 생각해 보니 10년 동안 내가 올린 임차료는 고작 5% 남짓에 불과했다. 과거의 계약 상황을 복기했다. 기지국 옥내 임차는 특수한 환경이라 대부분의 임대인이 꺼리게 마련이었다. 오피스텔 내부를 완전히 개조해야 하고, 그로 인한 시설 훼손 문제가 발생하기 때문이다. 따라서 그런 경우 정상적으로 임차 계약하는 일은 애초에 엄두를 낼 수도 없었고, 시세보다 높은 임차료를 제시해야 그나마 겨우 계약을 체결할 수 있었다.

'그래, 이 모든 걸 증거로 만들어야 해.' 가방에서 수첩과 펜을 꺼내 앞서 생각한 네 가지 키워드를 적었다. 나중에 정리할 생각이었다. 이럴 줄은 몰랐다. 사람들은 술을 마시며 문제를 잊는다지만, 나는 오히려 술 덕분에 문제를 해결할 수도 있는 실마리를 찾게 되었다. '그래 지금 떠오른 이 아이디어들…, 회사 측 손해 배상 청구 소송 대응

에 쓸 수 있어. 이번엔 내가 제대로 한번 해 보자.'

3장

그래, 내가 변호사가 되는 거야

승산 없습니다.

전략 게임

어느 날, 나는 우연히 『변호사 사용법』이라는 책을 발견했다. 처음에는 단순히 변호사를 효율적으로 활용하는 방법을 알려 주는 실용서 정도로 생각했다. 하지만 몇 장을 읽어 내려가면서, 내 머릿속에 막연하게 자리 잡고 있던 '변호사'라는 개념이 송두리째 흔들렸다. 변호사는 나의 문제를 법률적 지식을 통해 해결해 주는 사람이라고 알았다. 하지만 책은 전혀 다른 시각을 제시했다. "변호사는 나 대신 싸워 주는 사람이 아니라, 내가 원하는 방향으로 사건을 이끌어 가기 위해 함께 고민하고 움직여야 할 협력자다."

이 문장을 읽는 순간, 그 동안의 내 생각과 태도가 잘못되었음을 깨달았다. 그동안 나는 변호사에게 사건을 맡기면, 재판이 어떻게 진행될지, 어떤 전략이 필요할지 깊이 고민하기보다 전문가이니 알아서 해 주겠지 하는 마음이 컸다. 만약 변호사가 잘못된 방향으로 가고 있거나, 의뢰인인 내가 원하는 결과와 다른 길을 선택한다면? 내가 아무런 개입도 하지 않은 채 결과만 기다린다면? 그 피해는 고스란히 내가 감당해야 하는데도 말이다. 책을 읽는 내내 스스로에게 수없이 질문을 던졌다.

'내 사건에서 가장 중요한 핵심은 무엇인가?', '변호사에게 어떤 방향성을 제시해야 할까?', '나는 이 소송에서 정확히 무엇을 얻고 싶은가?' 책은 내게 단순히 사건을 맡기고 결과를 기다리는 태도가 아니라, 주체적으로 소송을 준비하는 능동적 자세가 얼마나 중요한지 일깨웠다. 그제야 나는 소송이 단순한 법적 절차가 아니라 치밀한 전략이 요구되는 과정이라는 사실을 알았다. 재판이 단순히 법률 조항을 적용하는 과정이 아니라 논리를 세우고, 상대의 허점을 파악하며, 증거를 효과적으로 제시하는 일종의 '전략 게임'이었다. 그리고 그 게임의 주체는 변호사가 아니라 '나' 자신이었다. 변호사에게 의존할 것이 아니라, 내가 먼저 자료를 분석하고 논리를 정리하며 방향을 설정하는 역할을 하기로 마음먹었다. 변호사는 그 전략을 함께 보완하고 조율하는 파트너가 되어야 한다. 철저히 준비하고 전략적으로 접근할수록 승산이 높아진다. 이제 나는 변호사에게 내 사건을 맡기는 사람이 아니라, 소송의 지휘자가 되어 직접 이끌어 가는 사람이 되어야 했다.

책을 덮자마자 나는 곧장 움직였다. 가만히 앉아 있을 수 없었다. 직접 발로 뛰며 답을 찾아야 했다. 나는 10곳이 넘는 변호사 사무실을 찾아 상담을 받았다. 이 법적 분쟁에서 나와 함께할 든든한 조력자가 절실했다. 하지만 현실은 냉정했다. 어디를 가든 돌아오는 대답은 대체로 같았다.

"이미 패소한 사건이라 뒤집기 어렵습니다."

"승산이 거의 없습니다."

"패소 가능성이 높으니 진행해도 의미가 없을 겁니다."

심지어 회사가 제기한 손해 배상 청구 소송을 맡고 있는 한 변호사에게마저 같은 답변이 돌아왔다. 하나같이 소극적 반응이었다. 나에게는 간절한 일이었지만, 그들에게는 다만 한 건의 사건에 불과했다. "어차피 이기기 힘든 소송이니 굳이 할 필요 없다." 처음에는 한 명의 변호사라도 내 이야기에 귀 기울여 줄 거라 기대했지만, 갈수록 실망과 좌절이 쌓였다. 내가 원한 건 법률에 대한 기계적 해석이 아니라, 어떻게든 돌파구를 찾으려는 의지였다. 하지만 대부분의 변호사들은 시작부터 이 사건에 깊이 관여할 생각조차 없어 보였다.

허선 실장과 박국병 변호사

상담이 거듭될수록 나는 지쳐 갔다. 절망과 피로가 쌓여 가던 어느 날, 마지막이라는 심정으로 다시 강두용 노무사를 찾아갔다. 수많은 변호사들을 만나며 들었던 차가운 반응과 태도에 이미 지칠 대로 지친 상태였다. 하지만 강 노무사는 달랐다. 내 이야기를 처음부터 끝까지 단 한 번도 끊지 않고 들어 주었다. 지금의 내 상황과 내 생각을 이미 알고 있다는 듯, 진지한 표정으로. 그리고 내가 말을 마치자, 과묵하게 입을 열었다.

"지금까지 정말 수고 많으셨네요. 많이 힘드셨죠?"

노무사의 한마디가 가슴 깊이 와 닿았다. 그동안 누구에게도 제대로 된 공감조차 받지 못했던 터라 그의 위로가 마음을 울렸다.

"제가 좋은 분을 소개해 드릴게요. 박국병 변호사 사무실이라고, 거기에 허선 실장이 계십니다. 허선 실장 본인도 과거에 부당해고를 경험한 당사자예요. 그리고 지노위와 중노위에서는 패소했지만 민사 소송으로 뒤집은 경험을 가지고 있고요."

"복직…! 성공한 경우가 있다고요?"

지금까지 만난 변호사들은 하나같이 이미 패소한 사건은 뒤집기 어렵다고 했고, 패소 가능성이 높다며 소극적 반응을 보였다. 하지만 부당해고를 겪고도 끝까지 직접 싸워 이긴 사람이 있었다.

"허 실장님은 오 과장님이 겪고 있는 일이 얼마나 힘든지, 어떤 어려움이 있는지 누구보다 잘 알고 있을 겁니다."

"그분을… 만날 수 있을까요?"

"물론이죠. 과장님에게 분명히 큰 힘이 되어 주실 겁니다. 제가 미리 연락해 놓을 테니 만나 보세요."

강 노무사의 말은 내게 위로를 넘어선 커다란 희망이었다. 주저할 이유가 없었다. 나는 수원 법원 사거리 박국병 변호사 사무실로 곧장 발걸음을 옮겼다. 사무실 문을 열고 들어서자, 한 남자가 나를 바라보았다.

"혹시…, 오희표 씨?"

"네. 맞습니다."

"강두용 노무사님한테 연락받았습니다. 허선 실장입니다. 앉으시죠."

자리에 앉자마자 나는 지금까지의 이야기를 차근차근 풀어 놓았다. 짧지 않은 시간, 내 이야기를 전부 들은 그가 입을 열었다.

"저도 같은 길을 걸었더랬습니다."

묵직한 한마디가 혹시나 하는 나의 의구심을 해제하게 했다.

"저 역시 처음엔 노동위원회에서 패소했습니다. 하지만 거기서 끝이 아니었죠. 민사 소송은 다릅니다. 노동위에서 졌다고 모든 게 끝난 게 아닙니다. 오히려 여기선 더 강력한 증거와 논리를 펼칠 기회가 있어요. 끝까지 싸워 승리한 사례도 있습니다. 그러니 희망을 가지세요."

그 동안 들었던 이야기들과는 완전히 결이 달랐다. 강 노무사를 제외한 누구도 "해 볼 만하다"고 말해 준 적이 없었다. "가능성이 있다"는 말조차 들어 본 적이 없었다.

"절대 포기하지 마세요. 아직 끝이 아닙니다."

그가 손을 내밀었다. 나는 망설임 없이 그의 손을 잡았다. 허선 실장과의 만남은 내게 정말로 큰 희망과 용기를 불어 넣었다. 그동안 수많은 변호사를 만나 내 입장을 강변하면서 도움을 요청하면서도 마음 한구석엔 늘 불안이 자리하고 있었다. '정말 이길 수 있을까?', '괜히 시간과 돈만 낭비하는 건 아닐까?' 하는 의심과 망설임이 나의 자존을 스스로 갉아 먹고 있었다. 하지만 허선 실장의 말은 달랐다. 그는 나와 같은 상황을 직접 겪었고, 그 사실 하나만으로도 그간의 불안과 망설임이 일거에 정리되어 나갔다. 나는 망설임 없이 박국병 변호사와 정식으로 선임 계약을 체결했다. 계약서에 서명하는 순간, 이 길을 끝까지 가겠다는 내 의지는 흔들리지 않게 확고해졌다. 강 노무사는 나에게 민사 소송을 결심할 수 있도록 현실적 조언과 방향성을 제시했고, 허선 실장은 그 결심을 행동으로 옮길 수 있도록 실질적 도움을 주었다.

'이제, 더 이상 뒤를 돌아보지 않겠다!' 지노위와 중노위에서 제기되었던 모든 자료를 다시 꺼내 들었다. 강 노무사는 이유서와 답변서,

그리고 그동안 쌓아 온 증거 자료들을 하나하나 정성껏 살펴 주셨다. 어디서 논리가 부족했는지, 어떤 부분을 보완해야 하는지 다시 분석하며 정리했다. 그 와중에도 나는 『변호사 사용법』을 토대로 어떻게 준비해야 할지 차분히 전략을 세워 나갔다. 변호사 선임 계약은 했지만 무작정 맡겨 둘 일이 아니라, 내가 직접 방향을 잡고 주도적으로 움직여야 했다. 이제 나는 박국병 변호사의 법률적 조언과 나의 철저한 준비, 그리고 허 실장의 경험을 바탕으로 이번 소송을 반드시 승리로 이끌 수 있다는 희망을 갖게 되었다.

증거 확보를 위하여

민사 소송이 본격적으로 시작됐다. 소장이 접수되었고, 이제 내가 해야 할 일은 추가 증거를 확보하는 일이었다. 법정에서 이기려면 강력한 증거가 필요했고, 그 증거를 찾기 위해선 반드시 도움을 줄 만한 사람을 찾아야 했다. 머릿속에 끝없는 고민이 이어졌다. '어디서 새로운 증거를 찾을 수 있을까?', '누가 나에게 결정적 도움을 줄 수 있을까?' 그러던 중, 느닷없는 한 사람, 최우식 감사인이 떠올랐다.

그는 내가 해고될 당시, 나를 해고하기 위해 직접 감사했던 인물이었다. 회사에서 감사를 담당했던 그는 내 사건과 관련된 중요 문서를 누구보다도 많이 보고 분석했을 것이다. '만약 감사 당시 그가 조사했던 자료를 확인할 수 있다면?', '혹시 그가 내 사건에 대해 알고 있는 결정적 정보라도 있다면?' 이 생각만으로도 그동안 간과하고 있었던 중요한 단서를 벌써 찾은 기분이었다. 하지만 곧 또 다른 고민이 밀려왔다. '감사인을 내가 직접 만나 볼 수 있을까?', '회사와의 관계 때문에 그가 말을 아끼지는 않을까?' 그런데 갑자기 중요한 사실이 떠올랐다. 이제 상황이 완전히 달라졌다는 것. 최우식 감사인은 내가 지노위와 중노위에서 모두 패소했고, 회사는 이미 확정 판결까지 받아 사건이 종결된 상태라는 사실을 잘 알고 있을 거라는 짐작이었다. 그리고 그는 현재 감사팀 소속이 아니라 승진하여 마케팅팀장으로 있었다. 그러니 그가 내가 민사 소송을 다시 제기했다는 사실을 알 리 없었고, 무엇보다 내가 더 이상 회사와 얽힐 이유가 없다는 점을 충분히 인지하고 있을 것이라는 사실이다. 이 생각에 이르자 어쩌면 그가 부담 없이 나를 만나 줄 수도 있을 것이라는 희망이 생겼다. '그를 만나 어떻게든 내가 싸울 수 있는 정보를 얻어야 돼.' 며칠을 고민한 끝에 나는 용기를 내 그에게 전화를 걸었다.

"안녕하세요, 최 팀장님. 오희표입니다. 혹시…, 저 기억하시나요?"

전화를 받은 그가 당황한 듯한 목소리로 말했다.

"네? 오희표 과장님이라구요. 아, 네…. 안녕하세요. 그런데 무슨 일로…?"

나는 망설임 없이 그리고 상대가 편안히 느낄 수 있게 말을 건넸다.

"제가 그동안 많이 힘들었고, 아시겠지만 소송도 이제 모두 끝났으니, 이쯤에서 한 번쯤 뵙고 이야기 나누고 싶어 연락드렸습니다. 시간 괜찮으시다면, 편하게 소주 한잔하면서 얘기 나눌 수 있을까요?"

수화기 너머로 잠시 침묵이 흘렀다.

"소송이 마무리되었다는 이야기는 들어서 알고 있습니다. 그래요. 뭐, 한 번 만나죠. 다음 주 화요일 저녁은 어떨까요?"

"좋습니다. 7시에 사당역 4번 출구 근처에서 뵙죠. 제가 장소를 정해 문자로 알려드리겠습니다. 그럼 그날 뵙겠습니다."

조심스러운 연락이었지만, 뜻하지 않게 대화는 쉽게 이어져 예상보다 빠르게 약속이 잡혔다. 그날 이후, 나는 그와의 만남을 준비하기 시작했다. 머릿속엔 이미 한 장면이 부지런히 재생되고 있었다. 비밀스러운 대화를 녹음하며 단서를 찾는 주인공처럼. 한 마디도 놓치지 않기 위해 인터넷에서 볼펜형 녹음기를 주문했다. 겉으로 보이기엔 평범한 볼펜이지만, 나에겐 그의 입에서 나올 말 한 마디, 한 마디의 진실을 기록할 중요한 무기였다.

절망 속에도 포기할 수 없는 날들

약속 당일, 나는 구매한 녹음기를 주머니 깊숙이 찔러 넣고 사당역 근처 술집으로 향했다. 머릿속에 최 팀장과의 만남에서 그에게 이야기를 이끌어 낼 각본들이 영화처럼 그려졌다. 과연 그는 진실을 말할까? 아니면 끝까지 입을 닫을까? 약속 장소에 들어서니 그는 이미 자리를 잡고 앉아 있었다. 시선이 마주치는 순간, 오랜 감정들이 몰아쳤지만, 애써 침착함을 유지하며 자리에 앉았다. 서로 악수를 나누고 형식적 인사를 주고받았다.

"오랜만입니다, 팀장님."
"그러게요. 이렇게 다시 만나게 될 줄 몰랐습니다."

가벼운 농담으로 분위기를 풀려 했지만, 두 사람 다 속내를 감추는 데 익숙지 않았다. 결국, 지난날의 이야기가 자연스럽게 흘러나왔다. 그는 회사에서 내린 결정이었을 뿐이라며 감정은 개입되지 않았다 했고, 나는 충분히 이해한다는 의미로 고개를 끄덕이며 잔을 주고받았다. 하지만, 오늘의 목적은 여기에 있지 않았다. 나는 찬찬히 본론을 꺼냈다.

"최 팀장님, 당시 저에 대한 감사와 해고 과정에서 무슨 일이 있었는지 솔직히 듣고 싶습니다. 이젠 다 마무리되어 지나간 일이기도 하니까요. 저는 다만 여기에 이르게 된 진실을 알고 싶을 따름입니다."

내 말에 당황한 듯, 그가 잠시 침묵하다 이야기를 이어 갔다.

"사실…, 당시 회사 상황은 여러모로 복잡했습니다. 솔직히 말씀 드리자면, 저로서도 설명하기 어려운 부분이 많았었죠. 어쩌면 모든 게 정해진 틀 속에서 흘러가는 듯했습니다. 그 안에서 저 역시 자유로울 수 없는 입장이었습니다."

말을 듣는 동시에 내 심장이 뛰었다. '그래, 바로 이거야.'

녹음 버튼이 작동하는 걸 최 팀장 몰래 재차 확인했다. 나의 기대에 완전히 부합하지는 않았지만 이 정도의 반응이라면 아쉬운 대로 나에 대한 감사와 해고로 이어진 과정이 단순한 개인의 문제가 아니라 당시 회사의 의도가 있었음을 간접적으로나마 드러내는 것이라 생각했다. 그런 마음을 품으면서도 나는 애써 태연하게 표정 관리를 하며 이야기를 끌어내고자 했다.

"그러면…, 저의 경우에도 처음부터 계획되었던 겁니까? 감사 당시, 저를 표적으로 삼은 의도가 있었나요? 아니면 정말 정당한 감사였던 건가요?"

한동안 침묵하던 최 팀장이 곤란하단 듯 마지못해 입을 떼었다.

"저도 어쩔 수 없었습니다. 당시 그렇게 흘러갔던 겁니다. 저 혼자 결정할 수 있는 문제는 아니었으니까요. 저 또한 오 과장님이 해고되는 마당에 마음이 편했겠습니까. 하지만 이렇게 직접 뵙고 얘기하고 나니, 죄송하면서도 한편으로 마음이 얼마간은 가벼워지는 것 같습니다."

그의 목소리에는 오래 눌러온 부담이 실려 있었다. 나는 그 말을 들으며, 이 이상 더 묻는 것이 그에게도 나에게도 무의미하다는 걸 느꼈다. 그가 작심하고 있는 그대로를 말하고 싶다손쳐도, 내가 듣고자 하는 실체적 진실을 털어놓기엔 여전히 조심스러울 수밖에 없는 위치일 터. 다만 감사인으로서의 입장과 인간적 감정 사이에서 얼마간이라도 갈등했을 그의 마음은 충분히 느껴졌다.

그에게도 당시의 시간은 결코 가벼운 일이 아니었을 것이다. 어쩌면 그 역시 나만큼이나 복잡한 자리에서 버티고 있었던 건지도 모른다. 그의 눈빛과 말끝에서, '더 이상 말하기 어렵다'는 무언의 신호가 느껴졌다. 나는 그제야 이 대화를 여기서 마무리해야 한다는 걸 직감했다. 그래도 이 정도면 충분했다. 감사와 해고 과정의 흐름과 당시 회사가 의도했던 정황의 일단은 이미 그의 태도 속에서 확인할 수 있었다. 나는 잔을 들며 말했다.

"솔직한 말씀, 고맙습니다. 저도 덕분에 마음이 조금은 정리되는 것 같습니다."그가 고개를 끄덕였다. 마지막 술잔을 기울이며 우리는 서로의 건강과 앞날의 평안을 빌었다. 그렇게, 서로 오랜 응어리를 풀어 낸 뒤, 우리는 각자의 길을 향해 걸어갔다. 술자리에서 돌아오는 길, 나는 완전한 확신은 아니었지만 '이 정도의 이야기라면, 아쉽지만 감사 당시 정황과 회사의 의도에 대해 어느 정도는 설명할 수 있을 거야.' 속이 뻥 뚫린 듯 모든 게 풀릴 정도는 아니더라도 미궁 속에 갇혔던 진실의 조각들을 서서히 드러내는 계기로서는 충분할 거라 생각했다. '그래, 이제 끝까지 갈 수 있다!' 퍼즐 조각들이 하나둘 제자리에 맞춰지고 있음을 감지하며, 나는 어느 정도 여유와 자신감을 되찾을 수 있었다. '이제 시작이다. 이 싸움을 끝내기 위한 퍼즐 조각 하나를 얻었어. 이길 수 있어!' 짜릿한 감정이 밀려들었다. 그 순간만큼은 세상이, 승리의 여신이 나를 향해 손짓하는 듯했다.

집에 도착하자마자 컴퓨터에 저장하기 위해 녹음기를 꺼내려고 주머니에 손을 넣었다. '뭐야, 어디 갔지?' 등골이 서늘했다. 정신없이 바지 주머니, 상의 주머니, 코트 안쪽 주머니까지 닥치는 대로 뒤졌다. 바닥에 가방을 쏟아붓고, 행여나 옷장 속 벗어 놓은 옷가지들에라도 있을까 미친 듯 헤집었다. 손이 떨리고, 숨이 가빴다. "제발, 제발…, 어디 있는 거야!" 비명같이 중얼거리며, 작은 틈새 하나까지 샅샅이 뒤졌다. 그러나 녹음기는 어디에도 없었다. '설마…, 술집에 두고 온 건가? 아니면…, 떨어뜨린 건가?' 차분히 확인해 볼 겨를도 없이 나는 재빨리 택시를 잡아타고 다시 술집으로 향했다. 술집에 도착하자마자 나는 종업원을 붙잡았다.

"혹시…. 여기에 작은 볼펜 녹음기 같은 거 없던가요? 검은색 볼펜 같은…."

어리둥절한 표정의 종업원이 고개를 가로 저었다.

"죄송한데, 그런 물건은 못 봤습니다. 혹시 어느 자리에 앉으셨었죠?"

나는 급히 우리가 앉았던 테이블로 뛰어가 구석구석을 뒤졌다. 의자와 테이블 아래, 심지어 술병 사이까지 샅샅이 살폈지만 녹음기는 보이지 않았다. '제길, 대체 어디로 간 거야…?' 나는 이 어이없는 상황에 화를 참지 못해 스스로를 질책하며 술집을 나와 걸었던 길을 되짚었다. 가로등 불빛 아래 길을 세세히 살피며 혹시라도 떨어진 물건이 있을까 두리번거렸다. 하지만 몇 시간을 헤매도 녹음기는 온데간데없었다. '그 중요한 증거를 잃어버리다니…, 이제 어떻게 해야 하지?' 울화통과 한심함에 눈물이 차올랐다. '정말…, 이게 끝인가? 이렇게 허무하게 끝나 버리는 건가?' 길바닥에 털썩 주저앉았다. 나를 향한 사람들의 이상한 시선이 내 눈에 들어올 리 없었다. 어이없고, 황당하고, 믿기지가 않았다. 녹음기를 잃어버렸다는 사실 하나가, 나를 완전히 무너뜨렸다. 주먹으로 바닥을 내리치며, 터져 나오는 울음을 참지 못했다. "병신 같은 놈…, 바보 같은 놈…, 도대체 왜! 왜, 이 모양이야!"

부끄러움도, 체면도, 자존감도 다 무너져 내렸다. 세상이 무너지는 기분이었다. 힘겹게 확보한 녹음, 기나긴 분투 끝에 손에 넣은 결정적 단서들이 한순간에 사라졌다. '그 녹음기 안에 모든 것이 담겨 있었는데…, 내가 여기까지 온 이유, 싸워 온 과정, 그리고 진실까지. 이걸로 판을 뒤집을 수 있었는데…, 이제 나는 무엇으로 다시 맞설 수 있다는 말인가?' 하늘을 올려다보았다. 어디서부터 잘못된 걸까. 사라진 녹음기 하나가 그동안 나의 모든 노력을 무의미하게 만들어 버리는 듯했다.

증거를 찾아서

첫 번째 아이디어

다음 날, 나는 정신을 차리고 다시 시작하기로 마음먹었다. 어제의 실수를 되풀이하지 않겠다며 무너진 마음을 다잡았다. '증거가 필요해. 이기기 위해선 결정적 자료를 확보해야 해. 그리고…, 머뭇거리지 말고 지금 바로!' 나는 수원 재래시장에서 낮술을 마시며 떠올리고 수첩에 기록해 두었던 아이디어를 꺼내 다시 곱씹었다. 술기운에 붉어졌던 얼굴만큼이나 뜨거웠던 그 생각. 이제는 머릿속에만 담아 두어서는 안 된다. 직접 실행에 나설 때였다. '회사가 권장해 분양을 받은 기지국이 왜 중요한지, 숫자로 증명해야 한다.' 책상에 앉아 자료를 펼쳤다. 해고 전 확보해 둔 내부 데이터, 믿을 수 있는 동료들이 건넨 자료, 그리고 수년간 축적된 기지국 시도호*, 완료율, 절단율 기록 등, 모든 조각을 하나하나 맞춰 가기 시작했다.

처음엔 막막했다. 하지만 시간이 지날수록 그림이 뚜렷해졌다. 해당 기지국은 일반적인 통신망의 기록을 넘어섰다. 성장 곡선 자체가 달랐다. 나는 수원시 전체 기지국 데이터를 불러냈다. 그리고 해당 기지국의 수치와 나란히 놓았다. 결과는 명확했다. 10년간 꾸준히 상승하는 시도호. 다른 기지국들과는 비교가 되지 않았다. 지금은 수원 전체를 통틀어 가장 많은 통화를 처리하는 거점이 되어 있었다.

"이거다!" 나는 속으로 중얼거렸다. 이건 단순한 숫자가 아니었다. 이 데이터는 곧, 나의 판단과 처신이 정당했음을 입증해 줄 증거다. 마침내 도출된 결론. 해당 기지국은 같은 지역 내 타 기지국보다 두 배 이상 수익을 올리고 있었다. '이 데이터만 있으면 된다. 누구도 부정할 수 없는 증거다.' 나는 경쟁사들의 움직임까지 추적했다. KTF가 먼저 개통한 위치에 6개월 뒤 SK텔레콤과 LG텔레콤이 동일한 위치에 기지국을 설치한 기록. 이건 우연이 아니었다. 그들도 알고 있었다. 그 위치의 가치가 얼마나 막강한지. KTF가 먼저 깃발을 꽂았고, 그들은 뒤따랐을 뿐이다. '봐라. 회사가 권장한 그 자리가 얼마나 중

---

* 가입자 휴대폰이 통화를 위해 해당 기지국에 전화, 데이터 연결을 시도한 횟수

요했는지. 경쟁사들이 따라오는 걸 보면 답이 보이지 않나?'

데이터는 단순한 숫자가 아니다. 사실이고, 증거이며, 논리다. 자료를 쥔 손에 힘이 들어갔다. 지금까지는 준비였고, 이제부터는 반격이다. 데이터를 시각화해 그래프를 정리했다. 한눈에 보아도 누구나 납득할 수 있도록. 이건 단순한 보고서가 아니다. 재판정에서 회사를 몰아붙일 무기다.

두 번째 아이디어

해고 통보를 받던 날, 나는 사원증을 반납하지 않았다. 회사 규정이라는 건 알았지만, 그때는 단순하고 즉흥적인 반항심에서 그랬다. 나는 그 사원증을 서랍에 넣어 두었다. 그리고 마침내, 그 사원증이 빛을 발할 날이 찾아왔다. 오랜만에 양복을 꺼내 입고, 목에 사원증을 걸었다. 차가운 플라스틱 감촉이 낯설었다. 하지만 오늘 이 사원증이 나에게 신뢰를 끌어낼 열쇠가 되어 주길 바랬다. 숨을 가다듬고 집을 나섰다. 하지만 준비는 이것만으로는 부족했다. 나는 한 번, 실수한 적이 있다. 결정적인 증거를 담은 녹음기를 잃어버렸었다. 그때의 충격은 지금도 생생했다. 파일이 사라진 순간, 내 안의 모든 흐름이 끊긴 듯한 기분이었다.

그래서 이번엔 다르게 준비했다. 새로운 볼펜 녹음기, 다중 백업 장치. 녹음된 파일은 USB, 클라우드, 외장 하드에 나눠 저장하기로 했다. 어떤 상황에서도 절대 잃어버리지 않겠다고 다짐했다. 그리고…, 드디어 움직였다. 나는 과거 옥상 임차 계약을 했던 건물의 관리 사무소 소장을 찾아갔다. 눈앞의 건물, 익숙한 복도, 익숙한 사무실. 하지만 내 표정은 그때와 달랐다. 이건 단순한 방문이 아니었다. 결정적 증거를 얻기 위한 작전이었다.

사원증을 내 보이며 정중히 인사했다.

"안녕하세요? KT 직원입니다. 여쭤 보고 싶은 게 있어 찾아왔습니다."

관리소장이 내 사원증을 힐긋 보더니 별다른 의심없이 나를 맞아주었다.

"아 네, 무슨 문제라도 있나요?"

"요즘 저희 회사 규정상 옥상 출입과 계약 사항에 대해 확인차 왔습니다."

"옥상 출입은 저희가 키를 관리하고 있어 방문할 때마다 열어 주고 있습니다. 계약 사항에 무슨 문제라도 있나요?"

"그런 건 아니고요, 혹시 기지국 분양 당시, 옥상 임차 계약과 관련해 몇 가지 궁금한 점이 있습니다. 당시 계약 조건이나 진행 과정에 대해 설명해 주실 수 있을까요?"

우리는 탁자에 마주 앉았다. 나는 침착하게 질문을 이어 갔다. 그리고 한 순간, 소장의 입에서 결정적인 말이 흘러나왔다.

"건물을 분양받아 기지국 장비를 설치하면, 바로 옥상 임차도 가능하게 해 줬죠. 그게 조건이었으니까요. LG텔레콤, SK텔레콤도 나중에 옥상을 임차했죠. 덕분에 우리도 기타 수익이 생겼고요."

바로 이거였다. 나는 고개를 끄덕이며 태연하게 다시 물었다.

"그렇다면…, 그 조건이 회사 측에 유리하게 작용했다는 말씀이시군요?"

소장이 망설임 없이 고개를 끄덕였다.

"그렇죠. 그때는 통신사들이 먼저 찾아와 부탁했을 정도였으니까요. 옥상 하나 선점하느냐 마느냐가 그들에겐 중요했던 것 같아요."

순간, 손에 쥔 녹음기가 묵직하게 느껴졌다. 이건 단순한 대화가 아니었다. 법정에서 회사를 압박할 수 있는 결정적 증거였다. 대화를 마치고 관리 사무소를 나와 근처 카페로 향했다. 이어폰을 꽂고, 녹음 재생 버튼을 눌렀다. 소장의 목소리가 또렷이 들려 왔다.

"그 덕분에… 관리소에도 도움이 됐죠."

다시 재생 버튼을 눌렀다. 누르고 듣고 또 눌렀다. 몇 번을 반복해도 이 문장이 마치 전리품처럼 들렸다. '이건 회사에 이익이 되는 행동이었다는 걸 입증하는 결정적 무기다.' 나는 곧장 백업 파일을 정리했다. 이번에는 절대 놓치지 않는다. '이 녹취가 법정에 공개되는 순간, 상대는 어떤 말도 덧붙이지 못할 것이다.'

세 번째 아이디어

'이번엔 SK텔레콤 사례를 참고하자.' 나는 과거 SK텔레콤이 어떤 방식으로 시장을 선점했는지 기억하고 있었다. 그들은 기다리지 않았다. 회사 명의로 직접 건물을 분양받아 기지국을 설치했다. 단순한 하나의 기지국 설치가 아니었다. 시장 장악을 위한 공격적 움직임이었다. 예전에 만났던 SK텔레콤 직원이 했던 말이 떠올랐다. "우린 가입자를 빨리 확보해야 했어요. 그래서 가장 좋은 위치는 아예 분양을 받았죠. 회사 명의로요. 매입한 건물도 있구요. 그래야 경쟁사보다 먼저 개통은 물론 투자비까지 절감할 수 있으니까요."

SK텔레콤 매입(분양) 기지국 증거 자료

그들의 접근은 명확했다. 경쟁사보다 먼저, 더 유리한 위치에, 더 빠르게. 임대 협상이 지연되면 분양을 받았다. 소유주와 협상할 시간조차 아깝다는 듯, 필요하다면 건물을 샀다. 나는 곧장 한 사례를 떠올렸다. 인천 계산동. 그곳에 SK텔레콤 명의로 기지국이 설치된 건물 하나가 있다는 걸 알고 있었다. 직원에게 직접 들은 이야기였다. 사실인지 확인해야 했다.

지도를 들고 인천 계산동에 있는 기지국을 찾아 샅샅이 뒤졌다. 하루 이틀로 끝날 일이 아니었다. 20개 넘는 건물을 하나씩 조사했다. 건물마다 올라가 호실을 확인하고, 서류를 들여다보고, 지친 몸을 이끌고 또 다른 건물로 향했다. '도대체 어디 있는 거지…?' 그 순간, 눈에 익숙한 이름이 들어왔다. "에스케이텔레콤." 숨이 멎었다. 몇 번이고 확인했다. 착각이 아니었다. ○○○빌딩 1505호.

등기부등본을 떼어 선명히 새겨진 호수와 이름, '에스케이텔레콤'

을 찾았다. "이거다!" 이 자료는 단순한 등기 정보가 아니었다. KTF가 하지 못했던 것, SK텔레콤이 했던 것. 두 회사 전략의 극명한 차이를 보여 주는 결정적 증거였다. SK텔레콤은 기다리지 않았다. 가장 유리한 위치를 확보하고, 가입자 시장을 먼저 차지했다. 경쟁사들이 임차를 고민하고, 계약에 어려움을 겪을 때 그들은 건물을 매입(분양)받아 기지국을 설치했다. 이 한 장의 문서가 법정에서 회사의 전략적 실책을 드러낼 무기가 될 것이다.

노트북을 켰다. SK텔레콤의 기지국 선점 전략, KTF의 임대 중심 정책, 그 차이가 낳은 시장 결과, 모든 걸 정리했다. "퍼즐 조각은 모두 맞춰졌다."

네 번째 아이디어

휴대전화 한 통화, 당연히 연결될 것 같은 그 짧은 신호음 뒤에 보이지 않는 거대한 설비가 존재한다. 그리고 그 중심에 통신사 '기지국'이 있다. 사람들이 아무 생각 없이 사용하는 통신의 기반은, 바로 이 눈에 보이지 않는 안테나 타워들에서 비롯된다.

하지만 나는 안다. 통신사 기지국은 단순한 통신 장비가 아니다. 이건, 전쟁터다. 그리고 나는 지금 그 전쟁의 한복판에 있다. KT와 합병 전 KTF에 근무하던 시절, 나는 수많은 기지국 임대 계약서를 다뤘다. 그 과정에서 깨달은 건 하나였다. 설치보다 더 어려운 건 '유지'였다. 2년 단위의 임대차 계약. 재계약이 이루어지지 않으면, 기지국은 철거돼야 했다. 철거와 재설치 비용은 수억 원에 달했다. 일부 건물주들은 이 점을 잘 알았다. 그래서 재계약 직전에 임대료를

50%, 100%로 올리면 회사는 울며 겨자먹기로 수용한 사례를 들어서 알고 있다. 또는 집합 건물의 경우 입주민 반발, 전자파 민원으로 이어져 계약을 해지해야 했다. 모든 것은 한 장의 계약서에 달렸다. 나는 내 사례가 그런 악의적 임대료 인상과는 달랐다는 걸 증명해야 했다. 그게 내 무기였다. 나는 정리했다. 서울과 수도권에 퍼져 있는 기지국 리스트, 위치, 계약 연도, 담당자 이름까지. 그리고 다시 양복을 차려 입고, 사원증을 목에 걸었다. 직접 현장을 돌아다니기 시작했다.

"KT 직원입니다. KTF와 KT 합병 과정에서 과거 계약서가 유실되어 계약 내역을 확인하고자 방문했습니다."

대개의 건물주와 관리 사무소 직원은 의심 없이 초기 계약서부터, 지금까지 이어진 재계약서를 전부 꺼내 보여 줬다. 그 안에 숫자들이 적혀 있었다. 10%, 20%, 30%, 심지어 50% 인상된 계약 건도 있었다. 이 모든 자료들을 사진을 찍고 복사했다. 이건 단순한 기록이 아니었다. 법정에서 회사의 논리를 뒤집을 증거였다. 며칠 뒤, 나는 또 다른 임대인을 직접 만났다. 녹음기를 켜고, 아무렇지 않은 척 말을 이어 갔다.

"사장님, 임대료가 꽤 많이 올랐네요?"

"다른 계획이 있어서 재계약할 의사가 없다고 하니, 100%나 올려주겠다고 해서 당연히 재계약했죠."

바로 내가 찾던 증언이었다. 그리고 그가 생각할 틈도 없이 단도직입적으로 요청했다.

"사장님, 계약서가 분실되어 계약서 복사 좀 하겠습니다."

"네 알겠습니다. 잠시만요."

그가 초기 계약서와 재계약서 사본을 내게 건넸다. 나는 손끝으로

종이를 넘기며 속으로 외쳤다. '그래 찾았다.' 한 달간 그렇게 수도권을 돌며, 수십 건의 계약서들 중 법원에 제출할 네 건의 결정적 계약서를 확보했다. 50% 인상 2건, 100% 인상 2건. 이것은 단순한 문서가 아니라, 내가 회사를 기만하지 않았다는 증거였고, 내 책임이 아니라는 증언이었다. 이제 나는 두 개의 전장을 동시에 상대한다. 하나는 '기지국 임대료 손해 배상 소송', 다른 하나는 '해고 무효 확인 소송'. 그리고 지금, 나는 네 가지 아이디어를 모두 실행에 옮긴 상태다. 기지국 위치 자료, 시도호 분석, SK텔레콤 사례 대조, 그리고 결정적인 임대 계약 녹취까지. 이제는, 해 볼 만하다는 생각이 들기 시작했다. 진실은, 증거를 쥔 자의 편이라는 걸, 나는 이제 조금씩 실감하고 있었다.

반전을 꿈꾸며

회사 동료, 과거와 현재

'지노위, 중노위에서 연이어 패소하고, 회사에도 이미 소문이 퍼졌겠지.' 윤 지부장에게 전화를 걸었다.

"지부장님, 저 오 과장입니다. 저…, 패소했다는 이야기 들으셨죠?"

수화기 너머 목소리가 차분했다.

"그래, 소식 들었어. 다 알아."

"모르는 사람이 있겠어요…?"

"소문이 쫙 퍼졌지. 다들 알고 있어. 복직 안 되는 것도 알고 있고. 그동안 고생 많았다, 오 과장."

"감사합니다, 지부장님."

잠시 뜸을 들이던 윤 지부장이 말을 이었다.

"참, 김 과장하고 친하잖아. 오늘 김 과장 부친상이라던데, 혹시 연락받았어?"

김 과장은 재직 당시 나와 가까웠던 동료였다. 해고 이후에도 변함없이 연락은 했지만 김 과장에게 부담될까 봐 오히려 내가 연락을 자제하던 터였다.

"아직 문자는 못 받았는데요. 김 과장 부친상이라면 당연히 가 봐야죠."

"그래. 장례식장은 군포 원광대 장례식장이야. 장례식장에 저녁 7시쯤 도착할 예정이니 이따 소주 한잔하자, 오 과장."

"네, 지부장님. 이따 뵙겠습니다."

모든 직원들은 내가 민사로 다시 싸운다는 걸 당연히 모를 것이다.

저녁, 군포 장례식장. 나는 도착하자마자 조문을 하고, 김 과장은 나를 보자 반갑게 손을 내밀었다.

"고마워, 와 줘서. 너도 많이 힘들었을 텐데."

"아냐, 김 과장. 힘든 건 다 지나갔어. 김 과장 힘내."

고개를 끄덕이며 웃는 김 과장. 나는 주변을 둘러봤다. 모두 재직 당시 함께 일했던 익숙한 얼굴들이었다. 하지만 나를 힐끔 보는 동료들. 모두 어색한 목인사만 건넬 뿐이었다. 윤 지부장이 다가와 내 어깨를 툭 치며 말했다.

"오 과장, 이제 훌훌 털어 버리고 새출발하면 되지."

"지부장님, 걱정 마세요. 그래야죠, 고맙습니다."

나는 웃으며 소주잔을 들었다. 술이 조금씩 들어가던 중, 낯익은 인물이 시야에 들어왔다. 윤 상무. 내가 재직 당시에 시설팀장이었던 그가, 지금은 상무로 승진해 있었다.

"상무님, 안녕하세요."

"오 과장님, 오랜만입니다."

서로 어색한 인사를 나눈 후, 나는 곧장 본론을 꺼냈다.

"상무님, 제가 패소한 건 아시죠? 그래서 말인데요, 이제 동료들과의 통화 금지 조치는 좀 풀어 주시죠. 이제 완전 끝났잖아요. 계속 이러는 건, 좀 아니잖습니까?"

내 말에 윤 상무가 살짝 당황한 기색이었다.

"아이구, 오 과장님. 그게 무슨 말씀이십니까!"

눙치듯 넘어가는 그의 말에 나는 속으로 쓸쓸하게 웃었다. 그때, 반가운 얼굴 하나가 다가왔다. 예전에 옆 팀에서 일하던 송 대리였다.

"오 과장님! 이게 몇 년 만이에요? 6~7년은 된 것 같은데요?"

"송 대리님, 정말 오랜만입니다. 얼굴이 더 좋아지신 것 같아요."

"좋아지긴요. 육아 휴직 썼다가 얼마 전에 복직했어요."

그 말을 듣고서야 이해가 갔다. 송 대리는 내가 해고된 사실조차 몰랐던 것이다. 그래서 이렇게 순수하게 다가온 거였다. 송 대리가 반갑게 인사를 건네자 주변 동료들도 그간 어색했던 분위기를 서서히 풀었다.

"아이씨, 이제 KT랑은 끝났어. 나 완전 자유인이야."

"그래, 오 과장. 힘내라."

누군가 소주잔을 다시 따라 주며 내게 힘내라 말을 건넸다. 나는 그들과 웃으며 이야기했다. 하지만 속으로는 다른 계산을 하고 있었다. '이제 완전 패소했다고 인식시키는 거야. 그래야 부담없이 연락할

수 있고…. 그러다 보면 중요한 정보를 얻을 수 있을지도 모르니.'

집으로 돌아오는 길, 차창 밖을 바라보며 나는 복직하는 그날을 혼자 상상했다. '그래, 지켜보자. 그날, 이들의 표정이 어떻게 달라지는지.'

희망의 가능성

손해 배상 청구 소송의 1, 2차 변론을 마치고 마지막 3차 변론 기일, 지금까지 준비해 둔 증거 자료를 준비 서면에 추가하여 제출하고 한 변호사와 함께 법원에 출두했다. 회사의 논리는 단순했다. 계약은 회사의 정보를 이용하여 부당하게 체결되었고, 손해 배상을 요구할 만한 근거가 명확하다는 주장이었다. 나는 재판부에 추가 제출한 증거 자료에 대해 발언을 요청했다.

"존경하는 재판장님, 제가 제출한 자료를 주목해 주십시오."

나는 재판부를 향해 고개를 숙이고 차분하게 말을 꺼냈다.

"이는 정상적 임대차 계약의 체결이었고, 단순한 임대료 인상의 결과일 뿐, 부당하다고 볼 수 없습니다. 갑제6, 7, 8, 9호증을 보시면, 임대료가 재계약 시마다 50%, 심지어 100%까지 인상된 사례들이 존재합니다. 또한, 이러한 인상은 기지국의 현재 위치가 회사 입장에서 이익이 되기 때문입니다. 이러한 것을 뒷받침할 근거는 SK텔레콤 분양 사례, 그리고 회사 측과 임차 과정에 있었던 관리 사무소장의 녹취록, 다른 기지국 재계약 시 인상 내역, 현재 본인 가족 명의로 분양받았던 기지국 위치가 회사에 막대한 이익이 되었다는 내역입니다."

재판부의 표정이 변하는 게 느껴졌다. 상대 측 변호사들의 태도에도 미묘한 변화의 기류가 감지되었다. 그들은 이제 반박보다는 자료 확인에 분주했다. 결정적 한 방, 특히 내가 비용 절감에 기여한 대표적 사례는 회사 측으로부터 크게 주목받았다. 마지막으로 나는 한 가지 결정적 증거를 강조하여 말했다.

"재판장님 갑증10호로 제출된 자산운용팀 계약 담당자의 사내 문서에 따르면, 제가 가족 명의로 분양받았던 기지국 개통으로 3년간 9,000만 원의 임차 비용 절감 사례가 명확히 기록되어 있습니다. 이 문서는 당시 모든 팀에게 공유될 만큼 대표적인 성공 사례로 평가받았으며, 가족 명의로 분양받은 사례가 내부적으로 이익이 되었다는 문서로, 단순한 임차 계약이 아니라 내부 비용 절감에 기여했다는 증거입니다."

해고 직전 나는 그 문서를 출력하여 보관해 둔 터였다. 이렇게 중요한 무기였던 확실한 증거임에도 사실 해고 전 감사 과정에서도, 해고 후 지노위와 중노위의 심판에서도 언급했으나 당시는 모두 묵살당했었다. 그런데 뜻밖에도, 현재 진행 중인 손해 배상 청구 소송에서 이 문서가 새로운 국면을 맞게 했다. 이번 재판에서 이 자료는 단순한 임차 계약의 증거를 넘어, 실질적 비용 절감 효과를 입증하는 결정적 증거로 작용했다. 퍼즐 조각 하나하나가 맞춰지며, 해당 자료들이 내 주장을 강력히 뒷받침하는 핵심 증거가 되었다. 회사 측은 침묵했다. 더 이상 명확한 반박을 내놓지 못했다. 재판부가 고개를 끄덕이며 말했다.

"제출된 자료는 기존 주장과 상반되는 중요한 증거로 판단됩니다. 이에 따라 추가 심리가 필요할 것으로 보입니다."

순간, 나는 희미하게나마 승리의 가능성을 예감했다. 기존에 노동위원회에 제출했던 녹취록과 퇴직자 선배님들의 증언도 의미 있는 자료였지만, 그것만으로는 다소 아쉬운 점이 있었던 것이 사실이었다. 이번에 추가로 제시한 객관적 증거들이 더해지면서 전체 주장의 설득력이 훨씬 더 확고해지고, 판을 뒤집을 수 있는 힘이 생겼다. 이번에 실행에 옮긴 증거들이야말로 기승전결 진실을 증명할 가장 강력한 무기였다. 이 증거들은 내가 어떻게 작은 단서를 따라가며 결정적 증거를 찾아냈는지에 대한 기록이다. 단순히 과거를 회상하며 그치지 않고, 그것을 나의 무기로 만들어 냈던 순간들. 그리고 그 순간들이 하나로 모여 새로운 가능성이 열렸다.

4장

반격의 서막

역전, 붕괴된 회사 논리

첫 승리

세 번의 변론, 네 가지 핵심 증거. 회사가 제기한 손해 배상 청구 소송에 나는 모든 것을 쏟아부었다. 더는 후퇴도, 후회할 여지도 없었다. 남은 것은 단 하나, 판결이었다. 그리고…, 4주. 날짜로는 짧았지만, 심장으로는 한 세월과도 같던 기다림이었다.

그리고 오늘, 2014년 4월 14일. 운명의 날이 왔다. 법정으로 향하는 발걸음이 유난히 무거웠다. 30분 먼저 도착했지만, 마음은 조금도 여유롭지 않았다. 이번 선고는 단순한 판결이 아니었다. 앞으로 맞이할 해고 무효 소송의 흐름 전체를 좌우할 수도 있는 분수령이었다. '제발…, 이번만큼은….' 속으로 되뇌며 나는 법정 문을 열었다. 피고석에 KT, 그 거대한 공룡 같은 조직의 법률 대리인들이 무표정하게 앉아 있었다. 나는 그들을 스쳐 지나 자리에 앉았다. 법정 안은 숨소리조차 날 수 없을 만큼 팽팽한 긴장감으로 조여 왔다. 그리고, 재판장의 목소리가 울려 퍼졌다. 단호하고, 흔들림 없는 판결의 톤이었다.

"사건 번호 2013가소14500. 원고 KT, 피고 오희표. 원고의 손해배상 청구를 기각한다. 땅땅 땅"

순간, 나는 숨이 멎을 듯했고, 심장은 요동쳤다. '내가…, 이겼다!' 억울함, 분노, 고통, 그리고 고요한 인내, 그 모든 감정이 한순간에 북받쳐올랐다. 하지만 곧 냉정이 고개를 들었다. '회사는 분명 항소할 것이다.' 내 머릿속에 즉시 전략이 그려졌다. 그들은 그렇게 쉽게 물러나는 조직이 아니었다. 무언가 이유를 만들어 끝까지 싸움을 끌고 갈 것이라 생각했다.

그런데, 이게 무슨 일인가? 회사는 항소하지 않았다. 일언반구 말도 없이, 어떤 제안도 없이, 그들은 손을 들었다. 믿기지 않았다. 그 순간 나는 알았다. 이 싸움은 끝났다는 것을. 이 판결은 더 이상 뒤집힐 수 없다는 걸. 법원이 인정한 사실, 그것은 너무도 명확했다.

판결문

사건 번호 2013가소14500
주문: 원고의 청구를 기각한다.

이유
원고는 피고의 가족 등이 매수한 건물 등이 위치한 지역에 무선 기지국을 설치할 예정이었고, 피고의 가족 등의 부동산 매수로 인하여 불필요한 무선 기지국을 설치한 것은 아니므로, 피고의 가족 등과 임대차 계약을 체결하고 임대료를 지급한 것이 손해에 해당한다고 할 수 없고, 그 임대료는 원고와 건물 등의 소유자인 피고의 가족 등이 협의하여 정한 것이므로 손해라고 할 수 없으며, 임대료가 시세에 비하여 과다하다고 인정할 증거도 없어 주문과 같이 판결한다.

판사 전상범

다음 전장을 위하여

나는 회사에 단 한 푼의 손해도 끼치지 않았다. 뒤집어 말하면, 회사가 내린 해고는 애초에 정당성을 결여한 것이었다. 이번 판결은 그것을 명확히 보여 주었다. 법원이 회사의 주장을 기각했다. 대기업 논리가 받아들이지 않은 것이다. 그 순간, 처음으로 그 거대한 벽에 금이 가는 소리가 들려 왔다. 대결 불가능해 보였던 상대에게서 처음으로 균열의 가능성을 확인한 것이다.

분명히 말할 수 있다. 이 승리는, 탄탄한 다리 위가 아닌 외줄 위에서 가까스로 건져 낸 것이었다. 조금만 방심했더라도, 조금만 어긋났더라도 외줄에서 떨어졌을지 모를 순간순간들이었다. 만약 그때, 내가 한 변호사의 조언을 반문이나 의심 없이 그대로 따랐다면, 지금 이 순간, 전혀 다른 결과가 나를 기다리고 있었을 것이다. 그는 처음부터 내 사건에 '마음'을 담지 않았다. 서류만 훑고, 논리만 따졌고, 내가 걸고 있던 절박한 삶의 무게에는 관심조차 없었다. "제가 볼 때는…, 승산이 희박합니다." 그 말 한마디, 그것이 그의 전부였다. 하지만 나에게 이건 단순한 소송이 아니었다. 내 인생 전체가 걸린 투쟁이었다. 그리고 마침내, 재판부는 내 손을 들어 주었다. 해고가 정당하지 않았음을, 비위 행위가 아니라는 사실을, 그리고 내가 꺾이지 않았다는 것을 공식적으로 인정받은 순간이었다.

돌이켜보면, 이 싸움은 변호사의 능력만으로 승패가 갈린 건 아니었다. 결정적인 건, 결코 포기하지 않고 버텼던 날들이 있었고, 한 치씩 쌓아 올린 노력의 시간들이 뭉쳐져 있었다. 하지만 마음을 놓을 수는 없었다. 이제 한 고비를 넘겼을 뿐, 이번 판결은 단순한 법리의 승리를 넘어 다음 전장을 향해 나아갈 수 있는 통로를 열어 준 것이다.

이제 나는 해고 무효 소송에 모든 걸 쏟아붓는다. 그 싸움은 '진실'과 '존엄'을 걸고 싸워야 할 나의 마지막 격전지다. 지난날의 기억들이 떠올랐다. 지노위, 중노위에서 연이어 패소했던 날들. 증거는 있었지만 설득이 되지 않았고, 논리는 있었지만 무게가 부족했다. 그러나 이번 승리를 통해 나는 알게 되었다. '진실은, 결국 드러난다.' 그리고 지금, 회사가 결코 무시할 수 없는 확실한 증거와 논리가 내 손에 있다.

'억울함'을 풀자는 여정이 아니다. '진실'을 입증하기 위한 여정이다. 내가 밟아 온 지난 여정은 결코 헛되지 않았다. 법정에서의 첫 승리는 내게 '희.망!'이라는 두 글자 무기를 쥐어 주었다. 그리고 그 무기를 들고 나는, 해고 무효 소송에서 진실을 바로 세울 것이다.

해임 무효 확인 소송

끝이 보이지 않는 나날

손해 배상에서의 승소 소식을 박국병 변호사에게 알렸다. 결과를 전해들은 허선 실장이 나를 불러 얘기했다.

"그것 봐요. 회사 측이 항소를 안 한 걸 보면, 원래부터 이건 압박용이었을 가능성이 큽니다. 사실 대부분의 사람들은 이런 상황에서 결국 포기하죠. 해고당하고, 수입이 끊기고, 생활은 점점 무너지고…. 거기에 손해 배상 청구까지 당하면, 그걸 감당할 수 있는 사람이 얼마나 되겠어요? 소송은 돈도, 시간도 많이 드는데, 개인이 거대 기업을 상대로 끝까지 대응한다는 건 현실적으로 쉽지 않은 일이에요."

그의 말은 너무나도 현실적이었고, 그 현실 속에서 내가 살아 남았다는 사실이 새삼 실감났다. 허 실장이 말을 이었다.

"그래서 대부분의 사람들이 이 단계에서 물러서죠. 결국 지쳐서 포기하는 겁니다. 그리고 회사는 그걸 너무나도 잘 알고 있죠. 처음부터 법적 다툼을 통해 이기려는 게 아니라, 오희표 씨 스스로 포기하게 만들려 했던 겁니다."

일전에 강 노무사가 했던 말과 완벽히 일치했다. 모든 게 더 선명해졌다. 회사 측은 처음부터 손해 배상으로 싸울 생각이 없었다. 단지 법적 압박을 가해 나를 주저앉히려 했던 것이다. 긴 소송, 경제적 부담, 심리적 압박. 그 모든 걸 견디지 못하고 중도에 무너질 거라 예상했겠지만 나는 버텼고, 결국 이겼다. 회사의 이런 전략을 알게 되니 분노가 다시금 치밀어 올랐다. 그런 만큼 해고 무효 확인 소송 1심에 모든 것을 쏟아부어야 했다.

그 동안 쌓아온 증거들, 지노위와 중노위에 제출했던 자료들, 그리고 손해 배상 소송에서 사용한 모든 증거들을 빈틈없이 맞물리게 정리했다. 회사 역시 가만있을 리 만무했다. 대형 로펌 '공존'을 선임하여 강경 대응에 나섰다. 법정에서 마주한 회사 측 변호사들은 자신감에 찬 표정이었고, 그들의 눈빛에선 뭔지 모를 여유마저 느껴졌다. 1심 해고 무효 소송의 첫 재판은 생각보다 조용히 흘러갔다. 영화나 드라마에서 보듯 팽팽한 말다툼이나 주장은 오가지 않았다. 재판부가 양쪽 출석을 확인한 뒤 간단한 질문을 몇 가지 던지면, 박국병 변호사와 함께 간단한 답변만 했다. 주요 주장은 서면으로 제출하겠다는 뜻만 밝히고, 다음 기일 일정을 정하는 선에서 마무리되었다. 겉으로 보기엔 특별한 공방 없이 지나간 듯 보였지만, 나는 알고 있었다. 말보다 치열한 전쟁이 서면으로 벌어지고 있다는 사실을. 그 과정 속에 난 총 세 번의 준비 서면을 제출하며, 한 줄 한 줄에 온 힘을 실었다. 수 많은 증거 자료 중 주요 핵심 증거는 다음과 같았다.

- 직접 녹음한 녹취록, 퇴직 선배들이 작성해 준 확인서와 녹취록
- 손해 배상 청구 소송에서 이미 입증된 4개의 논리
- 3년간 내가 실제로 만들어 낸 9천만 원 규모의 비용 절감 내역
- 회사에 손해를 끼치지 않았다는 사실을 입증한 '손해 배상 판결문'

이 모든 자료는 단순한 숫자나 문서가 아니라, 억울함을 꿰뚫는 진실이자 정당성을 쌓아 올린 증거들이었다. 회사 측도 가만히 있지는 않았다. 그들 역시 3번의 반박 서면을 제출하며 맞불을 놓았다. 핵심은, 기지국 예정지 정보를 활용해 가족 명의로 부동산을 매입하고, 이를 회사에 임대한 행위가 비위 행위에 해당하며, 그 과정에서 정보 유출과 사적 이득이 있었고, 감사 당시 시종일관 모르쇠로 일관했으며, 성실의 의무를 위반했다는 내용이었다.

말은 없었지만, 서면 속에서는 매 기일마다 날 선 공방과 논리의

충돌이 팽팽하게 이어졌다. 겉보기엔 조용했지만, 실상은 훨씬 더 치열한 심리전이었다. 이 과정을 거쳐 1년의 시간이 흘렀다. 끝이 보이지 않을 것 같았던 시간들이었다.

두 번째 승리

2015년 4월 13일, 해고 이후 2년 1개월이 지나 마침내 1심 판결일이 다가왔다. 그날 아침, 나는 평소보다 일찍 일어났다. 긴장감 속에 법정으로 가는 길이 유난히 길게 느껴졌다. 법정 문을 열고 들어서는 순간, 떨렸다. 너무 긴장해서 그런지 입술이 바짝바짝 말랐다. 내가 걸어온 지난 여정이 스쳐 지나갔다. 억울함과 분노로 시작된 싸움. 끝없는 증거 수집. 포기하고 싶었던 순간들. 하지만, 나는 멈추지 않았고 여기까지 왔다. 그리고 오늘, 1심이 결정된다.

"판결을 선고하겠습니다."

재판장의 목소리가 법정에 울려 퍼졌다. 법정이 고요히 숨을 죽였다. 내 심장도 함께 멎은 듯했다.

"2014가합203232. 원고 오희표, 피고 주식회사 케이티 해고 무효 확인의 소."

"원고 승소!"

그 순간, 모든 소리가 사라졌다.

'진짜…, 이겼다고?' 믿기지 않았다. 내가…, 이긴 거라고?

판결문

2014가합203232-해임 무효 확인 청구의 소 판결

주문: 피고가 원고에 대한 해임 처분은 무효임을 확인한다.

이유

···전략···

기존 임차비용보다 3년간 9천만 원 비용이 절감된 점, 헌법 제12조 제2항은 형사절차에 있어서의 진술거부권을 국민의 기본적 권리로 보장하고 있는데, 이러한 진술거부권은 행정절차 등에서도 보장되며, 이는 고문 등 폭행에 의한 강요는 물론 법률로써도 진술을 강요당하지 아니함을 의미하는 바(헌법재판소 1997.3.27. 선고 96헌가11 결정등 참조), 원고가 감사과정에서 단순히 사실을 부인한 것에 대하여는 이를 징계양정사항으로 고려함은 변론으로 하고 그 자체로 징계사유를 삼을 수는 없는 점, 피고가 사건 각 예정지에 관하여 별다른 문제없이 임대차계약을 체결한 후 그종료일까지 무선기지국으로 이를 이용하여 온 점, 피고회사도 무선국소 예정지를 공개하여 그 예정지의 부동산 소유자와 인연이 있는 임직원을 찾기도 한 점, 피고 회사에게도 무선국소 예정지 정보를 엄격하게 관리하지 않거나 그 정보유출과 이용행위에 관한 사후 관리도 제대로 하지 아니한 과실이 없다고 할 수 없는 점을 비추어 볼 때, 원고로서도 무선국소 예정지에 관한 것이 회사의 비빌정보에 해당한다거나, 이를 유출하여 가족이나 지인들에게 이를 이용하도록 한 것이 중한 징계사유에 해당되는 것임을 확연히 인식하지 못하였을 가능성이 있는 점, 원고의 무선국소예정지 정보 유출행위로 인하여 피고 회사에서 실질적 손해가 발생하였다고 볼 뚜렷한 증거가 없고(피고 회사가 이러한 이유로 원고를 상대로 이 법원 2013가소14500호로 손해배상 청구를 구하였으나 패소판결을 받아 확정되었다.), 피고 회사의 정보유출로 인한 임대차계약은 모두 해지되어 추후 손해 발생의 여지조차 없는 점, 원고의 정보 유출행위로 피고 회사에서 업무에 지장이 있다거나, 기업의 질서에 상당한 영향이 있다고 보기 어려운 점, 원고는 13년 가량 피고 회사에 근무하면서 이 사건 징계해임 이외에는 징계를 받은 적이 없고, 피고 회사로부터 공로패를 받는 등 피고 회사에 적지 않게 기여해 온 것으로 보이는 점, 원고가 감사과정에서 제대로 협조하지 아니한 사정이 있기는 하나 이러한 점으로 인하여 원고가 피고 회사에 계속 근무하는 것이 부적당하지 아니하다고 단정하기 어려운 점 등 원고의 위 징계사유에 이르게 된 동기, 경위 및 그 위반의 정도 등을 고려할 때 이 사건 징계해임은 지나치게 가혹할 뿐만 아니라 사회통념상 현저하게 타당성을 잃은 것이라고 봄이 상당하므로 이는 징계재량권의 범위를 일탈 남용한 것으로서 무효라고 할 것이다. 그렇다면 원고의 청구는 이유 있어 이를 인용하기로 하여 주문과 같이 판결한다.

재판장 판사 김광섭

판사 류희현

판사 손승우

감정이 북받쳤다. 지난 2년 1개월간의 치열했던 시간들. 불안과 초조 속에서 보낸 날들. 밤을 지새우며 준비한 수많은 서류와 논리들. 그 모든 노력이 빛을 발하는 순간이었다. 법정에서 판사의 판결을 듣는 순간, 무거운 짐을 내려놓은 해방감이 밀려왔다. 그동안의 고통과 희생이 결코 헛되지 않았다는 사실이 실감 났다. 그런데 기쁨도 잠시, 박국병 변호사가 내 어깨를 가볍게 두드리며 조용히 말했다.

"이 사건은 필사적으로 회사가 즉각 항소할 가능성이 큽니다. 대법원까지 갈 것이라 생각하고 각오하셔야 해요."

단단한 요구였다. 그렇다. 아직 끝난 것이 아니었다. 이기기는 했지만, 그것이 곧바로 확정 판결을 의미하는 것은 아니었다. 박국병 변호사가 잠시 호흡을 가다듬더니 말을 이었다.

"항소심에서도 우리가 승소한다면, 대법원에서도 확실히 유리한 입장이 될 겁니다. 하지만 회사가 항소하면, 항소장 내용을 면밀히 분석하여 지금처럼 철저히 준비해야 합니다. 그래야 끝까지 승리를 지켜 낼 수 있어요."

박 변호사의 단호한 말이 머릿속에서 박혔다. 방금 전까지만 해도 나는 승리를 확신하며 마음껏 기뻐하려 했지만, 축배를 들기에는 아직 이르다. 확정 판결이 나지 않은 이상, 지금의 승리는 단순한 과정일 뿐이다. 행여 방심했다 상황이 뒤바뀌지는 않을까 하는 불안감이 엄습했다. 그래서 나는 그 기쁨을 누구에게도 쉽사리 털어놓을 수 없었다. 자칫 미리 축하라도 하면 뒤에 불길한 일이 생길 것만 같았다. 혹시라도 방심하거나 나태해지는 순간이 오면 안 된다.

1심 판결 후, 며칠이 흘렀다. 예상대로 회사는 즉시 항소를 접수했다. 소식을 듣는 순간 분노가 치밀었지만, 다른 한편으로 차분히 준비해야겠다는 각오를 다졌다. 다시 처음으로 돌아가는 심정으로 마음을 다잡았다.

회사의 반격

3대 로펌 태평양을 마주하다

항소 접수 열흘 뒤, 소송 위임장이 도착했다. 회사 측 변호인단이

로펌 '공존'에서 '태평양'으로 변경되어 있었다. 태평양, 말이 필요 없는 국내 3대 대형 로펌 중 하나이다. 회사가 변호인을 바꿨다는 건 단순한 조정이 아니라 "이번엔 반드시 이기겠다"는 의지의 표상이자, 반격의 선언이었다. 나는 느낄 수 있었다. 1심에서 예상과 달리 무너졌던 그들이 이번에는 정말 제대로 준비해 왔다는 걸.

2심이 시작됐다. 법정의 형식은 1심과 크게 다르지 않았지만, 준비 서면의 내용과 분위기는 완전히 달라져 있었다. 회사는 항소 이유서를 포함, 총 3차례에 걸쳐 치밀하게 준비된 서면을 제출했고, 그 내용은 이전과는 비교할 수 없을 만큼 날카롭게 무장되어 있었다.

"직원인 걸 알았더라면 회사가 임대 계약을 맺지 않았을 것이다."
"정보를 사적으로 활용했고, 기업 정보를 외부에 유출했다."
"감사 과정에서 모르쇠로 일관했고, 회사 질서를 문란하게 했다."
"허위 진술을 통해 부당한 임대 수익을 취했다."

하나하나가 해임의 정당성을 주장하기 위한 강한 논리와 공격이었다. 그들은 내가 다시 무너질 수 있다는 계산하에 칼을 갈고 나왔다. 하지만 나 역시 가만히 있지 않았다. 박국병 변호사와 함께 3번의 반박 준비 서면을 제출하며, 그들의 논리 하나하나를 반박하고, 새로운 증거로 맞섰다. 이 싸움은 이제 단순한 입장 차의 문제가 아니었다. 누가 더 치밀하게, 논리적이고 전략적으로 움직이느냐의 싸움이었다. 1심에서 사용했던 증거는 이제 기본 무기에 불과했다. 2심에서는 더 강하고 확실한 증거가 필요했다. 나는 밤낮을 가리지 않고 증거를 검토했고, 그렇게 새로 꺼내 든 무기는 10개의 녹취록이었다. 하지만 그마저도 나는 한꺼번에 제출하지 않았다. 하나씩, 천천히. 반박할 시간조차 주지 않게. 이건 감정이 아니라 전술이었다. 하나를 반박하면 또 하나, 또 반박하면 다시 하나. 상대의 논리를 서서히 무너뜨리는 방식이었다. 그러던 중, 나는 마지막 수를 떠올렸다.

지노위 1심에서 증언했던 계약 담당자, 이영구 차장. 그의 확인서는 내 주장을 결정적으로 뒷받침할 수 있는 유일한 외부 증거였다. 우리는 그를 다시 증인으로 신청했다. 이번에는 반드시 법정에서 직접 증언을 이끌어 낼 생각이었다. 그러나 재판부의 결정은 뜻밖이었다. "증인 신문은 불필요하다"며 우리의 신청을 받아들이지 않았다.

당황했지만, 박국병 변호사는 말했다.

"너무 걱정하지 마세요. 오히려 이 결정은, 이영구 차장의 확인서만으로도 우리의 주장을 이미 충분히 받아들이고 있다는 재판부의 신호입니다."

"변호사님, 정말요? 그럼 더 좋은 거네요? 오히려 다행이군요"

그렇게 나는 증인이 필요하지 않은 상황을 긍정적으로 받아들였다. 이번 재판은 내 인생 전체를 건 과정이었다. 1심은 넘었지만, 2심은 더 치열했고, 훨씬 더 세밀한 전략이 요구됐다. 그리고 이제 그 끝이 보여 간다. 박국병 변호사가 이야기했다.

"2심에서 이기면 사실상 마무리입니다. 대법원은 사실 판단을 하지 않아요. 법리만 보기 때문에 대법원에 가도 이길 겁니다."

다시 결의를 다졌다. '반드시 이겨야 된다. 여기서 끝내야 된다.'

참된 위로

모든 준비 서면을 제출하고 반박까지 마친 뒤, 마침내 마지막 선고일이 정해졌다. 2015년 12월 18일. 한 달 남짓의 시간이었다. 하지만 그 시간이 너무도 길고 무거웠다. 하루하루가 긴장의 연속이었다. '이길 수 있을까?', '만약 지면, 그땐 어떻게 되는 거지?' 지나치게 복잡한 생각이 머릿속을 점령했다. 잠을 자도 깊이 들지 못했고, 낮에는 내내 몸이 무겁고, 마음은 들떠 있었다. 아무 일도 손에 잡히지 않았다. 그러던 어느 날, 어디에도 풀지 못한 불안하고 초조한 마음을 누군가에게 털어놓고 싶었다. 그때 문득 떠오른 이름이 있었다. 수기형. 그 이름을 떠올리는 순간 나는 망설이지 않고 전화를 걸었다.

"형…, 오늘 술 한잔 어떠세요? 시간 되시면 형 집 앞으로 갈게요."

수기형이 망설임 없이 바로 답했다.

"그래, 지금 바로 와. 우리 집 앞에 있는 삼겹살집 알지? 거기로 가자. 희표가 할 말이 있구나. 오늘은 형이 들어 줄게."

말하지 않아도 아는 사람, 그게 바로 수기형이었다. 형의 집 앞 삼겹살집. 도착하자마자 가게 안을 살폈고, 형은 이미 도착해 있었다. 익숙한 표정, 다정한 눈빛, 내가 가장 흔들릴 때마다 늘 그 자리에 있어 주었던 수기형이었다. 자리에 앉아 첫 잔을 마시자마자 아무 말도 하지 않았는데 형이 먼저 물었다.

"희표야, 지금 많이 불안하지? 승소할지, 패소하지는 않을지?"

나는 말없이 고개를 끄덕였다. 그제야 내 마음을 누군가에게 온전히 읽힌 것 같은 느낌이었다.

"혹시 말이야, 패소하면…, 그 뒤의 삶에 대한 준비는 돼 있어? 계획 같은 거."

"사실, 아직 생각해 본 적이 없어요. 그때 가서 고민해 봐야죠."

"네가 워낙 실행력도 좋고 의지도 강하잖아. 그래서 말인데 내가 아는 분이 공장 설립 관련 새로운 비즈니스를 하고 있어. 사람을 구하고 있는데…, 그 일이 어쩌면 너한테 잘 맞을 것 같아. 내가 추천하면 받아 줄 거야."

예상하지 못했던 배려였다. 말없이 나를 생각해 주고 있었던 형의 시간들이 전해졌다.

"연봉은…, 지금 네가 대기업에서 받던 급여만큼은 아니겠지만, 최대한 맞춰 달라고 내가 조율해 볼께. 무엇보다 그 일은 비전이 있어. 잘 배워 두면 너한테 도움이 될거야. 패소하더라도, '끝'이 아니라, 새로운 시작이 될 수 있어. 그러니 힘내!"

"형…, 진짜요? 이렇게까지 생각해 주시고…. 정말 고맙습니다."

고맙고 놀라움에 미안함이 더해 울컥했다. 내 상황을 헤아려 이렇게까지 생각해 주시다니. 형의 마음 씀씀이가 울대에 맺혀 더 이상 말이 나오지 않았다.

"희표야, 넌 지금 누구보다 진지하게 이 싸움을 벌이고 있어. 그걸 내가 직접 보고 있고. 그런 싸움은 아무나 할 수 있는 게 아니야. 어떤 결과에도 넌 다시 일어설 수 있어. 그러니, 마음 편히 먹자."

그날 밤, 나는 해고 후 처음으로 분노와 고통을 내려놓고 형과 더불어 편안한 술자리를 가질 수 있었다. 초조, 불안도 그날은 내게 머물지 않았다. 수기형의 말은 위로를 넘어 내 삶의 어두운 한자락에서 나아갈 방향을 밝힌 희망의 등불이었다.

세 번째 승리

2015년 12월 18일. 마침내 나의 해임 무효 확인 청구 소송 항소심 선고일이다. 서울고등법원에 도착했다. 이곳은 지난 9개월간 이어진 치열한 공방이 고스란히 스민 장소이다. 지난 3년의 시간과 감정, 온갖 인내와 흔들림, 땀과 눈물, 깊은 밤 혼자 되새겼던 조항과 문장들, 그 모든 것을 한 줄의 판결로 마주하게 될 운명의 날이었다.

법정으로 향하는 복도를 걸으며 생각했다. '마지막이다. 이제 끝을 보자.' 이 싸움은 단순 해고 무효 소송이 아니었다. 내 삶을, 내 존재를, 내 명예를 건 투쟁이었다. 내가 흘린 눈물과 밤을 새워 가며 쌓아 올린 논리들이 이번 판결로 입증될 것이다. 깊은 심호흡과 함께 법정 문을 열었다. 회사가 고용한 국내 3대 로펌 태평양 변호사들이 가장 먼저 눈에 들어왔다. 나는 자리에 앉아 내 사건 판결 순서를 기다렸다. 드디어 순서가 왔다. 판사가 최종 선고를 낭독했다.

"사건 번호 2015나2023428 해임무효확인청구의 소. 원고 오희표, 피고 주식회사 케이티. 주문, 피고의 항소를 기각한다."

'뭐라고? 항소 기각? 내가 이긴 게 맞아?' 나는 내 귀를 의심했다. 하지만 판결은 분명했다. 내가 이겼다. 3년간의 싸움이 드디어 끝난 것이다. 순간 내 어깨를 짓누르던 바위덩어리가 스르르 사라지고 있었다. 꿈처럼 느껴졌다. 3년의 응어리가 눈물로 응결되어 터지려 했지만 끝내 눈물을 참으며 법정을 나섰다. 하늘을 올려다보았다. 구름 한 점 없는 맑은 하늘. 마음속 밑바닥에서 폭발해 터져 나온 감정의 응어리. 억울함에서 벗어난 해방감. 나는 미친 듯이 외쳤다.

"만세! 만세! 만세―!!!"

지나던 사람들이 나를 흘긋 쳐다봤다. 이상한 사람인가? 몇몇은 놀란 얼굴이었고, 어떤 이들은 나의 희열을 공감하듯, 미소를 지었다. 하지만 지금 이 순간, 타인의 시선이 어떻든, 나에겐 의식할 까닭도 여지도 없었다. 온 세상에 내 승리를 알리고 싶었다. 판사가 낭독한 한 줄이 의미하는 바는 단순한 법정 싸움에서의 승리만이 아니었다. 내 존재를 증명하고 세상에 선포하는 중대한 선언이었다. 나는 끝까지 버티고, 싸웠고, 마침내 이겼다. 나는 울고 있었다. 하지만 더 이상 슬픔이나 분노의 눈물이 아니었다. 값진 승리의 눈물이었다.

아빠는 당당했다

떨리는 손으로 휴대폰을 들었다. 우선은 가장 편하게 소식을 알리며 기쁨을 나눌 친구를 떠올렸다. 최광택, 나의 가장 친한 고등학교 친구로 처음부터 끝까지 나의 투쟁 과정을 지켜본 사람 중 한 명이었다.

"여보세요?"

광택이 전화를 받는 동시에 나는 크게 외쳤다.

"광택아, 나 이겼다!"

"진짜로, 이겼다고? 정말이야? 이게 가능해? 야, 대박이다!!!"

광택의 목소리가 같이 커졌다. 그의 감격이 나와 같은 듯했다.

"야, 이건 그냥 축하로 끝낼 일이 아니다! 술 한잔해야지! 오늘 당장 보자!"

맺힌 눈물을 손등으로 쓸어내는 나의 입꼬리는 한껏 하늘을 향해 치켜 올라가 있었다.

"그래, 진짜 제대로 한번 마셔 보자!"

비로소, 현실이 되었다. '이게 진짜 승리의 맛이구나.' 하지만 가장 중요한 사람들에게도 이 소식을 전해야 했다. 광택과 약속을 정하고 떨리는 손으로 전화 버튼을 눌렀다. 몇 번의 신호음이 울리고, 아버지가 받았다. 건조하지만 걱정이 묻어나는 목소리였다.

"그래, 무슨 일이냐?"

아직까지 아버지에게 한 번도 들려주지 않았던, 한껏 부풀리고 높은 옥타브로 외쳤다.

"아버지, 저 이겼어요!"

잠시 침묵이 흘렀다. 아버지가 믿기지 않는 듯 "정말이냐?" 물었다. 그동안 나에게 소송이 가능이나 하겠냐, 하며 때론 안타까운 마음으로, 때때론 한심하다 생각했을지도 모를 당신의 마음을 숨기며 나를 지켜보아 주신 아버지. 아버지는 현실적 상황에 압박되어 자주 "너무 큰 상대를 건드리는 거 아니냐?"고 말했었다. 그런데 오늘, 나는 아버지에게 승리를 안겨 준 아들이었다. 아버지는 아무 말도 하지 않았지만, 나는 느꼈다. 대견하고 자랑스러워하고 있음을. 이어서 가족은 물론, 친구, 지인들에게 차례차례 승리의 소식을 전했다. 그들 모두와 함께 승리의 기쁨을 나눴지만, 나에게 가장 기뻤던 순간은 따로 있었다. 딸을 만났을 때였다. 3년 전 화물차 운전석에서 딸과 나누었던 대화가 떠올랐다.

-아빠, 해고된 거야? 아빠가 잘못한 거야?

-아빠는 잘못한 거 없어. 그래서 소송을 하는 거야.

그때 내게 물었던 딸의 질문이 내 심장을 후볐었다. '아빠가 잘못했어?'라는 그 한 마디 물음에 나는 그날 밤을 꼬박 새웠다. 회사에서 쫓겨난 것도 모자라, 사랑하는 딸이 아빠가 잘못했다 여기게 놔둘 수는 없었다. 그날, 나는 결심했었다. '아빠가 끝까지 싸워 증명해 보일 거야!' 그리고 마침내 투쟁의 종지부를 찍은 오늘, 나는 딸 앞에 섰다. 딸이 나를 보자마자 환하게 웃으며 뛰어왔다. 나는 딸을 품에

안았다. 3년 전의 기억이 파노라마처럼 스쳤다. 그날처럼 딸의 눈망울은 맑았고, 똑같은 의문은 여전히 마음에 남았을 테지만…, 이제 나는 달랐다. 나는 미소를 지으며, 딸의 얼굴을 쓰다듬었다. 그리고 또렷하고 당당하게 말해 줄 수 있었다.

"아빠가 이겼어."

딸이 깜짝 놀라며 두 눈을 동그랗게 떴다.

"이겼어? 그게 무슨 말이야?"

나는 무릎을 꿇고 딸과 눈을 맞췄다.

"아빠는 회사에서 해고될 이유가 없었어. 회사가 잘못한 거였어. 그래서 아빠가 법정에서 싸워 이겼어. 이제 아빠는 당당하게 다시 회사로 돌아갈 거야."

나를 빤히 바라보던 딸이 그 작은 손으로 내 손을 꼭 쥐더니 활짝 웃으며 말했다.

"아빠 잘못이 아니었구나! 아빠, 최고야!"

그 순간, 나는 모든 걸 보상받은 기분이었다. 나는 끝까지 싸웠고, 승리했다. 세상이 나를 해고자로 낙인찍으려 했지만, 나는 그 낙인을 지워 버렸다. 오늘은 내 인생 최고의 순간이다.

2부

또 하나의 전장

5장

돌아온 자

환영받지 못한 귀환

복직

나는 회사가 끝까지 법적 대응에 나설 것이라 예상했다. 대법원까지 가더라도 나는 KT의 패소 가능성이 높을 거라 판단하면서도 '혹시나' 하는 마음은 있었다. 회사는 결국 상고를 포기했다. 그렇게 판결은 확정되었고, 마침내 오랜 싸움 끝에 '복직'이라는 두 글자가 내 앞에 놓이게 되었다.

2016년 2월 어느 금요일, 평소와 다름없는 조용한 저녁이었다. 여유롭게 앉아 TV를 보는데, 휴대폰이 울렸다. 낯선 발신자 표시였다.

"안녕하세요. KT 인사팀입니다. 오희표 과장님이시죠?"

"네? 인사팀이요?"

"네, 맞습니다. 월요일부터 출근하시면 됩니다."

"출근이요…?"

"네. 원대 복직이라 해고 전 소속팀으로 복귀하시면 됩니다. 첫 출근지는 안양 전화국 4층, 기존 안양 엔지니어링팀입니다."

"네 알겠습니다."

얼마나 기다려 왔던 순간인가. 긴 암흑의 터널 끝에서 빛을 보는 느낌이었다. 기쁨과 동시에 뭔가 모를 불안감 또한 스멀스멀 마음 한편에 자리잡았다. 주말 내내 마음은 복잡했다. 기쁨과 설렘, 그리고 약간의 불안이 실타래처럼 얽힌 시간들이었다. 월요일이 기다려졌다. 다시 출근하는 나의 모습을 상상하는데 설레임과 궁금증이 교차했다. 출근길의 공기, 회사 건물의 모습, 익숙했던 사무실, 마주할 동료들…, 오랫동안 고대하며 그려 왔던 현실이지만 지나 온 시간만큼의 낯섦 또한 쉽게 떨쳐 낼 수 없었다. 다시 적응할 수 있을까? 해고 전의 분위기와 다름없을까? 많은 것들이 이미 변해 있는 건 아닐까? 긴 밤을 지새웠다. 새로 맞는 현실의 시간이 가까워지고 있었다.

월요일 아침, 거울 앞에 섰다. 단정하게 다린 셔츠, 깔끔한 구두, 오랜만에 손질한 머리. 신입 사원인 듯한 출근 채비였다. 지하철을 타고 안양 전화국으로 향했다. 3년 만의 출근. 상상 속에서는 모든 것이 그대로였지만, 현실은 모르겠다. '나를 본 사람들은 어떤 반응을 보일까?' 안양 전화국에 도착했다. 엘리베이터 문이 열렸다. 익숙한 얼굴들이 가득했다. 3년 전, 함께 일했던 동료들. 오랜만에 나를 본 사람들이 잠시 멈칫거렸다. 김 과장이 눈을 휘둥그레 뜨며 물었다.

"어? 오희표? 여기 웬일이야?"

반가움에 앞서 '네가 어떻게 여기?'라는 김 과장의 내심이 더 빠르게 다가왔다.

"협력사 회의 왔어?"

나는 잠시 웃었다. 예상했던 반응이었다.

"아니."

"그럼?"

"나 복직했어. 오늘부터 출근이야."

"뭐??"

김 과장이 헛웃음을 터뜨렸다. 나의 말을 농담으로 받아들이는 듯했다.

"진짜라니까."

"무슨…? 그게 말이 돼…? 설마…, 진짜야?"

믿을 수 없다는 듯 서로를 쳐다보는 동료들. 누군가는 헛기침을 했고, 누군가는 시선을 피했다. 누군가는 피식 웃었고, 누군가는 휴대폰을 만지작거렸다. 엘리베이터 문이 열리고 사람들은 재빨리 흩어졌다. 마치 아무 일도 없었다는 듯. 예상했던 바였다. 대개의 첫 반응은 어이없다는 표정이 많았다. 팀 사무실로 들어섰다. 낯선 직원 한 명이 나를 맞았다.

"오희표 과장님 되시죠. 유 팀장입니다."

"네, 오희표입니다."

처음 보는 팀장이었다. 내가 떠난 사이, 많은 것이 바뀌어 있었다.

"인사팀에서 아침에 연락받았습니다. 갑자기 연락을 받아서 당장 자리가 준비되지 않았습니다. 빨리 만들어 드리겠습니다."

같은 공간, 낯선 공기

사무실 안 분위기가 미묘했다. 얼핏 둘러본 팀원들의 표정이 생뚱맞다거나 어색하다는 느낌이었다. 몇몇이 힐끔힐끔 나를 바라보고는 말없이 서로의 시선을 교환했다.

"오 과장 무슨 일이야?"

"갑자기 어떻게 된거야?"

분명 내가 몸 담았던 자리로의 귀환이었건만, 직원들은 도대체 무슨 일인지 어리둥절한 표정으로 나를 대했다. 물론 "어서 오세요! 환영합니다!" 이런 분위기를 기대했던 건 아니었다. 하지만, 이 분위기는 너무한 거 아니야, 하는 생각이 들었다. 이윽고 팀원들이 슬금슬금 빈 공간을 만들기 시작했다. 분위기는 여전히 묘했고, 자리가 마련될 때까지 나는 사무실에 앉아 있을 수도 없었다. 노동조합 지부 공간이 휴게실로 쓰였다는 생각을 떠올리고, 거기로 향했다. 지부실로 가자, 여전히 자리를 지키던 윤 지부장이 나를 반겼다.

"오 과장, 복직을 축하한다. 정말 고생 많았어."

윤 지부장에게는 미리 승소 소식을 알렸고, 오늘 출근하게 될 것이라 전화로 귀띔했던 터였다. 해고 기간에도 변함없이 나를 대해 준 윤 지부장이었다. 지부 사무실에 있던 예전 동료들이 여긴 어쩐 일이지, 하는 표정으로 의아하게 쳐다보았다. 윤 지부장이 "복직 축하한다"는 말에 비로소 그들의 표정이 바뀌었다.

"뭐??"

"진짜로?"

"그게 어떻게 가능해?"

누군가는 황당하다는 얼굴로 웃었고, 누군가는 믿을 수 없다는 듯 눈을 깜빡였다.

"아니, 오 과장 건 노동위원회 패소로 끝난 거 아니었어?"

"맞아! 그때 회사가 이겨서 완전히 끝난 줄 알았는데?"

내가 고개를 끄덕이며 짧게 과정을 설명했다.

"노동위원회에서는 졌지. 그런데 얼마 있다 민사 소송으로 다시 시작했어. 3년 동안 싸웠고, 결국 법원에서 해임 무효 판결을 받아 복직하게 된 거야."

내 말이 끝나자마자, 반응이 폭발했다.

"뭐?? 민사 소송으로 다시 싸운 거라고?"

"그런 게 가능해? 노동위에서 지면 끝나는 걸로 알았는데?"

"진짜, 세상에 이런 일이 다 있나?"

누군가는 감탄했고, 누군가는 헛웃음을 지었다. 그때, 누군가 나지막이 중얼거렸다.

"이거…, 회사에서 절대 좋아할 리 없겠는데?"

이런 대화가 오가는 중에 몇몇 동료들이 각자의 팀 사무실을 오고 갔다. 그리고, 내 소식은 사내에 순식간에 퍼져 나갔다. 점심시간이 되기도 전에, 건물 곳곳에서 수군거리는 소리가 들려 왔다. 엘리베이터, 복도, 구내식당, 회의실…, 어디를 가건 내 이야기가 오갔다.

"야, 들었어? 해고됐던 오 과장 복직했대!"

"뭐? 그런데 어떻게?"

"민사 소송에서 이겼대!"

"진짜? 노동위에서 졌었잖아?"

"그러니까! 다 끝난 줄 알았는데, 민사 소송으로 뒤집은 거야!"

"와, 대박이다."

소문은 점점 부풀었다. 심지어, 내 앞을 지나던 낯선 이들이 나를 힐끗 보며 수군거리기까지 했다.

"저 사람이야?"

"와, 저렇게 대놓고 복직한 거야?"

"회사, 난리 났겠다."

그때였다. 지나던 한 직원이 혼잣말처럼 내뱉은 소리가 내 귀에 들렸다.

"이거, 회사 기강 완전 흔들리겠는데?"

순간 나를 둘러싼 공기가 싸늘하게 식었다. 나는 아무 말도 하지 않았지만, 이미 회사 전체가 나를 주목하고 있었다. 누군가는 흥미롭게, 누군가는 경계하며. 이쯤 되니 이제 나는 단순 '복직자'가 아니란 걸 알았다. 회사를 상대로 판을 뒤집은 사람, 조직의 흐름을 바꾼 변수로 인식되고 있었다. 복직 후 며칠, 익숙할 거라 생각했던 회사 풍경이 다시 낯설었다. 같은 공간, 같은 동료들이었지만 공기는 이전과 달랐다. 팀원들의 시선은 말없이 나에게서 거리를 두고 있었다. 처음엔 기분 탓이라 그러려니 했다. 그러나 점심시간, 늘 함께 식사하던 이들이 조용히 나를 피해 자리를 뜨는 모습을 보고서야 확신이 들었다.

"같이 갈래?"

내 물음에 돌아온 대답은 늘 비슷했다.

"아…, 미안. 선약이 있어서."

두세 번이면 우연일 수 있었다. 하지만 반복되면서 그 거리는 분명한 신호로 느껴졌다.

불편한 귀환자

생각건대, 그러한 변화는 내가 소송 과정에서 제출한 녹취 파일에서 비롯된 것이었다. 일부 동료들의 발언이 증거로 채택되었고, 회사는 그들에게 사실과 다른 확인서를 쓰게 했다.

오희표를 도와주고 싶은 마음에 사실과 다르게 말했다.

자필로 남긴 그들의 문장을 보고도 나는 그들을 비난할 수 없었다. 생존을 위한 어쩔 수 없는 선택이었을 것이기에. 그러나 그런 나의 이해와 별개로, 마음 한구석에 남는 감정까지 지울 수는 없었다. 회사 측은 내부적으로 지시를 내렸을 터, "소송 중인 오희표와는 연락하지 마라." 추측건대, 그러한 지시가 동료들과 나의 거리를 이렇게 멀어지게 만들어 버렸을 것이다. 시간이 지나도 그 거리감은 좁혀지지 않았다. 회식 자리조차 예외가 아니었다. 예전에는 반갑게 인사를 건네던 이들이, 조용히 시선을 피하며 멀찍이 앉았다. 서로 간에 그어진 선을 의식하는 모양새였다. 어색한 기운이 감도는 회식 자리에서 나는 말없이 소주잔만 들었다. '이대로 회사를 다닐 수 있을까?' 사람들이 드러내 말하지 않지만, 회사에서 나는 이미 '회사를 상대로 소송을 걸어 돌아온 사람'으로 각인되어 있었다. 내 앞에서 짐짓 목소리를 낮추거나, 눈을 마주하지 않거나, 자리를 피하는 모습은 그간의 세월이 만든 어색함만은 아니었다. 그건 분명한 '거리 두기'였다.

어느 날, 회사 앞 술집. 업무를 마친 동료들이 회식한다는 장소에서 1차를 마치고 나오기를 기다렸다. 일부러 시간을 내어 의도한 기다림이었다. 예전처럼 자연스럽게 그들과 어울릴 수 있기를 바랐다.

어쩌면 내가 괜한 오해를 했는지도 모른다는, 아주 작은 기대가 있었다. 박 과장과 이 과장이 가게 문을 나섰다. 나는 우연히 마주한 듯, 평소와 다름없는 반가운 투로 말을 건넸다.

"어, 여기서 한잔했구나? 나도 근처에서 있었는데. 2차는 내가 살 테니 오랜만에 한잔하자."

서로 시선을 교환하던 그들이 어색하게 피했다.

"…아, 미안. 오늘은 좀….″

그 한마디에 나는 모든 걸 이해했다. 그들은 조용히 사라졌고, 나는 그 자리에 홀로 남았다. 예전 같았으면, "오 과장이 술 산다는데 당연히 가야지" 했을 동료들이었다. 거리의 네온사인은 희미했고, 싸워서 되찾은 결과의 의미가 흔들렸다. 복직의 기쁨은 오래가지 않았다. 곧, 나는 이 자리가 더는 내 자리가 아니라는 걸 알게 됐다. 시간이 흐를수록 그 생각은 확신으로 다가왔다. 내가 노력한다고, 마음을 열었다고, 예전으로 돌아가는 일은 생기지 않았다. 그리고 결국, 나는 결론에 도달했다. 이 상황은 나 혼자 애쓴다고 해결될 문제가 아니라는 것을. 해고 후 동석했던 퇴직자 모임이 떠올랐다. 한동안 혼란에 잠겨 있던 시기였다. 현실을 어떻게 받아들여야 할지 막막했고, 나와 비슷한 처지에 놓인 사람들은 어떻게 살아가고 있을지 궁금했다. 그래서 퇴직한 선배에게 연락해 그들이 함께 모인다는 자리에 동석했다. 모임에서는 자연스럽게 퇴직 후의 삶에 대한 이야기가 오갔다. 내가 농담처럼 말했다.

"입사는 선배님들이 먼저 하셨지만, 퇴직은 제가 먼저 했으니, 퇴직 선배는 접니다."

웃음이 돌았다. 분위기는 왁자지껄 좋았지만, 그들의 눈빛엔 말로

다 하지 못할 쓸쓸함이 서려 있었다. 한 선배가 말했다.

"퇴직하고 나면 직장 동료는 거의 남지 않아. 직장 동료? 결국 어떤 의미도 없어."

그 말에 공감하듯 여럿이 고개를 끄덕였다. 처음엔 연락이 오가지만, 시간이 지나면 멀어진다고 했다. 동료였던 사람들도 어느새 각자의 삶으로 돌아가고, 이전의 인연은 점점 희미해진다고. 마치 한때 어딘가에 존재했다 사라진 사람처럼…. 나는 그 말이 결코 과장이 아니라는 걸 알고 있었다. 해고 기간 느꼈던 외면과 침묵, 거리감은 일상이었다. 비난이나 무심한 말보다 더 아팠던 건, 오히려 아무 말도 없는 그들의 태도였다. 그래서 선배들의 말들이 마음 깊이 박혔다. 언젠가부터 늘 함께하던 동료들이 하나둘씩 나를 피했다. 점심시간이면 내가 있는 자리엔 정적이 흘렀고, 예전 같으면 가볍게 어깨라도 치고 지났을 사람들이 고개를 돌리고 자리를 피했다. 내가 다가가면 대화가 끊겼고, 앉으면 슬그머니 일어서 자리를 떴다. 그렇게 나는 어느새 그들에게 '불편한 존재'가 되어 있었다.

미련을 버리고

직장 내 루머로 근거 없는 말이 오래된 사실로 받아들여지고, 왜곡된 소문으로 한 사람의 인생이 갑자기 바뀌어 버리는 걸 경험했다. 나는 결심했다. 이제 회사 생활에 내 감정을 불어넣지 않기로. 과거의 관계를 붙들지 않고, 사람들에게 기대하지 않기로 했다. 복직했지만, 그들이 나를 반기지 않는다면 내가 다가갈 이유도 없다. 어쩌면 회사는 내가 스스로 위축되길 바라고 있을지도 모른다. 그러니 내가 그 기대에 맞춰 줄 생각은 더더군다나 없다. 앞으로는 할 일을 정확히 하고, 정해진 급여를 받으며 내 시간을 지키기로 했다. 회사란 결국 이익을 추구하는 집단이고, 각자는 그 안에서 주어진 역할을 수행하는 노동자일 뿐이다. 나는 이 구조를 단순하게 받아들이기로 했다. 누군가에게 잘 보이기 위해 애쓰지 않기로. 인간적 관계를 유지하려 애쓸 이유도 없다. 해고를 당하고, 법정 싸움을 거쳐 돌아왔지만 그 과정에서 분명히 알게 된 사실이 있다. 직장 동료는, 결국 회사를 떠나면 그 의미가 사라진다는 사실. 가까웠던 사람들도 회사라는 집단적 공간이 사라지면 자연스레 멀어진다. 그렇다면 더는 미련을 둘 이유가 없다.

나는 목표를 바꾸기로 했다. 앞으로는 사람보다 '나'를 중심에 두기로. 회사에서 요구하는 일을 성실히 수행하며 내 자리를 지키는 데 집중할 것이다. 그렇게 마음먹고 나니 오히려 마음이 편했다. '그래, 이 정도면 충분하다.' 나는 감정에 휘둘리지 않기로 했다. 앞으로는 차분하게, 나의 길을 걷기로 했다

또 다른 보복

정직 3개월

복직 후 한 달쯤 되었을 무렵, 또다시 회사로부터 공식 문서를 받았다. 인사위원회 출석 명령. '이번엔 또 뭐지?' 의아했지만, 곧바로 감이 왔다. 해고는 무효가 되었으니, 이제 징계로 방향을 선회한 것이다. 이번에도 쉽게 넘어가진 않겠구나 싶었다. 나는 곧바로 판결문부

터 챙겼다. 법원이 해고를 무효라고 판단한 정당한 근거, 그동안 싸워 이긴 기록들, 그리고 인사위에 대응할 준비 서류까지 가능한 한 모두 정리했다. 이미 여러 번 겪은 일이었다. 상대가 어떻게 나올지 대강 짐작할 수 있었다.

출석 당일, 회의실 문을 열자 인사 담당자들과 고위 간부들이 자리를 지키고 있었다. 언감생심 복직 환영까지 기대할 바도 아니었지만, 긴장된 표정에 무거운 기류가 감돌았다.

"이번 회의 안건은 오희표 과장의 정직 3개월 징계 건입니다."

예상 못 한 바는 아니었지만, 막상 듣는 순간 귀를 의심했다.

"해고가 무효가 되었으므로, 해고 대신 징계를 내리는 것이 타당하다고 판단했습니다."

나는 곧바로 준비해 온 자료와 판결문을 꺼내 인사위원들에게 제출했다. 해고가 부당하다는 법원 판단이 적힌, 명백한 판결문과 증거 자료들을 살피고 나서도 사측의 입장 변화는 없었다.

"회사 내규상, 본 사안에 대해 징계를 내리는 것이 적절하다고 판단됩니다."

결국, 정직 3개월 징계가 통보되었다. 다시 고민이 시작됐다. 또 소송을 걸어 다툴 것인가? 하지만 현실은 달랐다. 법정 공방은 그야말로 에너지 소모전이었다. 그리고 나는 이 회사를 계속 다닐 생각이었다. 현 시점에서는 사측의 결정을 받아들이는 것이 최선이었다. 인사팀에 전화를 걸었다.

"정직 3개월이면 어떻게 되는 건가요?"

"출근은 하지 않고, 사원증과 노트북은 반납하셔야 합니다."

전화를 끊고 잠시 생각에 잠겼다. 6개월 단위로 신청할 수 있는 리

프레쉬 휴직 제도가 있다. 억울함보다 중요한 건 이 시간을 어떻게 쓰는가일 터. 차라리 지금부터 3개월은 회사가 내게 내린 리프레쉬 휴가라 생각하기로 했다.

6장

다시 부당함에 맞서

부당한 인사 평가

재복직과 부당 발령

정직 3개월의 기간이 지나 다시 복직했다. 그런데 이번 복직은 지난 번 해직 이후 복직과는 달랐다. 나는 더 이상 지난 날의 내가 아니었다. 회사 또한 내가 징계로 떠나기 전과는 다른 모습이었다. 나는 제2의 인생을 시작하기로 마음먹었다.

나는 2000년에 KTF에 입사했고, 2009년 KT와 합병된 이후, 16년간 무선 분야 업무만 맡아 왔다. 오랜 시간 이 분야에서 쌓은 경험과 노하우는 나의 가장 큰 자산이었다. 하지만 회사는 나의 업무 경력을 인정하지 않았다. 부당하게 해고되었고, 오랜 법정 투쟁 끝에 승소해 복직했다. 그런데 복직 이후의 삶이 순탄할 것이라는 기대는 한순간에 무너졌다. 회사는 나를 반기지 않았다. 오히려 나를 견제했다. 나의 업무는 경력과 전혀 무관한 유선 분야로 전환되었고, 유선 분야인 경기 남부 선로팀으로 발령냈다. 16년간의 무선 경력을 고려하지 않은 발령의 부당함을 알면서도 나는 원만한 회사 생활을 위해 이의를 제기하지 않았다. 그렇게 새로운 환경에 적응해야만 했다.

2016년 6월, 3개월 정직을 끝내고 출근 첫날, 나는 낯선 조직에 홀로 던져졌다. 복도를 지날 때마다 나를 향한 시선들이 느껴졌다. 선로팀 직원들은 모두 유선 분야 출신이었고, 그들 사이에서 나는 완전한 이방인이었다. 이방인 정도가 아니라 '회사와 싸워 돌아온 불편한 사람'이었다. 모두가 탐색하듯 나를 바라보았고, 몇몇은 시선을 피했다.

불편한 이방인

사무실에 들어설 때마다 무거운 공기를 느꼈다. 인사라도 나누려 하면, 직원들은 형식적으로 고개만 까딱거렸다. 어색한 침묵 속에서 나는 배정받은 자리에 앉아 노트북을 켰다. 그런데 나에게 배정된 업무가 없었다. 시간이 지나도 회사는 나에게 일을 맡기지 않았다. 그제서야 나는 깨달았다. '나를 철저히 배제하려 하는구나.'

점심시간, 함께 식사를 하는 중에도 분위기는 어색했다. 말 한마디 섞기 어려운 상황이었다. 그렇게 침묵의 식사 도중 한 직원이 무심히 내게 말을 건넸다.

"오 과장님, 유선 업무는 처음이시죠?"

나는 웃으며 답했다.

"네, 배우면서 하려고요."

그가 나의 시선을 비끼며 건조하게 대꾸했다.

"뭐, 알아서 하시겠죠."

그 말 한마디에 담긴 의미를 나는 알 수 있었다. '우리는 당신을 환영하지 않는다.' 시간이 지나며 나에 대한 소문은 더욱 확산되었다. "오 과장은 회사랑 소송해 복직한 사람이야. 괜히 엮였다 피곤해질 수도 있어." 소문은 빠르게 퍼졌고, 직원들은 나를 경계했다. 아니, 경계를 넘어 대놓고 소외시키기 시작했다. 업무 배정에 있어서도 나는 철저히 배제되었다. 선로팀 엄 팀장은 노골적으로 나를 차별했다. 중요한 프로젝트에서 나는 제외되었고, 야간 근무에서도 배제되었다. 심지어 나와 업무를 맡게 된 동료조차 나와 거리를 두며, 최소한의 대화만 나누려 했다. 그들의 태도는 점점 더 노골적으로 변해, 회의가 열릴 때면 내 의견은 무시당하기 일쑤였고, 중요한 결정은 나를 제외한 채 진행되었다. 심지어 서류 한 장을 주고받으면서도 최소한의 접촉조차 피하려 했다.

하지만 나는 무너지지 않기로 했다. 3개월 정직 기간 단행한 유럽 배낭여행의 경험이 나의 많은 것들을 변화시켜 놓은 상태였다. 더 이상 남의 눈치를 보며 위축되는 일따윈 없다고 마음먹은 터였다. 법적 문제가 발생하지 않게 출퇴근 시간을 철저히 지키고, 사규를 준수하며, 주어진 역할은 묵묵히 수행하기로 했다. 외근 업무에서는 누구보다 성실히 일하며 팀원들과 함께하려 노력했다. 그러나 벽은 생각보다 단단하고 높았다.

어느 날, 팀 회의에서 중요한 프로젝트 배정이 있었다. 팀원들이 하나둘 역할을 배정받는 동안, 내 이름은 끝내 불리지 않았다. 참다 못해 질문을 던졌다.

"팀장님, 저는 어떤 업무를 맡으면 될까요?"

엄 팀장이 서류를 넘기며 무심히 대꾸했다.

"오 과장은 굳이 맡을 필요 없어요. 그냥 기존 일이나 해 주세요."

팀장의 말과 함께 회의실 공기가 얼어붙었다. 몇몇 동료들이 나를 흘긋 쳐다봤지만, 누구도 나를 위해 나서려 하지 않았다. 단단한 침묵 속에서 나는 다시 철저히 고립되고 있었다.

인사 고과 '없음'

인사 평가가 있었다. 내게 돌아온 인사 평가는 'N' 등급, 팀원 15명 중 유일한 최하위 등급이었다. 사실, 예상했던 결과였다. 나는 새로운 팀, 그것도 전혀 경험이 없는 유선 분야에서 일을 하고 있었으니. KT의 인사 고과는 상대 평가 방식으로 이루어진다. S, E, G, N, U 총 5등급으로 나뉘며, 등급별 분포율은 다음과 같이 정해져 있다. S:10%, E:20%, G:60%, N:10%, U:0%. 기본급 인상률 또한 S:5%, E:4%, G:2.4%, N:0.5%, U:-1%로 차등 적용된다. 그러나 노사 단체 협약상 U 등급은 주지 않기로 이미 협약되어 있었다. 결국, 회사는 나를 최대한 낮은 평가인 'N'으로 밀어 넣은 것이었다. 그러나 이번에는 무너지지 않기로 했다. 나는 나의 길을 묵묵히 가기로 했다. 설령 회사가 나를 배제하고 차별하더라도, 나는 내 역할을 충실히 수행하며 당당하게 나아갈 것이다.

어느 날, 나는 사내 인사 정보 시스템에서 내 인사 고과를 확인하고 있었다. 습관처럼 지나치던 숫자와 기록들 사이에서, 문득 이상한 점이 포착되었다. 2013년 3월부터 2016년 2월까지, 정확히 3년간 내 인사 고과가 'N/A'로 표시되어 있는 것이었다. 그걸 보는 순간 머릿속이 멍해졌다. 3년 동안의 기록이 없다니? 몇 번이고 눈을 비비며 확인했다. 하지만 결과는 변하지 않았다. 해직 기간 3년의 나의 고과는 공백인 'N/A'로 처리되어 있었다. 나는 재빨리 손을 움직여 이전 기록들과 비교해 보았다. 그리고 곧 깨달았다. 인사 평가에서의 공백은 단순한 공백에 그치는 것이 아니라 실질적으로 나의 경력 자체가 제로 베이스가 되어 버린 것이었다. 해고 기간 근무를 하지 않았으니 평가를 줄 수 없다는 논리로 이해할 만했다. 그런데 그동안 나는 복직에 집중하느라 정작 내 인사 평가가 어떻게 반영되어 있는지에 신경 쓸 여유가 없었다. 일상적 평가 문제로 단순히 생각하고 지나쳤지만 그 결과가 내 경력과 연봉, 그리고 앞으로의 승진에 얼마나 치명적인 영향을 미칠지까지는 미처 생각하지 못했던 것이다.

시간이 지날수록 불안감은 커졌다. 급여 명세서를 들춰 봤다. 충격적인 사실을 접했다. 3년의 인사 고과 공백이 단순한 평가 기록의 문제가 아니었다. 그 결과는 내 기본급에 직접적으로 영향을 미치고 있었다. 해직 전의 기본급과 3년이 지난 지금의 기본급이 변함 없이 유지되고 있었다. 단 한 푼도 오르지 않은 것이다. 명세서를 찬찬히 살펴보며 나는 행여 미세한 변화라도 있는지 찾아보려 애썼지만, 변한 것은 아무것도 없었다. 물론 단체 임금 협상으로 연봉이 소폭 인상되긴 했다. 하지만 그것은 모든 직원에게 일괄적으로 적용되는 형식적 수준에 불과할 뿐, 실질적 변화는 없는 것이나 마찬가지였다. 만약 내가 인사 고과를 통해 정상적으로 평가를 받아 왔다면, 내 연봉은 지금보다 훨씬 높았을 것이다.

실제로 우리나라 대부분 기업의 실질 연봉 인상 구조는 '인사 고과 평가'에 근거한다. 인사 고과가 좋으면 큰 폭의 연봉 인상과 더불어 승진으로도 이어지므로 그만큼 상승 폭이 커지는 것이다. 결국, 인사 고과는 연봉 수준뿐 아니라 조직 내 위상에도 직접적으로 영향을 미치는 핵심 요소다. 그래서 더 억울했다. 3년의 해고 기간 동안 나는 인사 고과 대상에서 완전히 제외되어 있었고, 그로 인해 연봉 인상은 물론 승진 기회에서도 철저히 배제되었다. 절로 한숨이 새었다. 대기업 인사 시스템 속에서의 평가 '공백'은 단순히 3년이라는 시간의 손실만을 의미하지 않는다. 그건 곧 경력 궤도에서의 후퇴, 인정받을 기회의 상실을 의미하는 것이었다.

책임과 상식

분노와 허탈이 동시에 밀려들었다. 이제 무엇을 어떻게 해야 할까? 이 불공정한 상황을 그냥 받아들여야 하는 걸까? 아니면 싸워야 하는 걸까? 이 순간에도 내 동기들은 성과를 인정받고 승진하며 앞서 나아가고 있을 것이다. 나는 이미 3년이라는 시간을 잃었고, 이제 다시 그 격차를 좁혀야 한다. 하지만 회사는 과연 이 문제를 인정하고 수정해 줄까? 그럴 리 없을 것이다. 내게 닥친 이 억울한 현실은 이미 충분히 날 짓누르고, 난 그 무게를 견뎌야만 했다.

그날 밤, 오랜 친구이자 후배인 김 세무사를 만났다. 그는 대학 시절 영국 런던대학교에서 유학한 경험이 있어 유럽 문화에 대한 이해도가 높았다. 오랜만에 만난 우리는 술잔을 기울이며 자연스럽게 유럽의 문화, 노동 문제, 사회적 이슈, 그리고 최근의 물가 상승 등에 대해 이야기를 나누었다. 대화 중 문득 내 머릿속을 스치는 생각이 있었다. 술잔을 내려놓고 김 세무사를 바라보며 입을 열었다.

"김 세무사. 해고된 것도 억울해 죽겠는데, 3년 동안 인사 고과가 없어…. 이게 말이 돼!

회사가 잘못 해고한 거잖아. 법원에서도 이미 인정했어. 그렇다면 내가 3년 동안 일을 못 하게 된 것도 회사 책임이어야 하잖아? 그런데 아무리 내가 일을 안 했다 해도, 기본적으로 직원들이 가장 많이 받는 평균 고과인 G 등급 정도는 주어야 맞는 거 아니냐고!"

한 번 터진 울분은 주체할 수 없이 고조되어 이야기를 멈출 수 없었다.

"내 얘기 잘 들어 봐. 육아 휴직이나 리프레쉬 휴직 같은 경우에 1년을 쉬어도 인사 규정상 평균 고과 G 등급은 받게 되어 있다고. 그런데 나는 내 의지로 쉰 게 아니잖아? 회사의 잘못된 조치로 부당해고된 거고, 그 때문에 내가 일을 못 한 거라고! 그렇다면 마땅히 평균 G 등급은 주어야 맞는 거 아니냐고!"

술잔을 내려놓고 깊은 생각에 빠져 있던 김 세무사가 입을 열었다.

"형, 논리적으로 맞는 말이긴 한데, 이거 법적으로도 가능할까? 형 말대로 회사에서 그냥 고쳐 줄 것 같지는 않은데."

"그러니까 답답하지. 부당해고도 억울한데, 그 기간 동안 평가가 없어서 연봉이 동결된다는 게 말이 되냐고. 승진도 그렇고, 회사 잘못으로 내가 일을 못 했는데, 그걸 왜 내가 감수해야 하냐고? 3년 동안 회사는 아무 책임도 안 지고, 난 피해만 입었어. 나 같은 사람이 한둘이 아닐 거야. 이런 게 다 관행처럼 굳어져 버리니 사람들이 회사로부터 부당한 대우를 받아도 그냥 참고 넘어가는 거라고!"

"형, 그럼 이렇게 해 보면 어떨까? 법적으로 따져 회사가 부당한 조치를 한 게 맞다면, 그걸 근거로 추가 보상을 요구해 보는 거야. 단순히 연봉 동결 문제를 떠나 회사가 책임져야 할 부분이 더 있을 수도 있잖아."

그의 말에 고개가 끄덕여졌다.

"그래. 나도 그냥 당하고 있을 생각은 없어. 이번에는 진짜 제대로 한번 따져 봐야겠어."

그날 밤, 우리는 평소의 주량을 훨씬 뛰어넘는 양의 술을 마셨다. 분노와 억울함이 섞인 술잔은 쉽게 내려놓을 수 없었고, 내 마음속 깊은 곳에서는 뭔지 모를 뜨거운 기운이 오르고 있었다. 더 이상 당하고만 있지는 않겠다.

불편한 논리

다음 날, 출근하자마자 나는 인사팀의 메일을 두드렸다. 억울함과 답답함이 뒤섞인 감정 탓에 키보드를 두드리는 손에 힘이 들어갔다. 인사팀에 발송한 메일 내용은 다음과 같다.

[제목] 해고 기간의 인사 평가에 대한 문의 및 회신 요청
오희표입니다.
다름이 아니오라 해고 기간 3년간의 인사 평가가 현재 없습니다. 아래 내용으로 의견을 보내드리오니 검토 후 회신 부탁드립니다.

- 부당해고 3년간 인사 고과 평가가 없음(N/A)
- 인사 규정상 리프레쉬 휴직, 육아 휴직인 경우 평균 등급 G 부여
- 해고 기간의 인사 평가는 부당해고로 인한 것으로 평균 등급 G 부여가 보

편타당함
-과거 인사 평가를 고려하더라도 평균 등급 G 이상을 받아 왔음

위 의견에 대해 법리적인 부분도 함께 검토하여 회신 부탁드립니다.

메일을 보내고 답변을 기다렸다. 하루, 이틀, 사흘…, 시간이 흐를수록 초조함이 커졌다. 인사팀에서 무시하는 것일까? 아니면 내부 논의 중일까? 회신을 기다리는 시간이 마치 재판 결과를 기다리는 것처럼 길고도 지루했다. 그리고 마침내, 인사팀의 회신 메일이 도착했다. 마우스를 움직여 조심스럽게 메일을 클릭했다.

[제목] 회신) 해고 기간의 인사 평가에 대한 문의 및 회신 요청
해당 기간 동안 근무하지 않았기 때문에 평가가 없는 것이 정당합니다. 또한, 최하위 등급인 U를 부여하지 않았으므로 회사의 평가 방식은 정당합니다.

단 두 줄의 답변, 기계적으로 작성된 듯한 문장이었다. 단 한 마디의 배려도, 이해하려는 태도도 없었다. 문제 제기 자체가 불필요한 것이라는, 당연한 사실을 왜 묻느냐는 문제였다. 답답했다. 얼핏 그들의 말이 논리적으로 완전히 틀렸다고 볼 수도 없다. 그렇다고 내 주장이 명확히 틀린 것도 아니었다. 그 기간 나는 해고 상태였지만, 스스로 원한 것이 아니었다. 부당한 해고에 맞서 싸우는 동안, 나의 직장 생활은 중단되었고, 그로 인해 평가의 기회를 빼앗긴 것이 온전히 나의 잘못만은 아니잖은가. 그러나 회사는 단순히 "근무하지 않았으니 평가할 수 없다"는 논리만 강조했다.

다시 전장으로

고민에 빠졌다. 이대로 받아들여야 할까? 아니면 다시 한번 강하게 문제를 제기해야 할까? 회사의 무심한 태도는 철벽처럼 느껴졌지만, 그렇다고 내가 순순히 물러서야 할 일은 아니었다. 고민 끝에 나는 부당해고 소송에 가장 힘이 되어 주었던 강두용 노무사를 다시 찾았다. 전문가의 의견을 한번 더 듣고 싶었다. 내 이야기를 차분히 들은 강 노무사가 천천히 고개를 끄덕였다.

"과장님 논리도 일리가 있습니다. 하지만 인사 평가는 회사의 재량권이 워낙 크기에 법적으로 다투기 쉽지 않습니다. 대부분의 판결이 회사 측에 유리하게 나오죠. 다만, 해고 기간의 인사 고과 문제는 아직 법원에서 명확한 판례가 나온 바 없습니다. 충분히 해 볼 만한 사안이긴 한데, 판단이 어떻게 나올지는 해 봐야 알 것 같습니다. 그런데 복직한 지 얼마 안 됐는데, 또 소송까지 가도 괜찮으시겠어요? 회사에서 더욱 눈엣가시로 볼 가능성이 높아서요."

그의 말에 나는 깊은 고민에 빠졌다. 해고 이후 3년간 온 힘을 다해 버티고 싸워 겨우 돌아온 자리. 이제 다시 법정에서 싸워야 한다는 생각 자체만으로도 버거웠다. 또다시 긴 법정 공방과 회사의 압박을 견뎌 낼 수 있을까? 하지만 내가 옳다고 믿는 것을 포기하는 것은 나 자신을 배신하는 일이나 다름없었다. 그렇게 나는 주말 내내 고민에 고민을 거듭하며 결정을 내렸다.

월요일 아침, 강 노무사에게 전화를 걸었다.

"소송 진행합시다. 이건 부당합니다. 회사가 두려워 포기할 게 아니라, 내 주장이 틀리지 않았다는 걸 증명하고 싶습니다."

수화기 너머 조용한 침묵이 흘렀다. 잠시 뒤, 그가 낮은 목소리로 말했다.

"알겠습니다. 해 보시죠."

강 노무사의 결의를 들으면서, '나는 이미 한 번 이겼다. 해 볼 만하다. 부당함을 이렇게 순순히 받아들일 수는 없다. 이 문제를 묵과하고 넘어갈 수는 없다. 3년의 공백을 되찾기 위해, 내 경력을 지키기 위해, 그리고 내 권리를 되찾기 위해 반드시 행동해야 한다'고 마음을 다잡았다.

귀책 사유와 평가의 형평성

다시 지방노동위원회로, 그러나…

2016년 7월, 나는 다시 강 노무사와 함께 지방노동위원회 문을 두드렸다. 전쟁터로 향하는 병사의 심정이었다. 인사 고과의 부당성을 바로잡기 위한 진정을 제기하기 위함이었다. 단순히 내 명예나 일자리를 지키기 위한 행동만은 아니었다. 이 부당성을 외면하지 않는 일이, 결국 내 삶을 바로 세우는 길이라는 걸 나는 누구보다 잘 알고 있었다. 단지 생계의 문제가 아니었다. 이건 한 사람으로서의 존엄과 이름을 지키기 위한 선택이었다. 더는 외면할 수 없었다. 더는 침묵하지 않겠다는, 나 자신에 대한 선언이었다. '반드시 바로잡아야 한다!'

강 노무사와 다시 자료를 정비했다. 노무사 사무실 벽에 수십 개의 포스트잇이 빼곡히 붙었고, 노트북 화면에는 인사 고과 관련 법령, 판례, 자료들이 하나둘 정리되어 쌓이고 있었다.

"이번 건은 단순합니다. 쟁점도 명확하고요."

강 노무사의 말에 나도 자신 있게 고개를 끄덕였다. 이번 사안은 앞서의 해임 무효 확인 청구 소송과는 결이 달랐다. 감정보다 확고한 논리로 풀어야 할 문제였고, 그 논리를 우리는 완벽하게 준비하고 있었다. 인사팀에 문의한 내용을 토대로 지노위에 제출한 이유서는 흠잡을 데 없었다. 부당해고 기간의 귀책 사유는 회사에 있고, 이로 인한 '인사 평가 없음'은 형평성에 어긋나며, 따라서 금전적 손실은 물론 승진 등 경력 관리에도 부당한 결과를 미칠 수밖에 없다는 내용이었다. 우리는 부당하다고 판단되는 내용들을 조목조목 반박했고, 그 안에서 진실의 조각들을 끄집어내고자 했다.

지노위 심문 당일. 나는 단단한 심정으로 자리에 앉았다. 심문실 공기는 싸늘했지만, 마음은 오히려 평온했다. 부당해고 사안과는 달리 논리와 쟁점이 단순 명확했으므로 인사팀에 문의한 내용을 토대로 설득력 있게 준비한 이유서를 제출하고, 심문 과정에 임했다. 말 한마디, 표정 하나에도 긴장감이 흘렀다. 그런데, 심문장 문이 열리며 낯익은 얼굴이 나타났다. 심장이 덜컥 뛰었다. 그 노무사였다. 회사가 나를 해고할 당시, 회사 측 대리인으로 나왔던 바로 그 사람. 복직 투쟁 중에 나는 한 번도 그 얼굴을 잊은 적이 없었다. 내 인생을 송두리째 흔들어 놓았던 순간의 한복판에 있었던 인물. 이번에도 그가 회사의 입장을 대변하며, 담담한 얼굴로 자리에 앉았다.

이번에는 해고 기간의 인사 고과 문제로 다시 싸우는 것이다. 이번에는 다르다. 게다가 나는 이제 심문이 익숙했다. 강 노무사는 논리 정연하게 우리의 주장을 명확히 설명했다. 회사 측 노무사가 바로 반박했다.

"인사 평가는 회사 고유 권한이며, 해고 기간의 인사 평가를 최하위 고가로 부여하지도 않았으며, 실질적으로 근무하지 않았으므로 평가를 부여하지 않는 것은 정당한 행위라 할 것입니다."

심문은 간결하고 빠르게 진행되어 완료되었다. 그리고 얼마 뒤 2016년 8월 19일, 등기 우편으로 결과 통지서가 도착했다. 기대와 행여나 하는 의심으로 봉투를 열었다.

경기 2016부해778. 주식회사 케이티 부당 인사 평가 경기지방노동위원회 판정서
주문: 이 사건 근로자의 구제 신청을 각하한다.

눈을 의심했다. 각하의 요지는 다음과 같았다.

인사 평가로 인한 불이익이 본 구제 명령 대상인지의 여부.
대법원은 근로기준법이 제정될 당시부터 정당한 이유 없는 해고, 휴직, 정직, 감봉, 그 밖의 징벌을 노동위원회에 대한 구제 신청 대상으로 규정하고 있다. 인사 평가는 회사의 고유 권한이고, 광범위한 재량이 인정된다는 점. 따라서 인사 평가에 대한 것은 노동위원회의 구제 대상이라고 볼 수 없다.

우리가 쌓아 온 노력, 증거와 절박함을 쓰레기통에 쑤셔 넣은 판정서였다. 좌절. 분노. 허탈감이 몰려왔다. 정의는 어디 있는가? 공정한 평가를 요구한 내가 왜 고개 숙여야 한단 말인가? '회사의 고유 권한'이라는 방패 하나로, 모든 부당함이 합리화되어야 하는가? '이건 불합리한 게 맞아. 이건 아니야.' '나의 투쟁이, 언젠가 누군가의 방패

가 될 수도 있다!' 강 노무사와 나는 곧바로 재심을 결정했다. 지노위의 기각 결정은 도저히 받아들일 수 없는 문제였다. 포기란 없다. 다음 목표는 중앙노동위원회다.

중앙노동위원회에서도

아침 7시, 나는 피곤한 눈을 비비며 운전대를 잡았다. 강 노무사는 내 차 옆자리에서 마지막 자료를 검토하고 있었다. '이번에도 같은 결과가 나올까?' 불길한 예감이 자꾸만 머릿속을 파고들었다.

세종시 중앙노동위원회, 지정된 건물에 들어선 우리는 보안 검색, 번호표와 이름을 확인하고 대기하다 심문에 나섰다. 이번이 정말 마지막 기회일 수도 있다는 절박감 속에 심문은 빠르게 진행됐다. 강 노무사는 침착했고, 우리는 흐름에 맞춰 증거 자료를 내밀었다. 강 노무사는 지방노동위원회의 판정서에 대한 반박 주장을 차분하게 펼쳤다.

"위원장님 지방노동위원회에서는 정당한 이유 없는 '해고, 휴직, 정직, 감봉, 그밖의 징벌'에 대해 노동위원회의 구제 신청 대상이 아니라 판정했습니다. 그러나 저희 근로자는 부당해고가 회사의 귀책 사유로 인한 것이며, 이에 따라 해직 기간 3년간의 인사 평가로 합리적 기준인 평균 고과 등급 G를 주장하는 것입니다. 3년간의 '평가 없음' 결과로 인한 금전적 피해 및 승진과 경력 관리에서의 피해가 발생했습니다. 그렇다면 이 평가 자체가 '그밖의 징벌'에 해당하는 것이 아니라면 무엇이겠습니까?"

회사 측 노무사가 판정서를 인용해 바로 반박에 나섰다.

"회사는 근로자에 대해 징계성 인사 평가를 반영하지 않음을 명확히 말씀드리는 바입니다."

심문이 마무리되고 며칠 후, 중앙노동위원회 판정서가 도착했다.

주문: 이 사건 근로자의 재심 신청을 각하한다.

판정서 내용이 지방노동위원회의 그것과 하나도 다른 게 없었다. '복사-붙여넣기'한 듯 전혀 다를 바 없는 무미건조한 판박이 문장. 실망감에 마음은 허무하게 무너져 내렸다. 공정한 평가를 바라는 요구가 이토록 받아들이기 힘든 일인가? 왜 노동자의 권리는 늘 이렇게 쉽게 짓밟히는가? 나는 천천히 고개를 들어 강 노무사를 바라보았다. 그 역시 감정을 숨기지 못한 채, 답답한 눈빛으로 하염없이 서류를 내려다보고 있었다. 그의 표정에도 분노가 스쳤다.

"왜 계속 이런 판결이 나오는 걸까요? 얼마나 노력했는데…, 왜 매번 이렇게 무너져야 하죠?"

"노동위원회는…, 애초에 그런 구조입니다. 판정서에서 보듯 징계에 대한 구제 신청만을 다루는 노동위원회가 인사 평가에 관한 문제를 징계로 해석하지 않은 겁니다. 인사 평가의 문제는 절차적 정당성을 따지는 경향이 강해요. 서류상으로 '절차에 문제 없었다'고 판단되면, 그걸로 끝이죠. 실제 그 결과가 얼마나 부당했는지는…, 잘 들여다보지 않아요."

오랜 경험과 그에 따른, 단련된 냉철함이 담겨 있었다.

"그럼 지금 우리가 다투고 있는 문제는…, 불합리한데 어떻게 생각을 해야 되는 건가요?"

"결국, 이 문제의 본질은 '결과의 부당함'에 있는 겁니다. 단순한 절차 위반의 문제가 아니에요. 실제로 해고 기간의 인사 평가 결과가 불합리했고, 그로 인해 임금과 승진, 경력 관리에 큰 피해를 입은 거잖아요. 그러므로 이제 방향을 바꿔야 합니다. 노동위원회가 아니라, 손해 배상 중심의 민사 소송으로 가야 합니다. 임금 손해, 경력 훼손, 정신적 피해를 전부 포함해서요."

강 노무사의 눈빛이 달라져 있었다. 답답해하던 표정 대신, 단호한 결기가 자리를 차지하고 있었다.

"우린 한 번 멈췄을 뿐, 아직 끝난 게 아닙니다. 이제 전략을 바꿔야 해요. 그리고 이번엔, 이전 판례가 없기 때문에 판이 다릅니다."

지금까지의 과정은, 어쩌면 진짜 시작을 위한 준비였는지도 모른다. 강 노무사의 말은 단순한 조언이 아니었다. 노동위원회가 아닌, 민사 소송으로 방향을 틀어야 한다는 건, 그간 우리의 판단을 뒤흔드는 전환을 의미한다. 머릿속이 차근차근 정리되기 시작했다. 그래…, 나는 인사 고과의 부당함 탓에 불이익을 받았다. 임금, 평가, 승진 등 실질적 피해가 발생했다. 그렇다면, 이건 단순 징계의 문제가 아니라 금전적 손실과 인격적 침해를 동반한 민사적 손해였다. 손해 배상 청구 소송이 더 논리적이다.

노동자의 벗, 강두용 노무사

해고 무효 소송이 떠올랐다. 그때도 상황은 비슷했다. 지노위와 중노위에서 연달아 패배했다. 그들은 한 번도 내 편을 들어 준 적이 없었다. 하지만 민사 소송으로 전환하여 결국 법원에서 승리를 이끌어 냈다. 진실은 포기하지 않고 끝까지 밀어붙여 승리하는 자가 취하는 열매이다. 이번 역시 다르지 않다. 지노위, 중노위 판단에 무너질 필요는 없다. 중요한 것은 '포기하지 않고 어떻게 싸울 것인가'였다. 나는 자리에서 천천히 일어나 강 노무사를 응시했다. 강 노무사는 여전히 침착한 표정으로 서류를 훑고 있었다. 그의 눈빛이 중노위 판정서를 처음 읽을 때와 달라져 있었다. 분석이 아닌, 행동으로 옮길 준비가 끝났다는 결의의 눈빛이었다

"이번에도 다시 민사로 도전해 보시죠."

그의 말에 망설임이 없었다. 지노위와 중노위가 놓친 것, 무시해 버린 그 '실질적 피해'를 법정에서 정면으로 다시 꺼내자는 뜻이었다.

"네 노무사님, 그렇게 하겠습니다. 이번에도 물러서지 않겠습니다. 이번에도 끝까지 해 보겠습니다. 노무사님께서 헌신적으로 도와주셔서 진심으로 감사드립니다. 제 마음속에 노무사님은 평생 잊지 못할 분으로 남을 겁니다. 감사합니다."

"별말씀을요. 정말 잘 되셨으면 좋겠습니다."

이렇게 강두용 노무사는, 단순히 '공인노무사'라는 직함을 넘는, 진심으로 노동자를 위하고, 억울한 이들의 편에서 끝까지 싸워 주는 진정한 노동자의 지원군이자 벗이었다. 강 노무사를 만났다는 사실만으로도 나에겐 행운이었으며, 그는 내게 진정한 용기와 힘을 주었다. 나에게는 어두운 터널 속 한 줄기 빛과 같았다. 진심을 다해 고마움을 전하면서 평생 잊지 못할 은인으로 마음속에 새겼다.

민사 법정에서 인사 평가의 정의를 묻다

해 볼 만한 싸움

다시 법정에 설 준비를 시작했다. 이번에는 개인으로서의 나의 억울함을 풀기 위한 의도도 당연히 있었지만, 부당한 인사 평가로 고통받았거나 받을 수 있는 많은 노동자들의 목소리를 대변한다는 의미도 있었다. 억울함을 입증하고, 정의를 바로 세우는 과정, 그 여정을 통해 비슷한 처지에 놓인 사람들에게 작게나마 희망의 불씨를 건넬 수 있다면, 얼마나 의미 있는 일인가?

다시, 박국병 변호사 사무실로 발걸음을 옮겼다. 익숙한 공간, 허선 실장이 온화하고 환한 미소로 나를 반겼다.

"어, 오랜만이네. 회사는 잘 다니고 있는 거야?"

"네, 잘 지내고는 있는데 또 문제가 있어 찾아왔습니다."

"무슨 문제인데 다시 찾았어? 변호사 사무실에 들락날락하는 건 좋은 일이 아닌데…."

"부당해고 기간의 인사 고과에 대해 손해 배상을 청구하려 합니다."

허선 실장과 박국병 변호사에게 그동안 지노위, 중노위에서 있었던 일과 핵심 논점에 대해 전부 설명하고, 지노위와 중노위의 기각 판정서를 건넸다.

"실은 내가 현재 노동위원회 위원이야. 희표 씨한테는 내가 말을 안 했구나. 하긴 말할 짬이 없었네. 그래 어디 한 번 판정서 내용을 보자고."

박국병 변호사와 함께 판정서를 신중하게 읽은 허선 실장이 먼저 말을 꺼냈다.

"이거 다뤄 볼 만한 문제네. 지노위, 중노위에서 다툴 문제가 아니라 민사로 다뤄야 더 유리한 쟁점이 맞아. 사실 노동위원회에서는 이 판정서처럼 결정을 내릴 수밖에 없었을 거야. 징계에 대한 구제만을 판단하기 때문에 인사 평가를 징계라고 보긴 힘들 수 있거든."

박국병 변호사가 덧붙였다.

"인사 평가에 대해 높은 평가가 아니라 평균 고과를 요구하는 것이고, 부당해고 기간에 인사 평가가 없는 것 자체가 회사의 귀책 사유이니, 손해 배상 청구로 다퉈 볼 만하고 승산이 있을 듯합니다."

힘이 났다. 이길 수도 있다는 얘기다. 강 노무사의 말처럼 해 볼 만한 싸움인 것이다.

"네, 변호사님. 그럼 바로 진행 부탁드립니다. 지노위, 중노위 심의 때 작성했던 자료를 정리해 바로 보내드리겠습니다."

바로 잡은 정의

민사 소송은 진행이 생각보다 많이 더디다. 그동안의 경험으로 충분히 예상한 바였다. 소송 준비는 지노위, 중노위때와 달라야 했다. 논리를 더해 손해가 발생했다는 사실을 자료로 입증해야 했다. 회사 측이 내게 내린 인사 고과의 부당함을 주장하고, 그 고과 때문에 임금이 얼마나 줄었는지, 수당은 얼마가 빠졌는지, 매월 계산해 그 차이를 증명하는 등 자료를 쌓아야 했다. 실제 '손해'를 입었다는 구체적 사실을 법정에 증명해야 했다. 박국병 변호사가 말했다.

"노동위원회에서 이미 다뤘던 내용들이지만, 민사는 훨씬 더 꼼꼼하고 구체적인 걸 요구합니다."

2017년 3월 24일, 박국병 변호사와 상의하며 소장을 접수한 후, 대응 준비 서면을 미리 준비했다. 회사는 사내 변호사를 내세웠다. 로펌이 아니라 사내 변호사를 내세운 걸로 보아 회사 입장에서 이 사건은 복직자의 단순한 '트집' 정도로 여기는 듯했다. 하지만 그건 회사의 착각이었다. 나는 이미 두 번의 민사 소송을 겪으며 법정에서 싸우는 법을 체득한 상태였다. 각자의 주장을 단순하게 주고받는 수준이 아니었다. 증거 자료와 치밀한 논리로 승부를 겨루는 본격 법적 공방이었다. 기각을 당해서도 안 되고, 어떠한 왜곡도 있어서는 안 된다. 완벽히 증명하고, 완벽히 이기고 싶었다.

우리는 소장을 포함해 3번의 준비 서면을 제출했고, 회사 측 역시 반박 준비 서면을 3번 제출했다. 우리의 준비 서면은 지노위와 중노위에서 주장한 논리와, 그로 인한 손해 배상 청구이므로 3년간의 평균 고과(G)를 상정하고 연도별 임금 인상분을 가산하여 손해액을 정리하여 소급 지급해 달라는 주장이었다. 회사 측의 반박 준비 서면 역시 지노위와 중노위에 제출한 내용과 크게 다르진 않았다. 그렇게 소장 접수 후 10개월의 시간이 흘렀다. 기다림은 길었고, 순간순간 불안한 마음도 없지 않았지만, 내 마음이 흐트러진 적은 한 순간 없었다.

2018년 1월 16일, 드디어 판결일. 법정 안의 공기가 유난히 무거웠다. 재판부의 입이 열렸고, 판결이 낭독되었다.

판결

사건 2017가소315086, 임금 지급 소송. 원고 오희표, 피고 주식회사 케이티.
주문: 피고는 원고에게 (금액)○○○○○에 대하여 … 연 15%의 각 비율로 계산한 돈을 지급하라.

승리했다. 이 승리는 단순히 나만을 위한 승리가 아니었다. 나와 같이 부당한 해고와 부당한 인사 고과로 고통받거나 그런 상황에 놓일 수도 있는 많은 노동자들에게 새로운 희망의 불씨가 될 승리였다. 나의 전쟁에서 또 한 번의 승리를 쟁취한 순간이었다.

회사의 항소

승소가 결정되었다. 사내 변호사는 나와 마찬가지로 재직 중인 직원으로 특별히 부담을 가질 이유가 없었다. 그에게 묻고 싶은 말, 듣고 싶은 말이 있어 망설일 이유 없이 사내 변호사에게 전화를 걸었다. 통화음이 끝나는가 싶더니 익숙한 목소리가 수화기 너머로 들려왔다.
"네, 말씀하십시오."
나는 단도직입적으로 물었다.
"변호사님, 오희표 과장입니다. 이번 판결에 대해 말씀드리려고 전화했습니다. 이제…, 끝난 거지요?"
이번 판결이 얼마나 명확하고 간결하게 내려졌는지. 그런데, 내 기대와 달리 변호사의 대답이 너무도 간단하게, 그리고 차갑게 돌아왔다.
"아직 끝나지 않았습니다. 내부 회의를 거쳐 항소 여부를 결정할 예정입니다.."
그의 말이 내 마음에 답답하게 꽂혔다. '뭐라고? 항소한다고?' 머릿속이 복잡하게 돌아가기 시작했다. 진 변호사와의 전화를 끊고 나는 곧바로 책상 위에 놓인 1심 판결문을 다시 펼쳤다.
피고의 부당해고로 인하여 원고가 해고 기간 3년 동안 임금 인상 기회를 갖지 못한 이상, 피고는 원고에게 적어도 중간 등급인 G 등급으로 평가된 2.4%의 임금 인상분을 지급할 의무가 있다.

단순한 쟁점이라 판결문 내용 역시 간결하고 명백했다. 모든 증거, 법리와 흐름이 우리에게 유리하게 정리되어 있었다. 흠잡을 데 없는 판결. 이 이상 뭘 더 다툰다는 거지? 박국병 변호사 역시 나와 같은 생각이었다.

"이 판결에 항소한다고요? 도저히 이해가 안 됩니다. 그냥 시간 끌기일 가능성이 큽니다."

박 변호사가 고개를 내저으며 어이없어 했다. 비록 패소는 했지만, 인정하지 못하겠다는 말인가? 회사는 승소 논리를 뒤집을 수 있을 거라고 믿는 건가? 아니면, 소송을 질질 끌어 나를 지치게 만들려는 전략일까? 나는 끝난 줄 알았지만 회사는 그대로 끝낼 수 없다고 했다. 회사는 '항소'라는 이름으로 다시 전장을 준비하려 했다. 나로선 도무지 이해할 수 없는 결정이었다.

언론 취재

답답한 나날을 보내던 어느 날, 낯선 번호의 전화가 걸려 왔다.
"안녕하세요, 경향신문 경태영 기자입니다."
기자라는 한마디가 나를 긴장시켰다. '왜 기자가 나한테 전화를…?'
"혹시 이번 해고 기간의 인사 평가 1심 승소에 대해 인터뷰가 가능할까요?"
"그런데…, 제 연락처는 어떻게 알고…?"
"아… 네, 박국병 변호사 사무실 허선 실장과 통화했습니다. 해고 기간의 인사 평가에 대한 소송은 처음이었고, 이런 승소 판결도 처음이라는 이야기를 듣고 취재하고 싶었습니다."

"네, 그러시군요. 가능하다마다요. 오히려 제가 꼭 전하고 싶은 이야기입니다."

기자의 말에 진심이 느껴졌다. 단순한 이슈 소비가 아니라, 무언가를 바로잡고 싶다는 소명 의식이 느껴졌다. 나는 그동안 너무 많은 갈등을 겪었고, 그만큼 많은 외면에 맞닥뜨렸었다. 그동안의 나의 투쟁과 삶, 그리고 나의 승리가 누군가의 관심에 닿고 있다는 사실이 믿기지 않았다.

며칠 뒤, 경기도청 로비에서 경향신문 경 기자와 만났다. 노트북과 녹음기를 꺼내는 그의 손에서 수많은 사람들의 사연을 기록해 온 묵직함이 느껴졌다.

"먼저, 해고 경위부터 들어 볼 수 있을까요?"

기자가 눈을 맞추며 물었다. 나는 내 해고의 부당함을 처음부터 풀어놓기 시작했다. 회사가 어떻게 나를 부당해고했고, 그 결정이 얼마나 비합리적이었는지, 해고 무효 소송에서 어떻게 승리를 이끌어 냈으며, 그 후 다시 맞닥뜨린 인사 고과 손해 배상 청구까지 긴 이야기를 한 호흡에 풀어 냈다. 그렇게 이야기를 풀어 내는 동안, 지난 수년의 기억이 주마등처럼 스쳐갔다.

"결국 그렇게 승리하셨군요. 많이 힘드셨겠네요, 정말 고생 많으셨습니다. 그리고 인터뷰는 이 정도면 충분하고요, 기존 해임무효소송 판결문과 현재 인사 고과에 대한 판결문도 메일로 부탁드릴게요."

"네 알겠습니다. 바로 보내드리겠습니다. 저와 같은 사람들이 이번 저의 판결 내용과 기사를 통해 도움이 되었으면 좋겠습니다. 저와 같은 일을 겪지 않도록 말이죠."

이렇게 인터뷰는 끝났고, 며칠 뒤, 그날 나눈 이야기들이 정말 기사화됐다. 인터넷 화면 속 제목을 바라보며 읽기 시작했다.

[경향신문 2018.01.22. 경태영 기자]

"해고 기간 인사평가 차등 임금인상분도 지급해라" 판결
부당해고 기간 중 기본 임금은 물론 인사 평가에 의한 차등 임금 인상분도 지급해야 한다는 판결이 나왔다. 수원지법 민사 53단독 이성복 판사는 오희표 씨(43, KT 경기남부유선운용센터)가 주식회사 KT를 상대로 낸 임금 소송에서 KT는 오씨에게 406만 5,919원을 지급하라고 원고 일부 승소 판결했다고 21일 밝혔다. 이 판사는 판결문에서 "피고의 부당해고로 인해 원고가 해고 기간 3년 동안 임금 인상 기회를 갖지 못한 이상, 피고는 원고에게 적어도 중간 등급인 G등급으로 평가된 연 2.4%의 임금 인상분을 지급할 의무가 있다"고 판시했다. 오씨는 2013년 2월 KT에서 해고됐다가 해임 청구 무효 확인 소송을 거쳐 2016년 2월 복직하면서 해고 기간 기본 임금을 받았다. 그러나 오씨는 해고 기간 KT가 매년 직원들을 대상으로 실시한 인사 평가에 의한 등급 임금 인상분을 받지 못했다며 지난해 3월 소송을 냈다. KT는 오씨가 3년 동안 근로를 제공하지 않아 인사 평가 등급이 없으며, 오씨에게 중간 등급을 줄 경우 중간 이하 등급을 받은 다른 직원들이 피해를 볼 수 있다며 맞섰다. 오씨의 소송 대리인 박국병 변호사는 "재판부는 회사 측의 사유로 근로자가 해고됐고, 해고 기간 기본 임금 외에 1년 단위의 근무 성적 평가로 인한 차등 임금 인상분도 지급하라는 판결"이라며 "그동안 복직자의 해고 기간 임금 소송은 많았지만, 해고 기간 인사 평가에 의한 차등 임금 인상분 소송은 이례적이다"고 말했다.

군더더기 없는 명확한 기사였다. 이 인터뷰 후, 내 이름을 네이버에 검색하면 기사들이 쏟아졌다. 사회적 이슈가 될 만한 판결이었기 때문이다. 주변 동료들이 내 이야기를 알게 되었고, 가족들과 지인들도 마침내 내가 겪은 억울함을 비로소 이해하기 시작했다. 마치 정의가 실현되는 순간 같았다. 이제, 나의 이야기는 더 이상 나의 혼잣말이 아니었다. 세상에 전해진 목소리가 되었고, 침묵했던 이들의 입이 되어 주고 있었다.

공룡의 잔인한 반격, 로펌 '우면'

1심 승소의 기쁨은 말로 이루 다 표현할 수 없었다. 길고 긴 어둠에서 빛을 본 기분이었다. 외롭게 싸워 온 지난 시간들을 한꺼번에 보상받는 듯했다. 항소 기간은 판결 선고일로부터 2주 이내인 1월 30일까지이다. 오늘은 1월 29일, 하루만 더 지나면 끝이다. 그런데 이게 왠일인가? 회사는 마감 하루를 남겨 놓고 항소를 접수했다. 끝나기를 고대했고, 그렇게 끝나는 줄 알았는데, 아니었다. '아, 끝까지 가겠단 말이구나. 가만히 놔 두질 않는구나. 대단하다. 대단해.' 그동안은 사내 변호사를 내세워 대응했던 그들이었다. 1심에서는 '별것 아닌 사건'이라는 태도로 일관했지만, 이번에는 전혀 다른 양상으로 전개되었다. 이번 항소심을 위해 회사는 국내 실력 있는 로펌 중 하나인 '우면'을 선임했다. 소송 위임장을 받은 박국병 변호사가 잠시 침묵했다. '우면'이라는 이름 하나만으로도, 이번 분쟁이 더 이상 작은 전투가 안 될 거라는 사실임은 분명해졌다. "이제 제대로 붙어 보겠다는 거군."

상황의 무게가 달라졌다. 상대가 강할수록 맞대응은 더욱 치열해질 수밖에 없었다. 항소심이 본격적으로 시작되었다. 회사 측은 항소이유서와 추가 준비 서면을 제출하고, 우리 또한 반박 준비 서면을 제출하여 최종 변론 기일이 잡혔다.

변론 기일, 법정의 공기는 1심 때와는 확연히 달랐다. 상대는 이제 더 이상 사내 변호사가 아니었다. 국내 최상위 로펌, 우면의 법률 전문가들이 진지한 표정으로 관련 서류를 넘기고 있었다. 내가 느꼈던 압박감은 단순한 감정이 아니었다. 싸움의 무게가 달라졌다. 회사 측은 이전에 없던 새로운 논리를 들고 나왔다. 그들이 갑작스럽게 사내 인사 규정 시행세칙 제28조(평가의 예외)를 꺼내 든 것이다.

시행 세칙 제28조(평가의 예외). 평가 기준일로부터 3개월 미만의 재적 전출을 제외한 휴직이거나 수습 중이었던 직원에 대해서는 평가를 실시하지 아니하고, 평가 등급을 평가 제외로 표시한다. 다만 법정 휴직인 육아 휴직, 재충전을 위한 리프레쉬 휴직에 대한 처우는 평균 등급인 G 등급으로 한다.

위 세칙을 인용하여 인사 평가 연도에 3개월 이상 근무하지 않은 직원은 평가를 실시하지 않으며 단, 육아 휴직자와 리프레쉬 휴직자에 대해서는 예외적으로 중간 등급인 G 등급을 부여한다. 따라서 원고의 '평가 제외'는 객관적이고 합리적 처우에 해당한다고 주장했다. 재판정에 울려 퍼지는 그들의 주장을 들으며 나는 '아…, 이걸 들고 나올 줄이야' 생각하며 숨을 들이켰다. 사측 변호사가 조용하면서도 단호한 어조로 주장을 매듭지었다.

"원고는 평가 연도에 3개월 이상 실근무를 하지 않았기 때문에 평가 대상자가 될 수 없습니다. 회사의 규정은 명확하며, 이 조항은 모든 직원에게 동일하게 적용됩니다."

그들의 논리가 표면적으로는 깔끔했고, 매끄러웠다. 딱 봐도 재판부가 받아들이기 쉬운 형태였다. 하지만, 나는 그 자리에 서서 강하게 나의 주장을 밀어 붙였다.

"제가 당해 3개월 이상 근무하지 못한 건 제 의지가 아니었습니다. 회사가 저를 부당하게 해고했기 때문입니다. 제 잘못도, 사유도 아닌 상황에서 3개월 미만 조항을 근거로 평가 예외 대상이 되었다면 그 사유는 전적으로 회사가 감당해야 할 몫이 아닙니까?"

이어서 박국병 변호사가 맥을 짚어 추가의 주장을 펼쳤다.

"피고가 주장하는 시행 세칙 제28조(평가의 예외)에서는 3개월 미만의 휴직이거나, 수습 중인 직원에 대해서만 평가 제외로 되어 있고, 원고와 같이 부당해고 기간에 대한 언급은 없습니다. 또한 사용자의 귀책 사유가 아니라 근로자 개인 사정으로 육아 휴직, 리프레쉬 휴직자에게도 평균 등급 G를 부여하도록 하고 있음에 비추어 볼 때, 사용자의 귀책 사유로 근로 제공을 하지 못한 원고에 대해 평균 등급을 부여하는 것이 부당하다고 볼 수는 없습니다."

법정 안이 조용했다. 역시 박국병 변호사였다. 맥을 정확히 파악해 그에 대한 논리와 주장을 명확히 펼쳤다. 흠 잡을 데 없는 만족스러운 주장이었다.

허약한 정의

최종 판결은 한 달 뒤인 2018년 9월 20일. 2심은 총 8개월이 걸렸다. 나는 그날도 재판정으로 향했다. 우리의 주장이 합리적이며, 명확하기 때문에 큰 무리 없이 승소를 예감하고 있었다. 법정 문이 열리고 재판부가 자리에 앉았다. 마지막 순간이다. 나도 모르게 맞잡은 손에 힘이 들어갔다. 판결이 낭독됐다.

"원심 판결을 취소한다. 원고의 청구를 기각한다!"

재판장의 한마디에 시간이 멈추었다. 이어서 선고하는 판결이 귀에 제대로 들어오지 않았다. 마치 멀리서 들려오는 메아리처럼 느껴졌다. '이럴 수가…, 말도 안 돼. 우리가 졌다고?'

그렇게 요구했던 우리의 주장이 오로지 하나의 내규에 가려 무시당한 것이었다. '부당해고로 근무를 못 했는데, 그렇게 만든 장본인이 누군데? 그 억울하고 부당한 해고 때문에 회사에 발조차 못 들였던 사람에게 근무하지 않았으니 평가 대상이 아니었다고 규정할 수 있는 건가? 이렇게 다시 버려지는 건가? 이 판결이 과연 공정하다고 말할 수 있다는 말인가?' 억울함이, 분노가, 상실감이 뼛속까지 파고들었다. "말이 안 된다. 어떻게 이럴 수 있지?" 나도 모르게 혼잣말이 흘렀다. 목소리는 갈라지고, 혀는 굳었다. 박국병 변호사도 한참을 말을 잇지 못했다. 그가 고개를 절레절레 흔들며 입을 열었다.

"정말 납득하기 어렵네요. 이건 뭔가 이상합니다. 어떻게 이런 판결이 나올 수가…."

그의 말은 위로이자 공감이었지만, 그 속에는 숨기지 못한 분노가 섞여 있었다. 그의 눈빛에 나와 같은 절망과 의문이 또한 담겨 있었다. 도대체 어떻게 이런 결과가 나올 수 있단 말인가. '우리가 뭔가 착각하고 있었던 지점이 있던 걸까?' 생각이 꼬리를 물었다. 하지만 아무리 생각해도, 인정할 수 없었다. 난 정의를 믿었다. 그런데 왜, 왜

이 지독한 결과가 나에게 돌아오는가.

그날 밤, 나는 나의 친구이자 후배 김 세무사를 불러냈다. 아무 말도 하지 않고, 근처 편의점에서 맥주와 소주 몇 병을 샀다. 바람을 맞으며 술을 들이켰다. 김 세무사가 자기 일처럼 분노했다.

"형, 진짜 이게 가능해? 이게 말이 돼? 이건…, 냄새가 너무 나. 1심에서 형이 이기니, 회사는 2심에 돌입하자마자 법률 대리를 우면으로 바꿨어. 그게 뭘 의미하겠어, 형?"

나는 머리를 감싸 쥐었다.

"설마 했는데, 진짜 커넥션일까?"

"그게 아니고서야 이 판결이 설명이 안 되잖아, 형. 이건 거의 영화야. 드라마에서나 나올 법한 일이지, 현실에서 어떻게 이런 일이…."

김 세무사의 말을 듣는데, 왈칵 눈물이 쏟아졌다. 고개를 숙였다. 참으려 했지만 이미 늦었다. 터진 눈물이 멎지 않았다. 이 싸움은 단순히 회사와의 다툼이 아니었다. 이건 시스템과의 정면 충돌이었다. 대기업의 돈과 권력 앞에서 정의가 얼마나 쉽게 짓밟히는지, 그날 나는 처절하게 경험했다. 내가 직접, 두 발로, 정면으로 맞서 붙든 정의는 생각보다 허약했고, 현실은 차갑고 냉정했다. 그 잔혹한 현실이 지금 내게 펼쳐지고 있었다. 이게 정말 대한민국이 말하는 '정의'인가? 이게 여지껏 믿어 온 '법치주의'에 부합하는가? 다음 날, 박국병 변호사에게 전화를 걸었다

"변호사님, 상고… 바로 진행하시죠."

"네, 당연히 대법원까지 가야죠."

7장
고발과 감시의 나날

정의 바로 세우기와 보복

관행, 강요된 침묵의 나선

해고 기간의 부당한 인사 평가에 대한 소송을 제기하면서, 경기남부 선로팀에서의 생활은 험난했다. 이미 2심에서 패소한 상황이라 정신적으로도 피폐해 있었지만, 그보다 더 나를 괴롭힌 것은 회사 내에 뿌리 내린 온갖 부조리였다. 마치 회사는 '보복은 예술이다'를 좌우명으로 삼는 듯 나왔다. 처음에는 참고 넘기려 했다. 버티면 끝이 보이겠지 싶었다. 하지만 날마다 목격되는 비상식적인 상황은 그 끝을 알 수 없는 늪처럼 깊었다. 그중 가장 먼저 나를 멈춰 세운 건, '조기 출근'이라는 이름의 비공식 강제 노동이었다.

어느 날, 퇴근하려는데 엄 팀장이 다가왔다. 짧고 단호한 말이 내 귀를 긁었다.

"내일부터 8시 10분까지 출근하세요."

순간 멈칫했다. 잘못 들었나 싶었다.

"예? 출근 시간은 9시 아닌가요?"

내 질문은 진심이 담긴 의문이었지만, 엄 팀장은 마치 재미있는 농담이라도 들은 듯 피식 웃었다. 그리고 정색하면서 목소리를 깔더니 한마디로 자신의 말을 매듭지었다.

"우리 팀은 원래 그래요. 센터장님을 비롯해 다들 8시 10분에 나와 국민 체조하고 나서 업무를 시작합니다. 팀워크를 위해서입니다."

내 머릿속에 여러 생각이 스쳐 지나갔다. '국민 체조…, 팀워크…? 이게 회사 업무팀인가, 체육대회 준비반인가?' 하지만 나는 웃을 수 없었다. 엄 팀장이 말한 조치는 단순한 관행이 아니었다. 눈에 보이지 않는 압박과 집단 동조의 분위기가 조직을 지배하고 있었다. 공식적으로 회사의 출근 시간은 오전 9시, 퇴근은 오후 6시였다. 그런데 이상하게도 이 팀은 아침 8시 10분이면 모두가 자리를 지킨다. 이른 시간에 출근한 이들은 기계처럼 자리에서 일어나 국민 체조를 했고, 체조가 끝나면 아무 일 없었다는 듯, 책상에 앉아 키보드를 두드리기 시작한다. 마치 누군가의 눈치를 보기라도 하는 양, 모두가 말없이 한 몸으로 움직였다. 누구 하나 "왜 이렇게 일찍 나와야 하죠?"라는 질문을 던지지 않았다. 아니, 묻지 못했다. 묻는 순간, '팀워크를 해치는 사람'이라는 딱지가 붙었고, 그건 곧 평가 하락과 조직의 외면을 의미했다. '보이지 않는 침묵의 합의'다. 거기에 편승하지 않으면 고립되는 분위기가 조직에 팽배했다. '과연 이게 자발적인 팀워크일까, 아니면 자발로 포장된 강제 노동일까?' 누군가는 말하겠지, "50분 일찍 오는 게 뭐 그리 대수냐"고. 하지만 그 50분이 모든 직원에게 매일 누적되면? 그 시간 동안 한 푼의 수당도 받지 못하고, '자율'이라는 명목하에 강요된다면, 그건 더 이상 관행이 아니라 묵인된 착취다. 나는 알고 있었다. 이 조직의 문제는 단순히 출근 시간에만 있는 게 아니었다. 그 배후에 보이지 않는 권력, 말 한마디로 운명을 좌우하는 평가 시스템, 그리고 순응하지 않으면 찍히는 공포가 있었다. 그리고 나는 이제 그 공포의 중심으로, 걸어 들어가고 있었다.

자율이라는 명목하에
강제 조기 출근 후 제조하는 모습

체조 후 강제로 9시 출근 전
사내 방송 시청하는 모습

핸드폰으로 찍은 시간이 상단에 명확히 찍혀 있다   핸드폰으로 찍은 시간이 상단에 명확히 찍혀 있다

억압된 분노, 체념의 카르텔

그러던 어느 날, 마침내 터질 게 터졌다. 늘 조용하던 사무실에, 날 선 목소리가 퍼졌다.

"아니, 이게 말이 돼!"

안 부장의 분노 어린 외침이 사무실 한복판을 가로질렀다. 월요일 오전, 모닝 커피 한 잔으로 정신을 붙들고 있을 무렵이었다. 안 부장이 서류철을 책상 위에 던지며 소리쳤다.

"휴일에 야간 근무를 했는데, 수당이 고작 10만 원이야! 기본적으로 휴일 야간 근무 수당만 해도 근로기준법상 두 배는 나와야 해! 이건 거의 절도야, 절도!"

모두의 시선이 안 부장에게 쏠렸다. 분위기는 삽시간에 얼어붙었지만, 그 침묵을 뚫고 또 다른 부장이 중얼거렸다.

"엄 팀장이 꼼수를 부린 거지…."

그는 팔짱을 낀 채, 창밖을 무심한 듯 바라보며 말을 이었다.

"야간 근무를 했으면 그에 맞는 보상이 따라야지. 그런데 이건 그냥 일반 근무로 처리를 해 버린 거야. 아무도 모르게."

나는 멍했다. '설마, 진짜 그런 일이 벌어진 거야?' 도저히 믿기지 않았다. 근로기준법에 위반되는 분명한 불법이다. 하지만 더 충격적인 건 그 다음 상황이었다. 사무실 곳곳에서 들려 오는 작고 낮은 한숨들. 모두가 이 사실을 '이미 알고' 있었다는 듯한 반응이었다. 순간, 내 머릿속을 스치는 의문이 하나 있었다. '다들 알고 있었던 거야? 그런데 왜 아무도 얘기하지 않았지?' 참지 못한 내가 입을 나섰다.

"이거 공식적으로 이야기해 반영시켜야죠. 이건 너무하잖아요. 안 되면 노동조합에 얘기해서라도 반영해야죠."

사무실 내 온도가 순식간에 뚝 떨어져 냉각되었다. 커피를 들던 손, 키보드를 두드리던 손, 심지어 눈빛까지 멈췄다. 마치 내가 도저히 꺼내서는 안 될 무시무시한 금언 규칙을 어기기라도 한 듯. 누군가의 목소리가 조심스레 들려왔다.

"쉽지 않아."

그 목소리는 낮았지만, 체념이 짙게 묻어 있었다.

"엄 팀장이 인사권을 쥐고 있어. 평가, 이동, 보직… 모두 그 사람 손에 달렸어. 괜히 나섰다 찍히면 끝이야. 게다가 노동조합 우리 지부 H 지부장은 엄 팀장한테 꼼짝 못해. 엄 팀장 바로 밑에서 일을 했잖아. 이런 상황에서 H 지부장은 누구보다 사측 입장을 대변할 텐데, 그에게 말하면 바로 회사에 들어가 찍히잖아. 다른 지부장들과 달라 조심해야 돼."

나는 해고 전 무선 안양 지부에서 조직부장을 맡아 조합 활동을 해 본 경험이 있다. 당시에는 사측과의 갈등이 있더라도 조합원들의 불만을 듣고, 팀장이나 센터장과 조율하며 문제를 풀어 가려 노력했었다. 대부분의 지부장들이 최소한 그런 역할은 지켜 왔다.

하지만 현재 H 지부장은 다르다. 그는 조합원 편보다 사측의 눈과 귀 역할을 할 정도라, 같은 팀원들도 불신을 갖고 있었다. 한 번은 팀원들이 OTDR 측정기가 부족해 추가 렌탈을 요청했으나 엄 팀장이 비용 절감을 이유로 거절했다. 나는 지부장에게 간담회에서 이 내용을 건의해 달라고 요청했고 지부장은 반영하겠다고 약속했다. 그런데 나중에 그는 오히려 "그런 얘기를 왜 나에게 하냐"는 식으로 말을 바꿨다. 팀원들이 그를 신뢰하지 못하는 것도 무리는 아니었다.

다른 목소리가 작게 이어졌다.

"작년에 장 과장, 알지? 엄 팀장한테 바른 소리 했다가 바로 다른 팀으로 발령났잖아. 지금 저기 보이는 장 과장 말이야. 원래 우리 팀이 아니라 운용팀으로 발령을 냈는데, 인력이 부족하니 다시 우리 선로팀에 파견 나와 있는 거야. 말도 안 되는 상황이지. 겉으로는 '순환 근무'라고 하지만 다들 알잖아? 무슨 뜻인지…."

"네, 뭐라구요? 저는 또 협력사에서 파견 나와 일하시는 분인 줄 알았어요."

할 말을 잃었다. 회사 측의 이런 불합리함을 알면서도 말도 못하고 이렇게 있을 수밖에 없단 말인가…. 법보다 '눈치'가 먼저였고, 정의의 외침보다 '침묵'이 일상이었다. 모두가 고개를 숙여 다시 키보드를 두드리기 시작했다. 불합리함은 일상이었고, 저항은 곧 낙인이었다. 그 누구도 입을 열어 말하지 않았지만, 모두 알고 있었다. 이 조직에서 정의는 승진 대상이 아니었다. 내 안에 무언가가 꿈틀대고 있었다. 그래도 누군가는 말해야 하지 않을까? 불법을 보고도 가만히 있어야 한단 말인가? 물론 아직까지 그 사안에 대해 나는 직접 당사자가 아니었다. 팀 내 유일하게, 3년이라는 시간 동안 야간 근무에서 배제되어 있었기 때문이다. 누가 봐도 이해하지 못할 이상한 일이었다. 야간 근무가 넘쳐 나는 팀에서, 유독 나 혼자 빠진다는 건 누군가의 의도적 조치가 아니고서야 설명되지 않는다. 어쩌면 회사는 내게 '조용히 있으라'는 무언의 메시지를 전하는 것이었을지도. 그렇다고 가만히 있다면, 나 역시 공범이 되는 일이었다.

침묵의 나선 끊기

자신에게 묻고 또 물었다. '네가 아무것도 안 하면, 이 부당함은 계속될 거야. 그럼 결국 누군가는 또 다치겠지.' 하지만 신고한다고 상황이 바뀔까, 하는 망설임도 작지 않았다. 실질적인 영향을 미칠 수 없다면, 결국 나의 주장이 '소음'에 불과할 수도 있다. 하지만 소음일

지언정 침묵을 넘어, 적어도 관행과 침묵을 흔드는 나지막한 울림은 줄 수 있지 않을까? 마음을 굳혔다. 수화기를 든 손에 땀이 맺혔다. 수원고용노동지청의 근로감독관에게 전화를 걸었다. 수화기 너머로 차분한 목소리가 들렸다.

"안녕하세요. 무슨 일로 문의하셨나요?"

나는 잠시 뜸을 들이면서 목소리를 가다듬고 서서히 본론으로 들어가기 시작했다.

"제가 직접 피해 당사자는 아니지만…, 저희 팀에서 야간 근무 수당을 제대로 지급받지 못한 사례가 있습니다. 고발이 가능할까요?"

수화기 건너편이 조용했다. 그 침묵 속에 근로감독관이 나에 대한 판단, 그리고 내가 하고자 하는 말의 의미를 가늠하는 듯했다. 이윽고 소리가 이어졌다.

"고발 조치는 가능합니다. 하지만…, 되도록이면 익명으로 하세요. 신고자 신원이 노출되면 회사에서 불이익을 당할 수도 있고, 어려운 상황으로 흘러갈 수도 있습니다."

일종의 배려가 담긴 실용적 조언이었지만, 나는 그의 말에 선뜻 동의할 수 없었다. '익명? 그래선 안 돼. 난 뒤에서 조용히 찌르고 도망치는 사람이 되고 싶지 않았다.'

"아니요. 실명으로 하겠습니다."

이미 내 안에 또렷한 결심이 자리 잡고 있었다. 두려움이 전혀 없었던 것은 아니었다. 사내에서 어떤 일이 벌어질지 지금으로선 가히 짐작할 수 없었다. 나를 향한 감시의 눈길이 있을 수도, 평판이 더 나빠질 수도 있었다. '늘상 문제를 만드는 인물'이란 꼬리표가 붙을 수도 있었다. 그럼에도 나는 뒤에 숨어 몰래 고발하는 일은 하고 싶지 않았다. 후과의 두려움 탓에 익명으로 행할 때, 나의 정의는 퇴색될 수도 있을 터, 떳떳이 드러낼 때 비로소 강력한 힘이 될 수 있다 믿었다.

당당한 대질 심문

근로감독관과의 통화를 마친 나는, 거대한 기관차에 맞서 홀로 선 기분이었다. 하지만 뒤돌아보지는 않았다. 비겁하지 않기로 한 이상, 나는 나 자신에게 부끄럽지 않아야 했다. 그렇게 나는 전면전에 돌입했다. '증거'라는 무기를 들기로 한 것이다. 그 누구도 부정할 수 없는 수치와 기록, 팩트 말이다. 퇴근 후, 사람 없는 사무실에 남아 전산망에 접속했다. 3년치 근태 데이터를 꺼내는 작업은 생각보다 오래 걸렸다. 수많은 엑셀 파일을 뒤지고, 시스템 로그를 확인한 후 휴일 야간 근무, 연장 근무, 특근 등 항목별로 필터를 돌려 가며 이름별로 출력해 손으로 하나하나 대조하며 표시했다.

그렇게 며칠을 밤을 세우다시피 정리한 결과, 마침내 진실이 내 앞에 드러났다. 팀원 15명 중 단 한 명, 나만 야간 근무에서 완전히 배제되어 있었으며, 나머지 14명은 최소 수십 차례 야간 근무를 수행했다. 그 시간과 수당을 모두 합산하니 3년간 체불된 총액만 무려 1억 가까이 되었다. 이건 실수라 할 수 없었다. 명백한 고의며 조직적 착취였다. '반드시 바로잡아야 한다' 확신하는 순간, 정리한 자료 수십 장을 파일에 담아 며칠 뒤 노동부 수원지청에 제출했다.

며칠 후, 근로감독관에게 전화가 걸려 왔다.

"대질 심문을 해야 할 것 같습니다. 다음 주 화요일 오후 4시쯤 괜찮으신가요?"

드디어 진실의 불을 밝혀야 할, 결전의 시간이 정해졌다.

"네, 감독관님. 시간 맞춰 출석하겠습니다."

대질 심문 당일, 회의실엔 긴장감이 감돌았다. 회사 측 선임 노무사가 마주 앉았고, 그 옆에 엄 팀장이 여유로운 표정으로 자리했다. 그의 표정에서 '네가 어쩔 건데?' 하는 느낌을 읽을 수 있었다. 하지만 나는 안다. 오늘은 예전과 다를 거라는 사실. 근로감독관이 먼저 입을 열었다.

"8시 10분 출근 조치와 관련해 양측의 입장을 듣겠습니다."

내가 단도직입적으로 찌르고 들어갔다.

"엄 팀장이, 8시 10분 출근을 저에게도 지시했습니다"

나의 도전적 질문에 엄팀장이 여유롭게 웃으며 대답했다.

"전혀 그렇지 않습니다. 우리 팀은 자율적으로 일찍 나오는 분위기가 있어요. 결코 제가 지시한 적은 없습니다."

'이때다.' 나는 준비해 온 서류를 꺼내들었다.

"여기 보시죠."

책상 위에 한 장 한 장, 도표와 사진, 시간 로그를 펼쳐 보였다.

"이건 우리 팀원들이 지난 3년간 출근 후 국민 체조를 시작한 시간입니다. 모두 정확히 같은 시각, 8시 10분 출근 현황이 고스란히 찍혀 있습니다. 매주, 매월, 단 한 번의 예외도 없이."

엄 팀장에게 시선을 고정한 채 말을 이었다.

"여기 동영상을 찍은 캡처본입니다. 담당 상무가 체조 현장을 점검하고, 엄 팀장 지휘하에 체조를 하고 있는 모습이 분명히 담겨 있습니다. 이게 자율입니까? 그리고, 저에게 분명 8시 10분까지 출근하라고 말했잖습니까. 어디서 지금 약을 팝니까!"

엄 팀장의 눈동자가 흔들렸다. 말은 없었지만, 얼굴 근육이 경직되어 보였다. 기회를 놓칠 새라 나는 마지막 결정타를 날렸다.

"그쪽은 말이죠…. 그냥, 양아치예요. 수당은 빼먹고, 조기 출근과 체조, 사내 방송 시청을 강요하고, 그러면서도 책임은 회피하고! 이게 양아치 아니면 뭡니까?"

말이 끝나기 무섭게 엄 팀장이 자리를 박차고 일어섰다.

"뭐라고? 지금 뭐라고 했어?!"

그의 얼굴이 벌겋게 달아올랐다. 옆에 앉아 있던 사측 노무사가 급히 그의 팔을 잡아 눌렀다.

"팀장님, 아무 말씀 마시고 가만히 계세요. 감정을 누르셔야 합니다. 근로감독관님 저희가 준비한 내용을 제출하겠습니다."

대질 심문이 종료되고 엄 팀장이 잔뜩 불쾌한 기색으로 말없이 자리를 박차고 나갔고, 대질 심문은 그렇게 마무리되었다.

감정과 현실 사이

미심쩍게도 그날 저녁 팀 회식이 예정되었다. 팀 분위기를 무마하려는 의도였을 것이다. "다들 잊자, 괜한 얘기 꺼내지 말자"는 명분 아래 열리는 회식. 예약된 식당에 도착하니 팀원들 대부분이 미리 자리를 잡고 앉아 있었다. 마지막에 엄 팀장이 들어와 앉았다. 술잔이 돌았지만, 분위기가 평소와 같을 수 없어 다들 눈치를 보는 듯 애써 침묵했다. 오늘 엄 팀장과 내가 수원지청에서 대질 심문했다는 사실은 모두가 알고 있었다. 다들 애써 모른 척하고는 있었지만, 대화의 톤과 눈빛은 모두가 경직되어 있었다. 회식 자리 중간쯤에 앉아 있던 정 차장이 술잔을 들어 능청스레 한마디 던졌다.
"야, 이건 뭐, 드라마 찍냐? 팀 회식 날 팀장이랑 직원이 노동청 대질 심문받고 와서 회식하는 경우는 살다살다 처음 본다."
말끝에 헛웃음이 새었고, 팀원들 몇몇이 술잔을 들어 따라 억지 웃음을 지었다. 하지만 웃음은 오래가지 않았다. 정 차장의 농담이 정확히 정곡을 찔렀기 때문이다. 엄 팀장이 정 차장의 말이 끝나기 무섭게 고개를 돌렸다. 앙다물어 일자로 굳은 입술에 경직된 눈빛의 그가 술잔을 들다 말고 천천히 자리에서 일어났다.
"저는, 먼저 일어나겠습니다."
엄 팀장은 아무도 붙잡지 않는 회식 자리를 조용히 빠져나갔다. 그가 떠난 뒤에야, 식당 안에 조용한 속삭임이 어색한 침묵을 슬며시 파고들었다. 팀원 중 몇몇이 슬쩍슬쩍 나에게 물었다.
"진짜…, 어떻게 된 거예요? 심문에서 무슨 얘기들이 오갔어요?"
"진짜 자율 출근이 아니라는 거 증명하신 거예요?"
나는 그들에게 담담하게 낮의 일들을 설명했다. 3년치 근태 기록, 휴일 야간 근무 수당, 국민 체조 시간…, 증거 하나하나를 꺼내 들이치고 나간 상황. 엄 팀장이 당황해했고, 사측 노무사가 말리지 않았더라면 언쟁이 커졌을 거라는 뒷이야기까지. 팀원들의 눈빛이 조금씩 변해 갔다. 듣고 있던 한 과장이 술잔을 들어올리며 말했다.
"오 과장, 대단하다. 뒤에서 말만 했지 아무도 못 나섰던 일을, 진짜 해 냈어."
한 과장의 말을 시작으로 분위기가 조금씩 풀리기 시작했고, 팀원들의 눈빛에는 호기심이 일었고, 입술은 들썩들썩했다. 엄 팀장이 빠져 나간 회식 자리가 묘하게 가벼워졌고, 팀원들은 비로소 감춰 두었던 말들을 털어 놓기 시작했다.

"그동안 이상하다고 생각은 했는데…."

"야근 수당, 체조…, 다들 눈치는 보고 있었지."

회식은 그렇게, 처음과는 다른 분위기로 흘러갔다. 어색함과 후련함, 숨겨 둔 감정과 속마음이 엉킨 복잡 미묘한 공기 속에서…. 분명 누구도 드러내어 후련하게 웃는 이는 없었지만, 모두의 마음속에 무언가를 느끼고 품었을 밤이었다.

반의사불벌

일주일 후, 근로감독관에게서 전화가 걸려 왔다. 목소리는 조심스러웠지만, 뭔가 할 말이 있다는 느낌이 강하게 전달되었다.

"혹시 '반의사불벌죄'라고 들어 보신 적 있으세요?"

순간 얼떨떨했다.

"아니요, 그게 뭔가요?"

근로감독관이 설명을 이어 갔다.

"체불 임금 관련하여 해당 사안은 피해자가 처벌을 원치 않으면 법적으로 처벌이 불가능한 범죄입니다. 그런데…, 지금 문제가 된 직원 14명 전원이 휴일 야간 수당 문제에 이의가 없으며, '처벌을 원치 않는다'는 확인서를 KT에서 제출했습니다."

순간, 갑자기 뒤통수를 퍽하고 맞은 느낌이었다.

"그게…, 직원들이 자발적으로 낸 건가요?"

근로감독관은 잠시 말을 멈췄다 덧붙였다.

"제가 직원들과 통화를 해 보았는데요. 처벌을 원치 않는다고 하는데, 확신할 수는 없지만…, 제가 보기엔 회사 측에서 엄 팀장을 앞세워, 우월적 지위로 직원들에게 확인서를 작성하게 했을 가능성이 높습니다. '처벌을 원하지 않는다'는 문구가 담긴 서식을 미리 준비한 뒤, 직원들을 불러놓고 자필로 적게 하여 사인을 받는 방식으로 진행된 것으로 보입니다. 직원들이 어쩔 수 없었을 겁니다. 이런 경우 고발하더라도 처벌할 수 없습니다. 고발이 의미가 없다고 봐야 합니다."

말문이 막혔다. '아…, 역시 또 같은 방식으로 대응하는구나.' 나의 해고 무효 소송 때와 똑같은 방식이었다. 겉으론 자율인 척했지만, 실상은 압박과 통제로 만들어졌을 문서일 터. 분노가 곧 허탈감으로 바뀌었다. 나는 사실과 데이터를 바탕으로 정면 승부를 걸었는데, 회사는 여전히 드러내지 않는 권력과 분위기로 조직을 움직였다.

며칠 뒤, 정 차장이 조심스럽게 내게 다가왔다. 주변을 살피며 조심스레 목소리를 낮춰 말을 꺼냈다.

"저기, 오과장…. 그거 있잖아. 확인서…. 진짜, 우리도 어쩔 수 없었어. 엄 팀장이 대놓고 한 사람씩 불러서 회사가 만들어 준 문구를 써 달라 부탁하는데 어떻게 안 써 주나. 안 쓰면 괜히 눈치 보이고, 불이익 생길까 봐 다 썼어. 오 과장이 이해해 줘. 그래도 오 과장은 알고는 있어야지."

정 차장. 팀원들 중 가장 강단 있고 합리적이며, 할 말은 하는 선배였다. 무엇보다 내가 안타까워 보였는지 내 앞자리에 앉아 이런저런 조언은 물론 실질적인 업무 도움도 많이 주었다. 그래서 그런지 그 상황에 대해 나에게 이렇게나마 솔직히 이야기해 주었던 것이다.

"네 알겠습니다, 차장님. 충분히 입장 이해합니다. 정 차장님! 이렇게라도 말씀해 주시니 정말 감사드립니다."

'공식적 정의'가 당장 그 모습을 드러내지는 않았을지언정, 사람들의 인식은 분명히 흔들리고 있었다. 이해 못 할 바 아니었다. 팀원들이 잘못된 걸 알지만 불이익이 있을까 봐 어쩔 수 없었다는 사실을. 그렇게 끝나 버렸지만, 마음 한 구석엔 여전히 뭔가 불편함이 자리 잡고 있었다.

미세한 흔들림

밤 10시가 넘은 시간, 휴대폰이 진동했다. 휴대폰 화면에 뜬 이름은 뜻밖에 이영은 차장이었다. 잠시 망설이다 전화를 받았다.

"아 네, 차장님?"

수화기 너머로 들리는 목소리가 낮고 조심스러웠다.

"오 과장, 정말 거침이 없더라."

그의 목소리에 놀라움과 미안함이 복잡하게 뒤엉켜 있는 듯했다.

"네가 용기 내서 나선 거 보면서, 선배랍시고 쪽팔리더라."

한 차례 깊은 한숨을 내쉰 그가 말을 이었다.

"솔직히, 확인서…, 써 줄 수밖에 없었어. 분위기가 너무 묘했거든. 다들 알잖아, 쓰기 싫다고 말할 수 없는 분위기. 그런데 마음에 계속 걸렸어. 그래서…, 이렇게 전화했다. 오 과장, 정말 미안하다."

"차장님, 감사합니다. 이렇게 직접 전화 주신 것만으로도 감사해요. 다 이해해요. 그 상황, 그 분위기에서 쉽지 않다는 거요. 말씀 안 하셔도 다 알아요, 차장님. 신경쓰지 않으셔도 됩니다."

"그래 이해해 줘서 고맙다. 언제 소주 한잔하자."

이 차장의 마지막 한마디가 단순한 인사로 여겨지지만은 않았다.

진심이 들어 있는 따뜻한 약속으로 가슴 깊이 스몄다. 이 차장은 팀 내에서도 늘 유쾌하고 긍정적인 에너지로 사람들을 이끄는 분이었다. 그런 이 차장이 이렇게라도 직접 전화해 속마음을 털어놓아 주니 오히려 후련했다. 무겁게 짓누르던 감정이 녹아내렸다. '그래, 이런 사람도 있지. 나 혼자만은 아니었어.' 입가에 쓸쓸하지만 오랜만에 미소가 피었다. 이 차장과의 전화를 끊고 한결 가벼운 마음으로 돌아올 수 있었다.

비록 나는 기대했던 결과를 얻지는 못했다. 하지만, 적어도 누군가의 마음을 움직였다는 것. 광범위한 침묵 속에서도 누군가의 후회와 각성을 불러일으킬 수 있었다는 것, 나에겐 그게 진짜 변화의 시작일 수도 있다는 생각이 들었다. 나는 직원들을 탓하지 않았다. 그들 대부분은 회사의 공기와 관행에 길들여져 있었을 뿐이었다. 살아남기 위해 조용히 묻혀 가는 선택을 해 왔을 뿐, 그들의 입장은 충분히 이해했다. 당사자가 아니면 쉽게 말할 수 없는 일들이 있다. 그날 이후, 나는 더 이상 고개 숙이지 않겠노라 혼자 다짐했다. 다시 그러한 부당한 일을 알게 된다면, 나는 말할 것이다. 아닌 것은 아니다. 부당한 건 부당한 것이라고…. 조직의 변화는 느리고 힘들지만, 누군가 한 사람의 '단호한 목소리'가 결국은 변화의 물줄기를 만들어 낼 수 있다. 그리고 내가 그 시작이었음을, 당당하게 기억할 것이다.

감시와 치졸한 보복

보이지 않는 통제와 보복

복직 뒤, 나는 회사에서 마치 투명 유리방 안에 갇힌 사람처럼 살아갔다. 눈에 보이지 않지만, 분명히 존재하는 냉담하고 무거운 공기가 언제나 내 주변을 감쌌다. 겉으로는 아무 일 없는 듯 굴었지만, 내부에선 분명히 움직이는 무언가가 있었다. 이전 경력과는 전혀 무관한 선로팀에 발령을 내고, 복직 첫 해에는 최하위 고과 N을 받았다. 처음엔 수용할 수 있었다. '그래, 내가 생소한 환경에서 적응하느라 부족했겠지.' '한 해만 이렇게 버텨 보자. 시간이 지나면 달라지겠지.' 하지만 문제는 그 다음 해였다.

　시간이 지나며 팀 업무에도 익숙해졌다. 누구보다 성실하게 일했고, 주어진 실적도 성실히 채워 냈다. 나름 최선을 다했다는 자부심도 있었다. 하지만 평가 결과는 또다시 팀원 14명 중 최하위인 N 등급. 답답한 가슴을 가눌 수 없었고, 활화산 같은 분노를 억누를 수 없었다. '이건 우연이 아니다.' 어딘가 이상했다. 본능적 느낌이었다. 그럼에도 한동안 스스로를 다독여야 했다. '아직은 유선 분야에서 오래 일해 온 기존의 동료들과 비교하면 내 전문성이나 숙련도가 부족한 건지 몰라. 그렇다면 조금 더 시간이 필요할 거야. 조급해 하지 말자. 이걸 마지막 시험이라 생각하자.' 스스로를 다독이고 설득하며, 참고 버텨 보기로 했다.

　내 인사 평가를 담당한 사람은 다름 아닌 엄 팀장이었다. 그는 유독 나에게 가혹했다. 나는 깨달았다. 엄 팀장의 자아가 유달리 '까다로운 상사'여서 그런 것만은 아니었다. 그는 회사 시스템이 만들어 낸, 보이지 않는 통제와 보복의 얼굴이었다. 그 통제는 은밀하고, 조직적이며, 사람의 입을 닫게 만드는 구조 속에 작동되고 있었다. 그렇게 나는 복직 후에도 끊임없이 버티고 견디는 삶을 이어 가야 했다.

또 다른 보복의 전조

해고 기간 부당한 인사 평가에 대한 소송을 제기했고, 휴일 야간 근무 수당 미지급 문제로 노동청에서 회사와 대면해야 했다. 회사 입장에선 그런 내가 곱게 보일 리 없을 터였다. 그렇게 또 시간이 흘러, 노동청 고발이 무혐의로 끝난 뒤, 복직 후 3번째 인사 평가가 발표되었다. 또다시 최하위 고과 'N'. 그 순간, 나는 더 이상 스스로를 위로할 수도, 제어해야 할 이유를 찾을 필요도 없었다. '이건 아니다. 진짜 아니다.' 나는 엄 팀장 자리로 찾아갔다. 그리고 최대한 자제하며 정중하게 물었다.

"팀장님, 제 인사 평가 기준을 알고 싶습니다. 제가 실적이 부족했는지, 태도가 문제였는지, 아니면 다른 어떤 이유가 있었는지요."

엄 팀장이 고개를 기울이며 특유의 억지 웃음을 지어 보였다.

"아휴, 평가라는 게 수치만으로 설명될 수 있는 게 아니잖아요. 조직 적응도, 분위기, 소통 능력…, 뭐 그런 것도 포함되니까요."

순간, 울컥했다. 야간 근무에서 배제돼도, 불합리한 지시에도 침묵하면서 매일매일 최선을 다해 버텼던 시간들이 스쳐 갔다. 그런데 그 모든 날들을 '소통 능력'이란 한 마디 단어로 뭉개 버리다니…. 더 이상 말을 잇지 못한 나는, 돌아서서 내 자리로 걸어왔다. 자리에 앉는 순간, 주체할 수 없는 감정이 폭발해 버렸다.

"에이 씨팔!"

억눌렸던 감정이 용수철처럼 입 밖으로 튀었다. 사무실이 일순 고요히 얼어붙었다. 키보드 소리가 멈췄고, 누군가의 통화하던 목소리마저 끊겼다. 모두가 들었다. 팀원 전체가. 그제야 내 입에서 무슨 말이 나왔는지 나는 깨달을 수 있었다. 혼잣말이 아니었다. 팀원 모두가 듣는 자리에서, 공개적으로 쏟아내 버린 것이었다. 나는 곧바로 수습에 나섰다. 다시 엄 팀장 자리로 가 "죄송합니다. 저도 모르게 언성이 높았습니다"며 공식적으로 사과를 건넸다.

"그래도 씨팔은 아니잖아요."

"팀장님, 죄송합니다."

어쨌거나 마음을 다잡지 못해 일으킨 순간적 결례는 나의 잘못이었다. 그리고 나는 나의 결례에 대해서는 바로 사과했다.

인사위원회 요구

복직 이후, 매년 진행되는 인사 평가에 3년 연속으로 최하위 등급 'N'을 받았다. 더 이상 스스로를 달래며 인내할 한계점을 넘었다. 평가 결과에 이의를 제기하며 공식 인사위원회 개최를 요구했다. '이번 만큼은 객관적으로 따져 보자. 정당한 근거 없이 3년 연속 N을 줄 수는 없는 일이다.' 그렇게 마음을 다잡고, 다시 자료를 준비했다. 그러면서도 한편으로 나는 알고 있었다. 인사위원회는 결과를 바꾸기 위한 회의가 아니라는 걸, 그리고 회사는 결과를 정당화하기 위한 절차를 밟는 데 더 능숙하다는 걸. 그럼에도 나는 그동안 준비한 내용을 바탕으로 나의 요구를 주장해야 한다.

인사위원회가 개최되었다. 위원장이 먼저 말했다.

"이의 제기하세요."

나는 준비한 문서를 들어 인사위원들에 보였다. 매일의 출근 기록, 프로젝트 참여 내역, 작성한 보고서, 업무 처리 현황까지 나의 업무 상황이 꼼꼼히 정리된 표를 제출했다.

"이 자료를 보십시오. 출근율, 업무 성과, 프로젝트 참여율, 어느 항목에서도 저는 결코 최하위에 해당하지 않습니다. 실질적으로 업무에 임하지 않은 H 과장과 비교해도 저의 근태와 성과는 현저히 우수합니다."

H 과장은 엄 팀장이 유독 업무에 배제시키고 특혜를 주는 유일한 사람으로 팀원들 모두가 알고 있었고, 불만도 많았지만 누구도 쉽게 입을 열지 못한 인물 중 한 명이었다.

"그런데도, 저에게는 팀 내 최하위인 N 등급이 부여되었습니다. 저로선 도저히 납득할 수 없는 평가 결과입니다."

회의실 안이 침묵에 잠겼다. 나는 마지막으로 정리해 말했다.

"어떤 기준으로 저를 평가하셨습니까? 근무 태도, 출근율, 업무 실적. 어느 지표를 보더라도 최하위 평가를 받을 이유는 없다고 생각합니다. 그러니 이 자리에서 명확한 근거를 바탕으로 판단해 주시길 요청드립니다."

목소리에 흔들림 따위는 없었다. 하지만 어느 누구도 내 주장에 나서서 답하지 않았다. 내가 준비해 간 각종 수치와 기록, 그리고 내 일상이 쌓아올린 시간들이 침묵에 잠긴 회의실을 향해 무언의 강력한 질문을 던지고 있었다.

불공정한 평가 기준

나는 매일 출근해 성실히 업무를 수행하고, 축적된 실적까지 있음에도 팀원 14명 중 최하위 N 등급을 3년이나 받아야 했다. 어느 누가 이러한 상황을 공정하다고 평가할 수 있을까? 며칠을 기대와 긴장 속에 기다렸다. 하지만 예상처럼 인사위원회에서 돌아온 것은 차가운 결과였다.

인용 불가

수치로 입증한 노력도, 쌓아온 성과도, 아무런 의미가 없었다. 예측에 한치도 어긋남 없이 인사위원회는 나의 이의 제기를 단칼에 잘라 버렸다. 예측한 바, 인사위원회는 이미 정해진 결정을 확인하고 통보하기 위한 통로에 불과했던 것이다. 또다시 나는 소송을 고민했다. '부당한 인사 평가를 바로잡기 위해 또다시 법정으로 가야 하나?' 인사 고과는 회사 고유 권한이라고는 하지만 법정에 다퉈 볼 만한 여지는 있다. 그러나 무엇보다 나는, 너무 지쳐 있었다. 다시 책상 앞에 앉았다. 억울함도 화도 아닌, 절망감이 밀려왔다. '나는 매일 성실하게 출근해 일했고, 매일매일 최선을 다했다. 하지만 일하지 않는 사람은 보호받고, 나는 짓밟혔다.' 그날, 아무도 없는 텅빈 사무실에서 조용히 눈물이 흘렀다. 아무에게도 들키고 싶지 않았다.

감시와 치졸한 보복

인사위원회 이후 싸움을 포기한 듯, 일상에 묵묵히 임하던 어느 날, 낯선 전화 한 통이 걸려 왔다.
"네, 오희표입니다."
"네, 경기남부 품질계획부 유 팀장입니다. 다름이 아니라 상담할 일이 있어 그러니 내일 9시에 품질계획부로 출근 요청드립니다. 엄 팀장에게는 따로 얘기해 두었으니 바로 오시면 됩니다."

"유 팀장님, 어떤 내용을 상담하신다는 건지? 무슨 내용인지 알려주십시오."

"오셔서 얘기하시죠. 별일은 아니니 부담 갖지 마시고 내일 뵙겠습니다."

"네, 알겠습니다."

경기남부 품질계획부는 지역 본부의 전체적인 품질과 인사를 담당하는 부서이다. 상담 이유를 도무지 짐작할 수 없었지만, 나는 다음 날 KT 구로전화국에 있는 경기남부 품질계획부로 9시에 출근했다. 유 팀장이 반갑다는 듯 맞아 주었다.

"오 과장님, 회의실로 가시죠."

회의실에 맞주 앉았다.

"유 팀장님, 상담하려는 내용이 무엇인지 얘기해 주세요. 무슨 문제라도 있는 겁니까?"

"다름이 아니라 민원이 들어와 경위와 사실 확인을 위해 오시라고 한 겁니다."

"네? 무슨 말씀입니까?"

민원이라니? 무슨 말을 하는지 그때까지도 짐작 가는 바는 전혀 없었다.

"먼저 최근에 사무실 팀원들이 있는 앞에서 '에이 씨팔, 좆같네!'라고 하신 적 있으시죠?"

'아니, 이게 무슨 말인가? 이건 무슨 상황이지?' 당황스러웠지만, 나는 있었던 그대로의 사실을 말했다.

"아닙니다. 인사 고과 기준에 대해 엄 팀장에게 물어봤고, 너무 화가 난 나머지 제 자리로 가서 복받친 감정 탓에 '에이 씨팔', 한 겁니다. '좃같네'라는 표현을 쓴 적은 없습니다. 그리고 이후 바로 엄 팀장에 가서 '죄송합니다' 사과도 했구요."

"그런데 주변 직원들 인터뷰 결과, '에이 씨팔, 좃같네!'라고, 다들 들었다고 확인이 되었습니다. 이건 사무실 직원들로부터 받은 확인서입니다."

유 팀장이 들이민 문서에는 놀라운 내용이 적혀 있었다.

오 과장이 사무실에서 전 직원이 있는 가운데, 팀장을 향해 '씨팔, 좃같네!'라고 말했습니다.

일부 확인서에는 '공격적인 욕설이었다'는 표현까지 덧붙여져 있었다. 그 문장들을 보는 순간 말을 잃었다.

"그게 아닙니다. 혼잣말한다는 게 저도 모르게 감정이 폭발해 밖으로 크게 터져 나온 말입니다. 그건 사실이 아닙니다. 저는 분명히 '에이 씨팔'이라 말했고, 그것도 제자리에 돌아와 혼잣말로 내뱉은 것이었습니다. '좃같네'라는 표현은 결코 한 적 없습니다."

유 팀장이 말을 받았다.

"하지만 전 직원이 동일하게 진술했어요. 같은 표현, 같은 문장 구조입니다. 오 과장님 말씀이 사실이라면, 전 직원이 다 거짓말하고 있다는 얘기인데, 그게 가능하다고 보십니까?"

할 말을 잃었다. 팀원들의 확인서, 그것도 같은 문장을 적어 넣은 확인서였다. 순간 깨달았다. 이건 내가 감정적으로 뱉은 한마디 말의 잘잘못을 따지는 문제가 아니다. 회사라는 조직이, 시스템이, 내가 문제 인물로 인정되길 바라고 있다는 증거였다. 이 확인서는 나의 잘잘못에 대한 '증거'가 아니라, 정해진 시나리오의 소품이었다. 분노보다 허탈감이 앞섰다. 도대체 누가 이걸 기획했고, 직원들은 왜 이렇게 일사분란하게 적어 주었을까. 그들도 어쩔 수 없었겠지. 그들에겐 '진실'에서 앞서 조직 내 생존이 중요한 문제일 테니까. 비로소 깨달았다. 녹취도 없는 상황에서, 모든 직원들이 동일한 내용을 확인서에 적었다면 나는 항변조차 할 여지가 없다는 것을…. 결국, 그들은 이 확인서를 근거로 나를 문제 삼은 것이다. 그런데 거기서 끝이 아니었다. 유 팀장이 내쳐 말을 얹었다.

"그리고…, 복직 후 선로팀에 배정받았을 때, 회사에서 유니폼이 아닌 사복을 세탁한 적이 있으시더라구요. 반팔 셔츠 2번, 긴팔 셔츠 1번, 맞죠?"

이건 또 무슨 소리인가? 지금 2년 전 얘기를 하고 있는 건가?

"2년 전 일이라 정확히 기억은 안 나지만 사복을 세탁한 적은 있었습니다. 당시 회사 유니폼을 지급받았는데, 보시다시피 제 키가 186cm인데 유니폼이 작아 현장에서는 유니폼을 못 입고 사복을 입은 채 일을 하다 보니 작업하면서 입었던 사복을 세탁 맡긴 적이 있습니다. 이후, 이 사실을 안 엄 팀장이 회의 시간에 그 일을 언급하며 '작업복과 유니폼을 제외한 사복은 세탁하면 안 됩니다' 하길래, 충분히 타당한 지적이라고 받아들여, 그날 이후 단 한 번도 사복을 세탁 맡긴 적은 없었습니다."

회사는 현장직에게 작업복과 유니폼을 지급하고 세탁을 지원한다. 정해진 기준에 따라 직원들은 회사 세탁소를 통해 업무용 복장을 깨

꿋하게 유지할 수 있다. 지금 문제를 삼는 일은 내가 복직한 후 선로 팀에 배치된 직후의 일이었다. 엄 팀장이 공식적으로 주의를 준 이상, 더 이상 문제가 될 거라는 생각은 한 번도 해 본 적이 없었다. 그러므로 나는 당연히, 그날을 기점으로 모든 것이 정리되었다 믿었다. 유 팀장이 말을 이었다.

"오 과장님, 사복을 세탁 맡기신 건 맞습니다. 저희가 정확히 확인했습니다."

회사가 나의 일거수일투족을 감시하고 지금까지 기다렸던 것인가? 과거에는 감사팀에서 호출하였다면, 지금은 감사팀이 아니라 민원을 가장해 지역본부 인사부에서 상담으로 위장한 감사가 이루어지고 있는 것 아닌가? 이제 감이 왔다. 이건 상담을 빙자한 감사다.

"유 팀장님, 지금 저를 감사하시는 건가요?"

"과장님, 저희는 민원이 들어와 감사팀으로부터 저희 인사부로 사실 조사를 해 보고하라는 지시를 받고, 사실이 어떤지 조사하는 것뿐입니다."

퍼즐이 맞춰졌다. 예전 감사 방식과 달리 나를 대상으로 교묘하게 변형된 감사를 진행하고 있는 것이었다. 난 걸려 들었다. 내가 미처 생각할 수 없었던 공격이었다. 미칠 것만 같았다. '오희표, 넌 방심했다. 더 조심했어야 했잖아.' 자신을 질책하고 또 질책했다. 조사는 하루만에 끝났다. 조사가 끝나자마자 나로선 대응책 마련에 나서야 했다. 곧바로 팀원들의 세탁 이용 내역을 전수 조사했다. 그리고 황당한 사실을 내눈으로 확인했다. 다른 직원들은 나보다 훨씬 많은 횟수로 세탁을 사용했고, 세탁비 기준으로 보더라도 내 세탁비의 5배 이상 세탁을 한 것을 확인했다. 이걸 근거로라도 대응해야 했다.

두 번째 징계, 3개월 정직

진실을 무기로

면담 일주일 뒤, 예상대로 인사위원회 출석 통보서가 도착했다. '설마' 했는데, '역시나' 였다. 도대체 인사 고과 이의 제기로 인사위원회를 연 지 얼마나 됐다고, 이번엔 징계를 위한 인사위원회 출석이라니…. 회사는 나를 그냥 놔 둘 생각이 없는 모양이었다. 마음을 다잡았다. 이번에도 당당히 진실로 대응한다. 회의실 문을 열고 들어가자, 예의 익숙한 얼굴들이 나를 맞았다. 하지만 그들의 표정엔 이제 냉담과 나를 멀리하려는 거리감이 훨씬 크게 느껴졌다. 회의는 이미 결론이 정해진 듯 차갑게 진행됐다. 회사의 주장은 단순했다.

"사복을 입고 근무한 뒤 세탁을 했습니다. 이는 회사 규정 위반입니다."

"또한 사무실에서 부적절한 언행을 했습니다. 조직 질서 문란 행위로 간주합니다."

나는 침착하게 맞섰다.

"저는 어쩔 수 없는 상황에서 사복을 입었고, 그 사복은 사실상 작업복처럼 사용됐습니다. 업무 중 오염된 옷을 세탁한 걸 문제 삼는 건 과도한 해석입니다. 그리고 '에이 씨팔'이라는 저의 발언 역시, 업무 중 쌓인 감정의 순간적 표출이었을 뿐, 특정인을 향한 욕설이나 모욕이 아니었습니다."

하지만 그들은 나의 말을 듣지 않았다. 준비된 말만 반복했다.

"사복은 사복입니다. 규정 위반은 규정 위반이며, 사무실에서 부적절한 언행을 한 건 맞습니다."

이제 나는 모든 퍼즐이 맞춰졌음을 알았다. 이건 비단 세탁비, 언행의 문제가 아니었다. 조직에 '찍힌 사람'을 향해 만들어진 정교한 덫이었다. 규정이라는 이름 아래, 특정인을 걸려들게 만들기 위한 완벽한 프레임.

"팩트는 인정합니다. 세탁한 건, 그리고 '에이 씨팔' 발언도 사실입니다. 하지만 문제는, 같은 사실을 어떤 시선과 의도로 해석하느냐에 있습니다. 평범한 직원이라면 넘어갈 일을, 저에게는 징계 사유로 삼는 현실, 그게 진짜 불합리한 조치 아닙니까!"

하고 싶은 말을 마치고 나서야, 겨우 스스로를 내려놓을 수 있었다. 진실을 말했다. 거짓은 없었다. 이제 결과가 어떻든, 후회는 없다. 나는 그렇게 또 하나의 싸움을 진실을 무기로 버티고 있었다.

두 번째 정직

인사위원회가 끝난 지 한 달이 지나고 있었다. 그동안 어떠한 일도, 아무런 소식도 내게 전달되지 않았다. 그 고요함이 오히려 이상했다. 폭풍 전의 고요인 듯 느껴졌다. 어떤 폭풍이 다시 내게 닥칠지 전혀 알 수 없는 숨 막히는 정적이었다. 그러던 어느 날, 휴대폰이 울렸다. 받아 보니 품질계획부 인사 담당 최 차장이었다. 낮고 조심스러운 목소리로 그가 말했다.

"잠깐 외부에서 차 한잔하실 수 있을까요?"

"편하게 말씀드리고 싶어서요. 사무실 옆 커피숍에서 뵐게요."

직감이 먼저 알았다. 무언가가 내려왔다. 그게 무엇이든, 결코 가벼운 일은 아닐 거라는 예감이었다.

예상은 적중했다. '올 게 왔다.' 약속한 커피숍에 도착하자, 최 차장이 먼저 와서 자리를 잡고 있었다. 나를 대하는 그의 말수가 평소보다 적었고, 눈빛은 무거워 보였다.

"오 과장님, 앉으시죠."

그가 가방에서 노란 봉투 하나를 꺼내 테이블 위에 올리더니 말없이 그 봉투를 내게 밀었다. 천천히 손을 뻗어 봉투를 열고 서류를 꺼냈다. 제목이 먼저 눈에 들어왔다.

정직 3개월 처분서

할 말을 잃었다. 그 짧은 문구가 나의 뒷덜미를 가격했다. 서류를 넘겼다. 징계 사유가 적혀 있었다.

조직 내 질서 위반 및 사복 세탁 사적 이용

그동안 회사가 나를 어떻게 바라보고 있었는지, 이 서류 한 장이 모든 걸 말해 주고 있었다. 나는 입술을 앙다물다 겨우 물었다.

"이유가…, 정말 이겁니까? 2년 전 사복 세탁 2만 원 때문에, 그리고 사무실에서 혼잣말로 크게 한 욕설 때문에… 또다시 정직이라뇨."

최 차장이 애써 시선을 피하며 답했다.

"저도 마음이 편친 않아요. 하지만 위에서 이미 결정된 사안이고, 저는 그저 전달하는 역할일 뿐입니다."

복직 후 앞서도 3개월 정직이라는 징계를 한 번 받은 적 있었다. 이번에도 다시 정직 3개월이었다. 견책이나 감봉도 아니고, 징계 수위가 너무 컸다. 한 해 중 절반을 책상도 없이, 명찰도 없이, 허명만 남은 인원으로 살아야 했다. 결국 회사는 나를 다시 회사 밖으로 밀어냈다. 커피숍을 나서는 길에 올려다본 하늘이 푸르렀지만, 내 마음엔 먹구름이 끼어 잔뜩 찌푸렸다. '정직이라는 건 잘못에 대한 대가가 아니라, 회사가 싫어하는 사람을 내보내기 위한 가장 쉬운 방법이구나.' 나는 이제 완벽히 깨달았다. 회사에 '불편한 사람'이 되는 순간, 어떤 말 한마디, 어떤 사소한 행동 하나도 징계 사유로 만들어질 수 있다는 사실을. 정직 3개월은 그렇게 정당한 것으로 위장된, 보복이었다. 그들이 원하는 건 나의 개선이 아니라, 침묵과 퇴장이었다.

두 번째 복귀와 새로운 결심

3개월 정직 기간 나는 다시 마음을 다잡고, 내 삶의 의미, 내 투쟁의 의미를 되새길 시간이 필요했다. 1차 정직 기간의 유럽 배낭여행을 경험 삼아 이번에는 남미로 떠났다.

45일간 남미 여정의 마지막 밤은 멕시코였다. 쿠바에서 비행기를 타고 긴 여정의 끝으로 예정된 멕시코의 숙소 근처 작은 식당에서 타코와 마가리타 한 잔으로 남미 대륙과의 이별을 음미하고 있었다. 마음은 이미 한국에 가 있었고, 다시 싸워야 할 현실이 기다리고 있다는 것도 알고 있었다. 그때, 전화 진동음과 함께 낯선 한국 번호가 액정에 떴다. 해외에 있을 때 걸려 온 전화는 대부분 스팸이었지만, 이번엔 느낌이 달랐다.

"안녕하세요, 조직 운용팀입니다. 정직 3개월이 끝나고 복직 발령을 준비 중입니다. 현재 강북선로팀으로 발령이 예정돼 있고, 근무지는 서울 혜화, 의정부, 일산, 남양주 덕소입니다. 어디가 괜찮으신지 말씀해 주세요. 규정상 '타 본부 발령'이 원칙이라 강남은 배제됩니다."

나는 잠시 숨을 고르고 수원에서 가장 가까운 남양주 덕소를 택했다. 몇 가지 대화가 오간 후 전화를 끊었는데 1시간 후, 다시 한 통의 전화가 걸려왔다.

"안녕하세요, 저는 강북선로팀 우 팀장입니다. 복직하는 날 뵙고 싶습니다. 먼저 혜화 사무실로 출근하시고, 담당 상무님과 미팅 후 팀원들을 소개받고 덕소 사무실로 출근하시면 됩니다."

알았다며 전화를 끊었지만, 마음 한편에 묘한 감정이 스며들었다. 이제 다시 현실이다. 다시 전장이다. 귀국 비행기 안에서 창밖을 보며 마음속으로 다짐했다. '새로운 환경에 새로운 마음으로 적응해 보자. 방심하지 말고, 누구도 나를 함부로 다루지 못하게 하겠다.'

귀국 후 출근하는 날 아침, 나는 면도도 하지 않은 얼굴 그대로 혜화 사무실로 출근했다. 먼 여행에서 갓 돌아온 여행자 행색으로 보이겠지만, 나는 개의치 않았다. '지켜보는 시선들 앞에서 나를 시험하려거든 해 봐라. 나는 준비되어 있다.' 무언의 메시지였다. 사무실 입구에서 낯선 중년 남성이 다가와 자기를 소개하며 말했다.

"회사에 출근하면서 면도는 해야지, 수염을 그리 기르고 오면 곤란하지 않나?"

말 속에 나를 향한 적의가 느껴졌다. 나는 그를 정면으로 응시한 채 침착하게 답했다.

"김 차장님이라고 하셨나요? 저를 아세요? 제가 규정을 어긴 것도 아닌데 말 조심하세요. 두 번 말하지 않습니다."

사무실 공기가 싸늘히 맴돌았다. 예전의 나였다면, 얼마쯤은 움츠

러들었을 터였다. 하지만 남미 대륙에서 결심했듯, 지금의 나는 그때와 달랐다. 나는 이제 감정으로 반응하지 않고, 논리로 응수하는 법을 알았다.

낯선 환경, 그러나 명확한 전략

복직 후, 나는 경기 남부에서 북부의 덕소라는 전혀 연고 없는 지역으로 발령되었다. 집이 있는 수원에서 덕소까지 왕복 110km, 출퇴근 시간만 도합 3시간 30분. 몸은 지쳤지만, 마음은 단단했다. 남양주 덕소 사무실은 비교적 인간적인 분위기였지만, 그렇다고 나를 쉽게 받아들여 주지는 않았다. 사람들은 경계하며 거리를 둔 채 조용히 지켜봤다. 나는 그들의 시선을 외면한 채, 묵묵히 적응해 나갔다. 하지만 이번에는 달랐다. 자리를 지키는 데 연연하지만은 않기로 했다. 움직임 하나하나에 전략을 담았다.

첫째, 방어만 하지 않는다. 둘째, 회사가 어떤 프레임을 씌우려 해도 사실과 근거로 반격한다. 셋째, 팀장과 선배들의 허점을 파악하고, 필요할 때 드러낼 수 있도록 자료를 축적한다. 넷째, 이 모든 걸 감정이 아닌 데이터와 기록으로 남긴다. 새로이 돌아온 나는 회사가 요구하는 '조직 적응자'가 아니라 나 스스로를 지키는 법을 아는 사람이 되어 있었다. 단단한 복귀자, 나는 나를 보호하기로 했다.

사무실 분위기는 어색했지만, 나에게 있어 그러한 분위기는 더 이상 중요하지 않았다. 나는 팀장의 말 한마디, 팀원의 눈짓 하나에도 이전처럼 반응하지 않았다. 오히려 그들의 반응을 관찰하며, 상황을 유리하게 뒤집을 기회를 기다렸다. '이젠 방심하지 않는다. 나의 한순간 실수로도 나를 무너뜨릴 수 있는 회사라면, 나는 그보다 더 철저히 준비할 것이다.' 나는 출퇴근 시간에 근로기준법을 다시 읽었고, 회사 인사 규정, 업무 매뉴얼, 윤리 강령까지 숙지했다. 모든 상황에 대비한 나름의 내부 대응 매뉴얼도 정리했다. 불합리에 맞설 준비가 되었고, 필요하면 다시 싸울 수 있으며, 절대 무너지지 않을 단단함을 지닌 채, 언젠가 또 찾아올 공격에 대비해 나는 회사에서 살아남기 위한 법적·심리적 방탄조끼를 갖춰야 했다.

덕소 사무소로 복직한 지 얼마 지나지 않아, 나는 이상한 기류를 감지했다. 누군가가 나를 유심히 지켜보고 있다는 느낌, 그 시선은 분명 회사 내부, 나의 주변에서 시작되었다. 처음에는 민감한 나머지 일어난 착각이라 여겼다. 하지만 너무도 정교하고 반복적으로 나에게만 일어나는 일들에 나는 내 짐작을 확신했다. '이건 우연이 아니다. 누군가 날 보고 있다.' 그 시선의 중심엔 김 차장이 있었다. 그는 강북 선로팀에서 근무하던 팀원이었는데, 공교롭게 내가 남양주 덕소로 발령되는 그 시기에 정년 퇴직을 얼마 남겨 두지 않은 상황에서 덕소 운용실장으로 발령받았다. 직전까지 8년간 같은 팀 강북 선로팀장을 맡았던 그가 퇴직을 얼마 안 남기고 팀원으로 내려와 근무하다 퇴직이 예고된 입장이었다. 팀장 보직자들이 퇴직을 앞두고 보직을 내려놓고 팀원으로 근무하다 퇴직하는 일은 당시까지 KT 관행이었다. 그는 회사에서 내린 '우연한 결정'이라 둘러댔지만, 나는 감각적으로 알았다. 그는 감시자였다.

방심은 없다.

김 차장은 늘 말없이 나를 따라붙었다. 출근할 때면 먼저 나를 훑는 시선이 보였고, 점심시간에도 혼잣말을 하며 내 행동을 메모하는 듯한 모습이 자주 보였다. 어느 날, 우 팀장이 내게 말했다.

"오 과장, 앞으로 매일 출근 보고, 퇴근 보고, 그리고 업무 내용은 카카오톡으로 정리해 매일 보고해 주세요."

멈칫했다. 이건 분명 나만을 위한 규칙이었다. 그 어떤 팀원도 이런 식으로 '하루 보고'를 하지 않았다.

"출근했습니다."

"퇴근합니다."

"오늘은 △△ 현장 점검, 설계도면 확인, 서류 정리했습니다."

그렇게 나는 하루 두 번, 많게는 세 번씩 카톡으로 보고 아닌 보고를 올려야 했다. 받는 사람은 우 팀장이었고, 반응은 거의 없었다. 하지만 나는 알고 있었다. 그들은 읽고 있었다. 매일 내 행동을 기록하고 있었고, 내가 '실수'하는 순간만을 기다리고 있다는 것을….

그들의 기대와 달리, 나는 어떤 실수도 하지 않았다. 오히려 나는 그 감시를 역으로 이용했다. 카톡 보고 내용 하나 하나, 일상의 모든 것들을 증거화하기 시작했다. 모든 메시지를 클라우드에 자동 백업했고, 주 1회, 회사 업무 일지와 대조해 별도 정리했다. 퇴근 후, 그날 있었던 감정과 상황을 함께 써 둔 '비공개 일지'도 만들었다. 그 누구보다 방어에 철저했고, 심지어 회사의 규정서, 매뉴얼, 윤리 강령까지 통째로 분석해 나의 '모든 대응' 매뉴얼이 규정에 근거한 것이라는 사실을 스스로 입증할 준비를 마쳤다. '나를 감시하고 싶다면 해 봐라. 그 감시가 결국 너희들을 잡는 독배가 될 거다.'

감시자의 고백, 그리고 흔들림 없는 의지

복귀 후 약 4개월쯤 지났을 무렵, 나를 감시하던 김 차장이 갑자기 덕소를 떠나 혜화 사무실로 복귀했다. 왜 갑자기 근무지를 옮겼는지 어떠한 설명도 들을 수 없었다. 하지만 김 차장이 떠난 덕분에 더 이상 나를 지켜보는 사람이 없다는 사실만으로도 마음은 한결 가벼워졌다. 그렇게 평온을 되찾은 덕소 생활 속에서 시간은 흐르고, 김 차장에게도 정년 퇴직 날짜가 다가왔다. 그리고 퇴직 송별회 날, 술자리가 무르익어 갈 즈음, 김 차장이 조용히 내 옆으로 다가오더니 예상치 못한 말을 건넸다.

"오 과장, 품질계획부 인사 담당 이OO가 나에게 덕소로 가 오 과장을 지켜보라고 하더라."

잠시 말을 멈춘 김 차장이 쓸쓸한 표정을 지으며 말을 이었다.

"그래서 내가 덕소로 간 거야. 그런데 '나이 먹고, 야 이건 아니다' 싶은 생각이 들더라. 그래서 다시 혜화 사무실로 복귀하겠다고 했어. 솔직히 회사에서 시켜 어쩔 수 없었던 거야. 오 과장, 미안하다. 나도 그동안 많이 불편했어."

은퇴하는 김 차장의 고백을 듣는 순간, 가슴이 묘하게 저릿했다. 내가 조심스레 답했다.

"차장님, 실은 저도 어느 정도 알고 있었어요. 이렇게 솔직히 말씀해 주셔서 정말 감사합니다."

　마침 같은 사무실에 근무하던 옆자리 김 부장이 우리의 대화를 들었다. 김 부장 역시 고개를 끄덕이며 김 차장의 말을 함께 받아 주었다. 사실, 나는 이미 짐작하던 바였다. 하지만 이렇게 솔직하게 털어놓는 결단이 쉽지 않은 걸 알기에, 다시 한 번 김 차장에게 정말 고맙다는 인사를 전했다. 회사 조직 안에서, 그것도 상사가 '이건 아니야' 하며 양심에 따라 움직이기는 쉽지 않고 흔치도 않다. 결국 '직원에 의한 직원의 감시'를 스스로 거부하고, 양심을 따랐던 김 차장의 진심이 느껴졌다. 김 차장의 퇴직 송별회는 그렇게 따뜻하고 후련한 마음으로 끝이 났다.

　그날 이후 나는 더욱 단단해졌다. 감시자는 떠났지만, 감시라는 시스템은 여전히 살아 있다는 걸 확실히 알게 되었다. 나는 더 이상 감시자를 두려워하지 않았다. 그들의 시선이 오히려 나를 더 강하게, 더 깨어 있게 만들기 때문이었다. 이제 나는 그 어떤 음해에도, 모함에도 흔들리지 않는 내공이 생겼다. 그들이 다가오는 방향은 이미 내가 예상하고 있는 경로였고, 나는 그들의 움직임보다 더 빠르게 방어하고, 필요하다면 맞설 준비가 되어 있다. 나는 나 스스로를 지키는 방법을 터득했고, 여전히 경계하고, 늘 기록하며, 언제나 준비하고 있다. 그들은 다시 돌아올 것이다. 형태는 다르지만, 방식은 유사하게. 언제나 회사는, 나를 쓰러뜨리려 기회를 엿보고 있을 것이다. 그러나 나는 두렵지 않았다. 나는 감시 속에서 살아남았고, 그 감시를 통해 누구보다 단단해졌다.

8장
역사적인 대법원 판례

처음 새긴 노동 판례

드디어 대법원으로

해고 기간의 인사 평가 2심 패소 후 대법원 상고를 진행하기로 결정한 상태였다. 잘 다니던 회사에서 부당해고를 당했고, 해고 기간 평가조차 받지 못해 성과급과 임금에 있어서도 부당한 처우를 받아야 했다. 이중 삼중의 고통이었다. 나는 이 부당함을 견딜 수 없었다. 지노위, 중노위 심의에서는 각하됐지만 1심 법원에서는 승소했었다. 법원은 내 억울함을 받아 주었고, 나는 희망을 품었다. 하지만 기쁨도 잠시, 2심에서 받아들이기 힘든 논리로 패소 판결이 내려졌다. 패소 이유는 단 하나, 회사가 내세운 "인사 규정 시행 세칙 제28조 평가 년도 3개월 이상 근무하지 않은 직원에 대해서는 평가를 실시하지 않기" 때문이라고 했다. 2심 재판부는 이 조항을 근거로 "해고 기간은 인사 평가 대상이 아니"라 판단했다.

상고 결정을 했지만 대법원까지 가는 길은 험난했다. 주변에서 "대법원은 법리 판단만 할 뿐, 개별 사안에 대한 주장은 통하지 않는다"는 말들이 들려 왔다. 박국병 변호사가 말했다.

"대법원에 상고하더라도 받아 주지 않고 바로 기각하는 경우가 많습니다. 원래 그런 곳입니다. 상고를 받아들인다 해도 뒤집기 역시 쉽진 않습니다."

내가 물었다.

"이게 말이 됩니까? 억울함을 풀려면 최소한 말할 기회라도 있어야 하는 거 아닌가요?"

그는 고개를 저었다.

"대법원은 사실 관계보다는 법리 판단에 치중합니다. 하지만 법리로 봤을 때도 이 사안이 받아들여질 가능성은 있습니다."

쉽게 잠들지 못했다. 억울함에 눈물이 났고, 불면의 밤이 계속됐다. 마음을 다잡아 상고를 진행했고, 변호사와 상의해 상고 이유서를 제출했다. 상고 이유서는 단순명료했다. 박 변호사가 2심 패소의 맥을 짚어 주장한 상고 이유서는 내용은 다음과 같다.

[상고이유서]

원심 판결, "시행 세칙 28조의 인사 평가 년도에 3개월 이상 근무하지 않은 직원은 평가를 실시하지 않는다. 문언상 명백하고 이렇게 하는 것이 공평의 원칙에 반한다 볼 여지도 없으며, 해고 기간 동안에 회사에 3개월 근무한 바 없는 원고에 대한 인사 평가를 실시하지 않고 평가 제외로 처리한 회사의 처분이 어떠한 위법이 있다고 볼 수 없다." 이렇게 해석하는 것이 공평의 원칙에 반하지 않는다는 등의 이유로 원고의 청구를 기각하였습니다. 하지만 원심 판결은 아래 대법원 판례에 상반되는 판결입니다.

(대법원 2011다95519판결), "사용자가 근로자를 해고하였으나, 해고의 정당한 이유가 없어 무효인 경우에 근로자는 부당해고 기간 정상적으로 일을 계속하였더라면 받을 수 있었던 임금을 모두 지급받을 수 있다. 해고가 무효인 이상 근로 관계는 지속되는 것이고, 해고 기간 근무를 하지 못했던 것은 사용자의 귀책 사유이기 때문이다.

따라서 해고 기간 받지 못한 연차 수당 등도 당연히 지급되어야 하며, 이를 산정하기 위한 근로 일수와 출근 일수를 계산할 때도 부당해고로 인하여 근로자가 출근하지 못한 기간을 근로자에게 불리하게 고려할 수는 없는 것이므로 그 기간을 근로 일수, 출근 일수에 모두 산입되는 것으로 보는 것이 타당하다"라고 판시하고 있습니다.

원심 판결은 부당해고자인 원고의 임금 인상 기준이 되는 인사 평가에 있어 평가 년도 "3개월 이상 근무"라는 출근 일수 기준 미충족의 책임을 부당해고자인 원고에게 지움으로써 위 대법원 판례에 상반되므로 당연히 파기되어야 할 것입니다.

이렇게 법리적 부분만 군더더기 없이 명확하고 깔끔하게 정리하여 상고 이유서를 제출했다. 만족스러웠다.

며칠 후, 상고가 받아들여졌다는 소식이 들려왔다. 다시 전장이다. 심장이 쿵쾅거렸다. '받아들여졌다고? 그렇다면 뒤집어질 수도 있다는 얘기잖아!' 심연에서 다시 희망이 피어올랐다.

인사 규정 시행 세칙 꼼수

나는 이 건을 처음부터 다시 파헤치기로 했다. 절대 놓치지 않겠다는 각오로 밤낮을 가리지 않고 자료를 뒤졌다. 2심 판결의 논리적 근거는 시행 세칙 28조, 그런데 감이 왔다. 그것만으로는 모든 걸 설명할 수 없을 수도 있다.

2016년 12월의 노사 단체 협약 문서를 세세히 들춰보던 중, 맨 마지막 부분에 아주 작은 글씨로 적힌 문구 두 줄이 눈에 들어왔다.

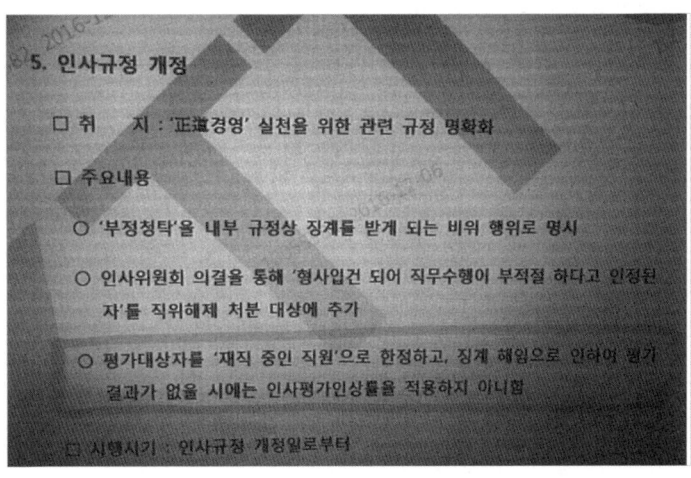

〈2016년 노사 단체 협약〉 문서

(인사 규정 개정) "평가 대상자를 '재직 중인 직원'으로 한정하고, 징계 해임으로 인하여 평가 결과가 없을 시에는 인사 평가 인상률을 적용하지 아니함(시행일 2017. 1. 1일자)."

결정적 단서였다. 그 순간 난 전율했다. 바로 내가 찾던 증거였다. 회사는 소송 과정에서 교묘하게 인사 규정의 내용을 왜곡해 주장했다.

"시행 세칙 제28조에 따르면, 당해 연도 중 3개월 이상 근무하지 않은 직원은 인사 평가를 실시하지 않는다"고 하면서, "이는 문언상 명백하며, 공평의 원칙에도 위배되지 않는다. 따라서 해고 기간 동안 회사에 3개월 이상 근무한 적이 없는 원고에 대해 인사 평가를 제외한 것은 어떠한 위법성도 없다"고 강변했다. 하지만 실상은 달랐다. 내가 해고 기간의 인사 평가를 문제 삼아 소송을 제기하자, 회사는 그 뒤에야 인사 규정을 개정한 것이다. 1심 소송에서 나는, 회사가 이미 '해고 기간 중 인사 평가 결과를 반영하지 않는다'는 인사 규정을 새롭게 변경해 놓았다는 사실을 전혀 알지 못한 채 싸웠던 것이다. 이 사실을 진즉 알았다면, 2심에서도 충분히 승소할 수 있었을 터였다. 회사는 이러한 인사 규정 변경 사실을 숨긴 채, 애초부터 '인사 평가 제외'가 정당한 것으로 교묘하게 주장했던 것이다. 뒤늦게야 그 사실을 알게 된 나로서는 더욱 억울함을 삼킬 수밖에 없었다. 바로 박국병 변호사에게 전화를 걸었다.

"변호사님! 결정적 자료를 찾았어요. 회사가 소송 시작 이후에 인사 규정을 변경했어요. 이걸 증거로 제출하면 대법원이 판단을 뒤집을 수도 있어요! 제가 개정된 내용 2줄을 읽어 드릴게요"

나의 이야기와 변경된 인사 규정 내용을 들은 박 변호사의 목소리가 흥분으로 들떴다.

"정말 결정적 증거입니다. 상고심 참고 서면에 꼭 포함시켜야 돼요. 증거 자료 메일로 바로 보내 주세요."

이렇게 박국병 변호사는 내가 제공한 증거를 바탕으로, 인사 규정 변경 의도를 추가로 설명하는 참고 서면을 작성해 대법원에 제출했다. 그리고 드디어…, 대법원 판결일이 다가왔다. 온몸이 긴장으로 굳었다. 판결문을 받기 전까지 하루하루가 길고 무겁게 흘러갔다.

바로 세운 정의, 첫 대법원 판례

2019년 2월 14일, 마침내 판결문이 도착했다.

[대법원 2019. 2. 14 선고 2018다 279040 판결]
원심을 파기하고 원고 승소 취지로 사건을 파기 환송한다.

우리가 주장한 상고 이유와 참고 서면의 내용이 그대로 인용되었다. 판결문을 보는데, 가슴이 먹먹했다. 눈물이 왈칵 쏟아질 것 같았다. '이겼다…! 드디어…, 대법원에서 이겼다!' 복도 한편에 벽을 짚고 한동안 멍하니 서 있었다. 억울했던 시간들, 무수한 불면의 밤들, 이어진 좌절과 고통 속에서도 끝내 포기하지 않았던 내가 대견했다. 하늘을 올려다보며 외쳤다.

"고맙습니다. 드디어 정의가 나를 받아 줬습니다!"

가슴이 벅차고 너무 좋았다. 이렇게 기쁨을 만끽했다. 며칠 후, 모르는 번호로부터 전화가 걸려 왔다.

"노동 전문 매체 '매일노동뉴스'의 제정남 기자입니다. 혹시 통화 가능하신가요?"

"아, 네. 가능합니다. 그런데 무슨 일로…?"

"이번 판결은 한국 노동 판례 역사에서 매우 중요한 전환점입니다.

해고 기간의 인사 평가를 인정한 대법원 첫 판례이니까요. 그래서 인터뷰를 요청드리려 합니다."

나는 망설이지 않고 인터뷰에 응했다. 사건의 시작부터 대법원 판결에 이르기까지의 모든 과정, 그리고 그 안에서 내가 겪어야 했던 고통과 끝까지 버터 온 시간들을 있는 그대로, 진심을 담아 털어놓았다. 며칠 후, 기사가 공개되었다.

[매일노동뉴스]
대법원 '부당해고 기간 임금, 성과급 모두 지급해야'

(제정남. 입력: 2019. 05. 15)

부당해고로 노동자가 일하지 못했다면 해고 기간 동안 받지 못한 임금과 임금 인상분뿐 아니라 성과급도 지급해야 한다는 대법원 판결이 나왔다.

대법원2부(재판장 박상옥 대법관)는 KT 노동자 오희표(45)씨가 해고 기간 받지 못한 임금을 돌려 달라며 제기한 임금 반환 소송에서 원고 패소 판결한 원심을 파기하고 사건을 원고 승소 취지로 최근 수원지법으로 돌려보냈다.

KT는 경기남부유선운용센터 선로팀에서 일하던 오씨를 2013년 2월 해고했다. 회사 정보를 외부에 유출했다는 이유였다. 오씨가 제기한 해임 처분 취소 소송에서 재판부는 "KT의 징계 해임은 사회 통념상 현저하게 타당성을 잃었다"고 판결했다. 부당해고 판결을 받은 오씨는 해고 3년 만인 2016년 1월 복직했다. KT는 해고 기간 받지 못한 임금과 단체 협상에서 확정한 임금 인상분을 지급했다. 그러나 성과급은 주지 않았다.

KT는 인사 규정과 인사 규정 시행 세칙에 따라 직원을 매년 5단계 등급으로 평가한다. 등급에 따른 추가 임금 인상률을 정하고 임금 인상분을 추가로 준다. 등급별로 임금을 최대 5% 가산하거나 0.5% 감액한다. 회사는 오씨가 해고 기간에 일을 하지 않았다며 0%를 적용했다.

오씨는 "부당해고를 당하지 않았더라면 직원 50%가량이 받는 중간 등급으로 평가받을 수 있었을 것"이라며 임금 반환 소송을 냈다. 1심 재판부는 오씨 손을 들어 줬지만 2심 재판부는 "(해고 기간)근무한 바 없는 원고에 대해 인사 평가를 실시하지 않은 처분에 어떠한 위법이 있다고 볼 수 없다"고 판시했다.

대법원은 판결문에서 "사용자 부당해고로 인해 근로자가 근로를 제공하지 못한 기간을 근로자에 대해 불리하게 고려할 수는 없다"며 "회사는 원고에게 적정한 등급의 추가 임금 인상분을 포함해 부당해고 기간 동안 정상적으로 일을 계속했더라면 받을 수 있었던 임금을 모두 지급할 의무가 있다"고 적시했다.

(출처: 매일노동뉴스 http://www.labortoday.co.kr)

기사 제목을 보는 데, 벅찬 감정이 다시 몰려왔다. 그랬다. 대법원 최종 판결은 나만을 위한 것이 아니었다. 지금 이 순간, 어딘가에서 부당하게 해고당하고 억울함을 느끼고 있을 노동자들에게, 이 판례는 분명 희망이 될 것이다. 나는 생각했다. '포기하지 않길 정말 잘했다.' 회사는 교묘하게 법의 빈틈을 이용하려 했지만, 정의는 끝내 살아 불의를 용서하지 않았다. 대법원이 그들에게 말하고 있었다. 꼼수는 잠시 통할 수는 있어도 영원하지 않다고. 이제 나는 내 자리로 돌아간다. 끝내 승리해 쟁취해 낸 나의 권리가 결코 나만의 것은 아니었다. 언젠가 또 누군가가 부당한 해고나 인사 조치를 마주하게 될 때,

오늘의 이 판례가 그들에게 작은 빛이 되어 줄 것이다. 길을 잃지 않게 버티는 힘이 되어 줄 수 있으리라 믿는다. 나는 입을 굳게 다물고 한 문장을 되새겼다. "정직한 삶은 반드시 빛이 난다."

변화의 조짐들

달라지는 시선들

대법원 상고심 승소 판결. 그건 단순한 판결문 한 줄이 아니었다. 지난 수년의 고통과 절망 속에서 만들어 낸 희망이었다. 그 긴 싸움의 끝에서 마침내 의미 있는 결과를 얻었고, 그 결과는 하나둘 현실로 나타나기 시작했다. 회사는 조용히 내 인사 고과를 재조정했다. 지난 3년간 억울하게 받았던 무등급 '0'이 마침내 사라지고, 평균 등급으로 정당하게 복원되었다. 그에 따라 기본급 인상도 함께 이루어졌음은 물론, 미지급됐던 임금 상승분이 드디어 내 통장에 입금되었다. 통장에 찍힌 숫자의 크기가 문제가 아니었다. 그 안에 내 존엄과 내가 추구하고자 했던 정의가 들어 있었다. 입금 확인 메시지를 확인하면서 가슴이 먹먹했다. 오랜 시간 꾹꾹 눌러왔던 감정이 홍수처럼 밀려왔다. '이제 끝이구나…. 그간의 시련에 대한 보상, 드디어 받았구나.'

복직 후 소송하는 과정은 나에겐 가시밭길이었다. 소송을 진행할 때마다 동료 직원들의 시선은 냉랭했다.

"야, 복직했으면 됐지, 회사를 상대로 또 고과 관련 소송을 진행한다고?"

"그냥 조용히 다니면 될 걸."

엄 팀장은 나를 따로 불러 회유하기까지 했다.

"정말 꼭 해야겠습니까?"

내가 패소했다면, 상황은 그야말로 참혹한 결과로 치달렸을 것이다.

"복직했어도 그렇게 회사에 칼을 겨누는구나."

"어떻게 회사를 다니면서 회사를 상대로 소송을 할 수 있지?"

동료들의 눈빛은 더 냉랭했을 테고, 나에 대한 평판은 헤어날 수 없는 지경으로 추락했을 일이다. 어쩌면 더 이상 버텨 내지 못할 거대한 벽에 부딪혔을지 모른다. 다행히도, 나는 승소했다. 나의 소송 결과가 기사화되어 세상에 알려졌다. 그리고…, 놀랍게도 직원들의 시선이 달라지기 시작했다. 분명 예전과는 다른 시선이 느껴졌다. 그들은 더 이상 나를 '이상한 사람, 문제아'로 보지 않았다. 묵묵히 싸워 끝내 정의를 이끈 사람으로 바라보는 듯싶었다.

작은 파문이 일으킨 희망의 파도

전화벨이 울렸다. 발신자 표시가 없는, 낯선 번호. 대법원 판결 이전과 같은 심정이었다면 받지 않았을지도 모를 일이었다. 그런데 그날은 통화 버튼 누르는데 어떠한 망설임도 없었다.

"네, 오희표입니다."

수화기 너머 조심스러운 목소리가 들려왔다.

"안녕하십니까? 저는 울산에서 활동 중인 이원희 노무사라고 합니다. 대법원 승소 기사를 우연히 보게 되었고, 너무 큰 감동을 받아 이렇게 결례를 무릅쓰고 연락드렸습니다…."

순간 얼떨떨했다. '울산? 노무사? 기사 보고 연락했다고?'

"그런데 제 번호는 어떻게 아셨죠?"

약간은 경계의 마음을 숨기지 않은 채 물었다.

"현 KT 어용 노조가 아니라, 내부에서 목소리를 내는 새노조, KT 제2노조와 KT민주동지회를 통해 물어 물어 어렵게 알 수 있었습니다. 죄송합니다. 다만…, 정말 간절한 상황이 있어서…."

그의 목소리에 거짓이나 가식이 있어 보이지는 않았다. 무거운 감정이 나에게 전달되었다.

"제가 지금 한국석유공사에서 벌어지고 있는 사건을 맡고 있습니다. 명예 퇴직을 거부한 직원들이 원거리로 발령되었고, 이어서 터무니없는 '최하위' 인사 고과가 내려졌습니다. 제가 보기엔 명백한 보복성 조치입니다. 그런데 회사는 그 모든 것을 합리적인 절차라 주장하고 있습니다."

잠시 말을 멈춘 그가 힘겹게 다시 말을 이었다.

"그래서 지금 지방노동위원회에서 회사와 싸우고 있습니다. 하지만…, 아무리 소리쳐도 누구 하나 귀 기울여 주지 않아요. 그런데 선생님의 대법원 판결을 보고 희망을 보았습니다. 아, 이길 수도 있겠구나…. 정의는 존재하는구나…, 하고요."

그의 말을 들으며, 나는 그가 말한 상황이 마치 내가 걸어왔던 지난 시간의 모습과 너무도 닮았다는 생각이 들었다. 권력을 가진 조직은 비슷한 방식으로 약자를 누르고, 무리한 인사 조치를 통해 그들의 목소리를 억누르려 한다. 그리고 그 피해자들은, 나처럼 길고 고단한 싸움 끝에야 그나마 겨우 인정받는다.

"혹시… 정말 실례인 줄 알지만… 그 대법원 판결문, 공유해 주실 수 있으실까요? 그 판례 하나가, 저희 사건에서 결정적 반전의 열쇠가 될 수 있습니다. 저희 의뢰인들은 지금, 마지막 기회 하나에 모든 희망을 걸고 있습니다….”

"물론입니다. 그 판결문, 메일로 바로 보내 드릴게요. 메일 주소 문자로 남겨 주시고, 결과가 나오면 제게도 꼭 알려 주세요."

"네 알겠습니다. 정말 감사합니다. 감사합니다."

간절함이 느껴졌다. 이원희 노무사! 노동자를 자기 일처럼 생각하는 간절함이, 마치 강두용 노무사를 연상케 했다. 가슴이 뭉클했다. 나는 알았다. 내가 끝내 이뤄 낸 이 결과는, 나만의 몫이 아니었다. 많은 사람들에게 가 닿는 파문이었고, 어떤 이들에게는 생존 그 자체일 수도 있었다. 그날 이후, 나는 더 이상 '피해자'가 아니었다. 나는 '길을 만든 사람'으로, 다른 누군가의 어두운 밤을 비추는 작은 등불이 되어 있었다. 몇 달이 흘렀을 무렵, 다시 전화벨이 울렸다. 이번엔 번호가 낯설지 않았다. 바로 몇 달 전 나에게 간절히 도움을 요청했던 울산의 이원희 노무사였다. 혹시나 하는 기대감에 전화를 받았는데, 빠르게 들려온 그의 목소리.

"선생님…, 정말 감사합니다! 덕분에 승소했습니다! 부당 발령 취소와 함께 최하위 인사 평가도 평균으로 회복되었습니다. 총 7명이 함께 구제됐습니다."

노동 연대를 위해

그날, 긴장과 간절함이 담긴 목소리로 내게 판결문을 부탁하는 그의 심정이 생생히 떠올랐다. 그가 말한 현장의 노동자들, 억울한 부당 발령, 인사 불이익, 그리고 조직의 탄압 앞에 바람 앞 등불처럼 흔들리던 사람들, 그들에게 나의 판례가 희망이 되었고, 실제로 법정에서 정의가 인정되었다는 그 말 한마디에 가슴이 벅차올랐다. 내가 겪었던 지난 날 고통의 과정이 누군가에게 구원이 되어 주었다니 이보다 보람된 일이 또 있을까? 그날 이후, 내 주변에 하나둘씩 변화가 생기기 시작했다. 가까운 지인들로부터의 문의가 이어졌다. 친구이자 후배인 김 세무사는 자신의 친구가 권고 사직을 강요받고 있다며 상담을 요청해 왔고, 동창의 친구는 회사에서 지속적인 퇴사 압박에 노출되어 있다며 상담을 청했다. 나는 나의 실전 경험을 토대로 필요한 이들에게 조언을 해 주기 시작했다.

"해고를 당하기 전에 최대한 증거를 확보해야 해. 이메일, 문자, 대화 녹취 다 모아 둬. 그리고 해고되면 바로 지방노동위원회에 부당해고 구제 신청을 해. 이유서는 이렇게 써야 하고, 증거 자료는 이렇게 정리하면 돼."

소주 한잔 기울이며, 때로는 커피숍에서 마주 앉아, 나는 그들에게 내가 경험하며 배운 모든 정보들을 전수했다. 그들이 내게 고맙다고 했지만, 나야말로 기뻤다. 내 경험이 누군가에게 도움이 된다면, 그것보다 더 가치 있는 일이 어디 있을까? 그러던 어느 날, 회사 동료 유 선배에게서 다급한 전화가 걸려 왔다.

"해고된 후배가 있는데, 네가 좀 도와줘야겠다."

"어디에요? 당장 만나요."

커피숍에서 마주 앉은 유 선배의 후배란 이가 불안한 표정으로 자신의 상황을 설명했다. 회사를 상대로 한 소송은 철저히 준비해야 승소 가능성을 높일 수 있다는 걸 알기에 나는 차근차근 설명하며, 진정을 담아 어떤 증거가 필요한지, 필요한 증거는 어떻게 수집해야 하는지, 어떻게 진정서,이유서를 작성해야 하는지까지, 세세하게 가르쳐 주었다. 게다가 중간 중간 연락을 취하며 멘탈 관리까지... 두 달 후, 그는 부당해고 구제 신청에서 승소했다.

"형님! 저 이겼어요! 감사합니다!"

그 목소리에 기쁨과 안도감이 가득했다. 나도 같이 웃었다. 또 한 명의 부당해고 노동자가 자신의 권리를 찾았다. 후에도 문의는 계속됐다. 한 친구는 해고 직전이라 했다. 나는 말했다.

"해고되기 전에 철저히 준비해야 해. 부당해고라는 걸 증명하려면, 미리 증거를 확보해야 해."

나는 해고 직전 대응 전략을 전력을 다해 그와 의논했고, 그는 결국 승소했다. 그렇게 하나둘씩, 내 경험이 힘든 싸움에 나선 이들에게 빛이 되었다. 문득 생각했다. 나도 언젠가는 강두용 노무사처럼, 부당한 일을 겪는 노동자들을 돕는 일을 하고 싶다고. 나의 경험이 누군가의 인생을 바로 세울 수도 있다는 사실에, 나는 깊은 보람을 느꼈다. 이보다 더 가치 있는 일이 또 있을까?

9장

끝나지 않은 전쟁

구조 조정이라는 이름의 태풍

드디어 제자리로, 안정적 나날들

이미 세 번의 소송을 통해 회사의 부당함을 증명했고, 언론에도 내 승소 소식이 기사화되었다. 나의 경험이 개인의 법정 승리 이상의 커다란 보람으로 돌아왔고, 나는 방심하지 않고 매사를 철저히 관리하며 회사 생활에 조금씩 안정을 찾아 가고 있었다. 이전에 내게 양심 고백해 준 김 차장은 정년 퇴직했고, 2년간 나를 감시했던 우 팀장은 조용히 다른 팀 팀원으로 강등당했다. 그 자리를 대신해 새롭게 부임한 이는 최 팀장이었다. 그가 우리 팀에 부임했을 때 나는 여전히 긴장의 끈을 놓을 수 없었다. 이전의 경험들로 깊이 새겨진 경계의 마음이 아직은 여전했기 때문이었다. 그런데 그는 지금껏 봐 온 다른 팀장들과는 분명히 달랐다. 내가 보건대 그는 늘 합리적인 태도로 사람과 업무를 대했다. 불필요한 권위 의식을 드러내지 않았고, 회의 시간엔 말보다 실천적 해결 방안을 먼저 고민했다. 무엇보다 인상적이었던 건, 그가 팀원 한 명 한 명의 고충을 진심으로 귀 기울여 듣는다는 점이었다. 나의 소송 이력에 대해서도 일언반구 문제 삼는 일이 없었다. 그는 "지나간 일보다 지금 우리 팀을 어떻게 잘 굴러가게 할지를 생각한다"는 말로 나를 안심시켰고, 팀원들 역시 그런 그에게 신뢰를 보냈다. 그에 대한 팀원들의 평가는 한결같았다.

"사람 괜찮다."

"공정하고 합리적이며, 말이 통한다."

"괜한 불편함을 만들지 않는 팀장이다."

회사와 맞서 싸워 온 시간이 길었던 만큼, 내겐 나를 방어하는 습관이 몸에 배어 있었다. 그러나 최 팀장을 마주한 이후, 처음으로 나는 회사 내에서 조금은 마음을 풀어 일할 수 있었다. 그럼에도 나는 경계를 완전히 늦추지는 않았고, 모든 이메일과 회의록을 꼼꼼히 정리하고 기록했다. 이미 회사라는 전장 속에서 결코 방심하지 않는 전사가 돼 있던 터였다. 그럼에도 인간적 따뜻함을 가진 상사와의 만남은 내가 버텨 온 지난 10년 중에는 처음이었다.

"내가 믿는 건 자네야."

최 팀장이 커피잔을 내려놓으며 말했다.

"회사가 뭐라 하든 중요한 건 오 과장이 지금껏 해 온 일이잖아. 다른 사람은 몰라도 난 알고 있어. 흔들리지 말고, 앞으로도 자네 방식대로 잘해 보자고."

그 말투에는 위로나 동정 따위가 아닌, 진심 어린 신뢰가 담겨 있었다. 그런 말을 들을 때마다 지난 날들이 생각나 목울대가 꿀렁거렸다. 지난 몇 년, 나는 늘 누군가의 시선을 의식하며 살아왔다. 감사실의 의심 어린 시선, 인사위원회의 냉담한 판결, 팀장의 의도적 배제, 나를 회피하는 동료들의 눈빛들…. 나를 믿는다는 말, 나 스스로에 건네는 다짐을 제외하곤 오랫동안 들어본 적 없는 말이었다.

"네, 팀장님…. 정말 감사합니다. 솔직히 이렇게 말씀해 주신 분 처음입니다. 저를 믿어 주시고, 사람 대 사람으로 대해 주셔서…, 진심으로 감사드립니다."

"우린 한 팀이잖아. 그런 게 팀 아니겠어?"

최 팀장이 환하게 웃으며 내 어깨를 가볍게 두드렸다. 그 짧은 대화 속에 내가 그토록 원했던 '소속감'이 느꼈다. 말 한마디에 어깨를 짓누르던 무게가 스르르 풀리는 듯했다. 무너지지 않기 위해 버텼던 세월 끝에, 누군가 나를 이해해 주는 이가 있다는 사실이 이렇게 큰 위로가 될 줄 예전엔 몰랐었다. 그날 이후, 나는 다시 열심히 일할 힘이 생겼다. 오랜만에 스스로를 믿어 보자는 마음이 들었다.

최 팀장은 늘 직원 한 명 한 명을 살폈고, 무슨 일이건 잘 되면 공개적인 칭찬을 마다치 않았다. 내가 맡은 프로젝트가 성과를 내자 기꺼이 나를 추켜세워 줬고, 나는 마침내 인사 고과에서 상위 점수를 받게 되었다. 뿐만 아니라 운용실장 직무 대리 권한까지 위임받아 실질적인 책임과 권한까지 가질 수 있었다. '드디어, 이제 회사로부터, 동료들로부터 진짜 인정을 받는 건가….' 지난 날들을 회상하는 오늘의 내가 뿌듯했다. 하지만 회사라는 조직은, 늘 예상치 못한 방향에서 폭풍우를 몰고 온다. 나는 그때까지 앞으로 닥쳐 올 폭풍우의 냄새를 전혀 감지할 수 없었다.

폭풍 전야

2024년 11월, 겨울의 시작을 알리는 대기의 찬바람과 함께, KT 내부에 차가운 바람이 불기 시작했다.

어느 이른 아침, 전 사 공지 메일이 도착했다.

KT, 대규모 조직 개편 및 인력 재배치 안내

제목을 클릭한 순간, 나는 내 눈을 의심했다. 그리고 이어진 임원 회의 결과 들려 온 발표는 충격 그 자체였다.

"무선 분야와 본사는 그대로 두되, 유선 분야 인력 5,500명은 신설 법인으로 전환 배치됩니다."

"희망 퇴직은 전 직원을 대상으로 하며, 조건 없이 신청 가능합니다."

"신설 법인으로 전환 신청하지 않을 경우, 유선 잔류 인력은 도외지 영업 조직으로 강제 배치됩니다."

말이 '전환'이지 사실상 자회사 전출 혹은 퇴사 압박이었다. 누구나 알 수 있었다. 그 조치는 선택이 아닌 협박이었다. 직원들끼리 교환하는 시선에 혼란과 공포, 분노가 뒤섞여 있었다.

"저게, 말이야 막걸리야? 우리 보고 영업을 하라고?"

"도외지로? 지금 50이 넘은 이 나이에?"

믿고 싶지 않았다. 하지만 그날 저녁, 모든 혼란을 한 방에 쓸어 삼키는 무시무시한 폭풍이 전율 속에 몰아 닥쳤다. MBC 9시 뉴스, 메인 화면에 충격적인 헤드라인 큼지막한 글씨로 또렷이 새겨졌다.

KT, 희망 퇴직 및 유선 부문 5,500명 신설 법인으로 구조 조정…

뉴스 화면 속에 직접 등장해 말하는 사람은 안창용 KT 엔터프라이즈 부문장이었다. 박수기 선배와 함께했던 KTF 초창기 시절, 같은 팀에서 일했던 안 과장이었다. 나와 수기 선배, 그리고 그가 팀원으로 함께하며 술자리를 가진 적이 있을 만큼 어느 정도 교류는 있었고, 그의 부친상 때 군포 장례식장까지 찾아 직접 문상을 드릴 정도로, 당시에는 친분이 있던 사람이었다. 내가 해고 소송을 거쳐 복직했을 무렵, 그는 이미 상무로 승진해 있었고, 이후 부사장으로 승진했다. 정장 차림으로 화면에 등장한 그가 또박또박, 그러나 믿기 힘든 말을 내뱉었다.

안창용/KT 엔터프라이즈 부문장: 상상할 수 있는 시간이 지나면 지날수록 굉장히, 이제 모멸감도 있고, 자괴감도 있고, 굉장히 힘들 겁니다.
앵커: 그대로 KT에 남을 경우 스트레스가 클 것으로 압박합니다.
안창용/KT 엔터프라이즈 부문장: 어차피 사람 사는 세상인데 못 버티겠느냐? 그 스트레스 때문에 아마 쉽지 않을 거예요. 여러분들의, 지금 근무지가 아닐 가능성이 높아요. 계속 아마 외곽으로….

MBC 뉴스데스크 〈잔류하면 외곽으로〉 2024. 10. 30

강요된 선택들

손에 들고 있던 리모컨을 떨어뜨렸다. 화면은 그대로 멈췄고, 귓가엔 '자괴감'이라는 단어가 맴돌았다. '도대체 이게 현실인가? 이게 대한민국 대표 통신사라는 곳의 부사장이란 사람의 입에서 나올 말인가?' 그는 현재 KT의 부사장이다. 예전에는 나와 같은 팀에서 일하며 좋은 사람이라는 인상을 줬고, 합리적 사고방식으로 누구에게나 배려 있게 대하던 인물이었다. 업무에서도 늘 신중했고, 동료들의 이야기에 귀 기울일 줄 알며, 조화롭게 팀워크를 이끌었던 사람이었다. 특히 후배들에게도 깍듯이 대하는 등 권위보다 존중을 앞세워 주변 신망도 두터웠다. 그런데 오랜 세월이 흐른 지금 그의 모습에 그때의 따뜻하고 인간적 모습은 온데간데없었다. 구조 조정을 말하며 '자괴감'이란 단어로 위협하는 그의 말에 예전의 그의 태도는 전혀 없었다. 따뜻했던 눈빛은 차갑게 변했고, 배려심은 철저한 계산으로, 합리성은 권위적 태도로 대체되어 있었다. 시간이 그를 완전히 다른 사람으로 만들어 버린 듯싶었다.

누구보다 신중하고 상식적인 언어를 써야 할 부사장이라는 직책, 그의 입에서 나온 말이 남아 있는 직원들이 '자괴감'을 가질 것이라니…, 도외지로 발령 내 영업하게 함으로써 자괴감을 느끼게 하겠다니…? 수천 명의 직원들이 그날 이후 제대로 잠을 이루지 못했다. 노안이 온 기술직도, 십수 년 경력의 베테랑도, 이제 막 결혼한 젊은 가장도, 각자의 삶과 경력을 짓누르는 '강제 선택'에 내몰렸다. 사무실 복도엔 늘 조용한 긴장감이 터질 듯 팽배했다. 누군가 희망 퇴직서를 제출하면, 누군가 그 자리를 슬그머니 치웠다. 남은 사람들은 고개를 떨궜고, 사내 커뮤니티엔 '이게 끝이 아니다'는 불안한 예감으로 가득 찼다. 나는 생각했다. '저 말, 자괴감이 아니라 굴욕감이야. 그것도, 조직이 조직원을 고의로 파괴하겠다는 선언이다.'

2024년 12월, 한 해를 마무리해야 할 시점이었지만, KT 유선 부서는 이미 생존과 해체의 경계선에 서 있었다. 대규모 구조 조정 발표 후 불과 2주, 그 사이에 회사 분위기는 이미 아수라장으로 변해 있었다.

"어떻게 할 거야? 희망 퇴직 신청할 거야?"

"난 신설 법인으로 가는 거 못 하겠어. KT로 입사한 내가 자회사로 간다고…?"

"잔류? 잔류는 더 최악이야. 영업 TF라잖아. 도외지 발령 확정이라고…."

복도에서, 회의실 구석에서 오가는 대화가 점점 더 날카로워졌다. 강요된 선택 앞에서 사람들은 무너져 내렸다. 결정을 내리지 못한 채 하루하루를 소모하는 직원들의 얼굴은 초췌했고, 점심시간이 되면 서로 눈 마주치기조차 피했다. 그러는 사이, 결정은 굳어졌다. 우리 팀 24명 중 17명은 유선 분야 신설 법인으로의 전출을 신청했고, 3명은 희망 퇴직서를 냈다. 잔류자는 단 4명이었다. 나를 포함한 4명은 회사의 경고처럼 '도외지 영업 TF'로의 발령을 눈앞에 두고 있었다.

이번 구조 조정에서 내가 잔류를 선택한 이유는, 단지 일자리를 붙잡기 위해서가 아니었다. 그 결정의 중심에는 분명한 나만의 신념이 있었다. 이곳은 나의 첫 직장이자 마지막 직장이 될 곳이라 믿었고, 나는 끝까지 여기서 정년을 맞고 싶었다. 그 꿈을 포기하지 못해 긴 싸움 끝 복직을 선택했고, 부당함에 침묵하지 않기로 했으며, 더는 위축되지 않기로 마음을 먹었었다. 그리고 또 하나, 내가 포기할 수 없었던 가장 큰 이유. 내 딸에게 보여 주고 싶었다. 부당하게 해고당했지만 부당함에 맞서 끝내 복직을 이뤄 냈고, 그렇게 낙인찍히지 않고 마지막까지 꿋꿋이 있어야 할 자리를 지켜 낸 아버지의 모습을. 그

아이가 언젠가 몸 담을 사회 생활에서 부당한 일을 마주할 때, 주눅 들지 않고 당당히 맞설 수 있기를 바라는 마음으로. 그래서 나는 지금도 흔들림 없이 이 현실과 마주하고 있는 것이다. 지금도 나는 그 신념을 품은 채 여전히 그 길을 걷고 있다.

무거운 송별회

각자의 선택을 끝으로 이제 팀이 해체되는 그날이 왔다. 2024년 12월 28일, 송별회. 장소는 평소에 자주 회식을 하던 익숙한 고깃집이었다. 하지만 분위기는 이전과 완전히 달랐다. 어색한 웃음, 말끝마다 묻어나는 미안함, 그리고 잔류자들에게 건네는 조심스러운 인사들. 누군가 먼저 맥주잔을 들며 제안했다.

"일단…, 우리가 이 자리에 모일 수 있는, 마지막 날입니다. 건배합시다."

"건배!"

"잘 가라. 거기 가서도 몸 사리지 말고…."

"그동안 고마웠어. 우리 팀 정말 좋았는데 말이야."

나는 고개를 끄덕이며 맥주를 들이켰다. 기름 냄새와 함께 밀려오는 정겹던 고기 굽는 소리마저 오늘은 서글펐다. 옆자리 정 차장이 입을 열었다.

"오 과장님…, 나 사실 진짜 고민 많이 했어요. 자회사 가면 이직도 쉽지 않고, 무기 계약직 되는 기분이었거든요. 그런데 잔류하면 무조건 영업직이라니…. 영업은 진짜 못 하겠더라고요. 도외지 발령은 진짜 무섭잖아요."

나는 담담히 말했다.

"그래요. 당연히 이해합니다. 차장님만 그런 거 아니에요. 다들 힘들다고 생각하죠."

그때, 희망 퇴직을 신청한 이 차장이 쓸쓸한 미소를 지으며 말했다.

"나도 버틸 수 있을 줄 알았는데, 회사가 무서운 게 아니라…, 남아서 매일 눈치 보며 살아야 할 내 자신이 더 무섭더라고. '자괴감 들게 하겠다'는 말이 진짜 너무 아팠어. 사람한테 할 말이 아니잖아. 그 말 듣고… 결국 퇴직하기로 마음먹었어."

송별회 자리가 조용해졌다. 모두가 그 말을 기억하고 있었기 때문이다. 그날 TV 뉴스에서 안 부문장이 직접 언급한 그 단어, '자괴감, 모멸감'. 잠시 후, 전출을 선택한 유 과장이 조심스레 물었다.

"그런데… 잔류하신 분들은, 솔직히… 어떤 느낌이신가요? 후회 안 하세요?"

"후회? 글쎄. 선택이라는 게 항상 옳을 순 없잖아요. 각자 생각도 다르고요. 후회하진 않아요. 부딪쳐 봐야죠."

송별회 자리는 단순한 작별 인사가 아니었다. 누구는 신설 법인 자회사로, 누구는 회사를 떠나고, 또 누구는 영업을 맡게 됐다. 각자의 길은 달랐지만, 모두 같은 상황 속에 있었다. 무너져 가는 조직, 등을 돌린 회사, 그리고 가슴 깊이 파고드는 자괴감, 그런 현실 속에서 우리는 서로를 마지막으로 바라보았다. 말없이 건네는 잔, 서로의 어깨를 두드리는 침묵의 연대, 어쩌면 말로 다 표현하지 못할 연대와 서로에 대한 존중이 거기에 있었다. 밤 10시. 하나둘 자리를 떴다.

"잘 가."

"살아남자."

짧은 인사와 어색한 미소가 어둠 속에 흩어졌다. 누군가는 눈물을 훔쳤고, 누군가는 끝내 아무 말도 하지 못한 채 돌아섰다. 이제 우리는 각자의 전장으로 떠난다. 다시는 함께할 수 없을지도 모른다. 그렇게 우리는 서로를 기억하며, 각자의 길을 향해 나아가야 했다. 다시 올 수 없을 마지막 자리였다.

죽음을 부른 '원칙'

반항과 설득 사이에서

회사는 속전속결로 움직였다. 5,500명의 유선 인력 중, 회사가 의도한 3,000명은 계획대로 빠져나갔다. 희망 퇴직을 선택한 이들과 신설 법인으로의 전출을 지원한 이들이었다. 그리고 나머지 2,500명, 끝까지 남겠다고 버틴 잔류자들에겐 '토탈 영업 TF'라는 이름의 유배 명령이 떨어졌다.

잔류자는 모두 토탈 영업 TF 조직으로 편입. 별도의 예외 없음.

이 문장이 공지 메일의 끝에 차갑게 박혀 있었다. 믿을 수 없었다. 믿고 싶지 않았다. 그토록 오래 몸 바쳐 일한 회사에서, 내가 선택할 수 있는 선택지가 이토록 잔인할 줄은 몰랐다. 그래서 나는 움직였다. 이번엔 '반항'이 아니라, '설득'이었다. 인사팀에 메일을 보냈다. 16년 무선, 8년 유선 경력, 내가 가진 전문성을 살릴 수 있는 곳으로 전출을 고려해 달라는 첫 번째 협조 요청을 보냈다. 그러나 돌아온 답은 짧고 차가웠다.

해당 사항 없음.

포기하지 않았다. 이번에는 조직운영팀 반 팀장과 박 상무에게 메일을 보냈다. 그간 쌓아 온 24년 경력과 거주지를 고려해 합리적 인사 재배치가 이루어질 수 있도록 요청하는 협조 메일이었다. 그러나 돌아온 답변은 묵묵 무답. 반 팀장에게 직접 전화를 걸어 협조 요청을 했으나 돌아온 답변은 "원칙입니다. 잔류자는 예외 없이 모두 회사 방침에 따라 전략 상권 및 도외지 영업 발령이 원칙입니다"였다.

체념하지 않았다. 마지막이라는 기대로, 광역본부장 박 전무(부사장)에게 메일을 보냈다. 지금까지의 모든 과정을 상세히 정리해 첨부하고, 지금까지 내가 걸어 온 길고 힘겨운 복직과 복직 후 회사 생활의 어려움, 그리고 그것을 극복해 낸 시간들, 더불어 "회사와 긍정적 관계를 유지하며, 조직과 함께 성장하고 싶다"는 회환과 희망의 마음을 담은 글을 덧붙여 검토를 요청드렸다. 메일은 발송 직후 수신 확인되었다. 하지만 어떤 회신도 받을 수 없었다. 회사는 아무 말이 없었다. 인간에 대한 존중도, 수십 년 경력에 대한 최소한의 이해도 없었다. 오직 "원칙!"이란 한 단어를 내세워 모든 부당함을 정당화하는, 조직 논리만 강요할 뿐이었다. 마침내, 2025년 1월 16일, 회사에서 공식적인 조치가 내려졌다. 단 한 줄의 건조한 문장이었다.

[남양주 발령. 직무 전환 교육 참석 명령]
온라인 교육 4주, 집합 교육 1주, 이후 현장 출근.

모니터 앞에서 한참을 움직이지 못했다. 화면은 멈췄고, 나의 시간도 함께 멈췄다. 24년 동안 쌓아 온 경력을 내려놓고, 새로운 직무전환 교육을 받아야 하는 '신입 사원' 위치로 돌아가야 했다. 그리고 이 모든 것은 오로지 '잔류'를 선택한 대가였다. 나의 의사와 상관없이.

'존엄'을 위한 선택

깊은 고민 끝에 결심했다. 변호사도, 노무사의 도움도 없이 직접 나서기로 했다. 이제는 달랐다. 수많은 소장과 준비 서면을 읽고 쓰면서 나는 흐름을 이해했고, 논리를 세우는 법을 익혔다. 기각의 쓰라림도, 승소의 짜릿함도 모두 겪었었다. 그러므로 나는 더 이상 법정에서 길 잃은 사람이 아니었다.

논리는 분명했다. 회사는 아무런 합리적 근거 없이, 내 경력과 삶을 무시한 채 부당한 발령을 강행했다. 이것은 명백한 인사 재량권 남용이다.

2025년 1월 16일, 남양주 발령 통보를 받은 그날 밤. 나는 조용히 소장을 완성했고, 성남지방법원에 제출했다. 사건 번호 2025가합1043. 이번 싸움은 남의 손에 맡기는 싸움이 아니라, 내가 나 자신을 구해 내는 싸움이었다.

그렇게 준비를 진행해 나가던 중인 2025년 1월 21일, 핸드폰에 예상치 못한 알림 메시지가 떴다. 눈을 비비며 무심코 연 메시지를 확인한 그 순간, 나의 심장이 얼어붙었다.

[긴급] KT 직원 자살 사건 발생

손에서 핸드폰이 미끄러질 뻔했다. '설마…, 아니겠지…. 아니야…, 그런 일은… 아니어야 해.' 하지만 몇 분 뒤, 뉴스 자막이 나의 간절한 바람과는 다른, 냉정한 진실을 내던졌다.

"KT 잔류 직원, 영업 TF 발령 중 극단 선택…. 유서엔 '자괴감이 든다'는 내용 남겨…."

내가 아는 이였다. 예전에 몇 번 마주쳤고, 같은 기술직 출신이었으며, 이번 구조 조정에서 나와 똑같이 '잔류'를 선택했던 이였다. 결국 영업 TF로 재배치된 그는 온라인 재택 교육을 받던 중이었다. 그가 남긴 유서가 뉴스 화면에 그대로 노출됐다.

회사를 위해 최선을 다해 열심히 살아왔다. 이런 말도 안되는 교육을 받으면서 자괴감이 든다. 회사를 위해 일해 온 사람을 이런 식으로 대하면 안 된다.

화면을 바라보는 순간 가슴이 쩡했다. 그는 견디지 못하고 떠났다. 그는…, 끝내 혼자였고, 누구에게서도 이해받지 못했다. 그리고 나는…, 그 심정을 너무도 깊이 헤아릴 수 있었다. 너무도 정확히….
"삼가 고인의 명복을 빕니다…." 사람들은 고인에 대해 이렇게 추모하겠지만, 나에게 그러한 추모의 말은 너무도 공허했다. '명복'이라는 말 한마디로 고이 보낼 수는 없었다. 그는 목숨을 걸고 '회사의 폭력성'을 고발했다. 그의 유서는 한 사람의 마지막 외침이자, 우리가 겪고 있는 현실을 세상에 고발하는 절규였다. 고개를 숙인 채 흐르는 눈물을 닦았다. 그리고 잠시 후, 나는 자리에서 벌떡 일어섰다. '이번 소송은 무조건 이겨야 한다. 이건 나 혼자만을 위한 일이 아니다.' 나는 이제 더 이상 나 혼자를 위한 소송에만 나서지 않는다. 이건 그를 위한, 그리고 지금도 억울하게 고개를 떨군 수많은 잔류자들을 위한 목소리이자 행동이어야 한다. 그가 끝내 못한 말, 그가 끝내 견디지 못해 내려놓아 버린 무게를, 이제는 내가 짊어지고, 그를 대신해 그리고 남은 잔류자들을 대신해 법정에서 세상을 향해 외칠 것이다. 그의 억울함을 대신할 수 있다면, 그의 죽음을 헛되게 만들지 않기 위해서라도.

KT 노동인권센터 집행위원장 조태욱

해고와 복직, 그리고 징계를 거듭하는 동안 오랜 시간을 혼자 싸워야 했다. 외로웠다. 문득 '나와 같은 길을 걷는 사람이 있을까?' 하는 생각이 들었다. 그러다 KT민주동지회 활동 중 두 번에 걸쳐 회사로부터 해고 통지를 받은 인물로 현재 KT 노동인권센터 집행위원장인 조태욱 동지를 떠올렸다. 궁금함에 인터넷 포털 사이트에 그의 이름을 검색하자 수많은 기사 제목이 나열되었다. 그중 한겨레21 기사 제목이 눈에 띄어 클릭했다.

"국정원 개입 뒤 해고 10년… KT 노동자 조태욱 이야기."
"(한겨레21, 2020.5.15 박태우 기자)

'10년이라니….' 그는 그 긴 세월을 어떻게 버텼을까? 궁금증과 더불어 연대의 마음에 조심스레 전화를 걸었다.

"안녕하세요, KT에 재직 중인 오희표라고 합니다."
"아, 오희표 동지. 반갑습니다. 저는 지금 광화문에서 투쟁 중입니다."

'동지'라는 단어가 낯설었지만 묘한 울림이 있었다. 통화 후 며칠 뒤, 온 국민이 계엄과 내란의 겨울을 물리치고 민주주의 회복의 길에 나선 제21대 대통령 선거일, 약속을 마치고 돌아오던 길에 문득 그가 떠올라 전화를 걸었다.

"혹시 지금 뵐 수 있을까요?"

"역곡역 근처 재래시장으로 오시겠습니까?"

재래시장 골목 어귀에 자리 잡은 낡은 막걸리집, 그곳에서 처음 마주한 그가 밝은 얼굴로 나를 맞아 주었다. 건강한 체격에 단단한 눈빛이었다. 나는 내부에서, 그는 외부에서 같은 벽을 마주하고 있었다. 나의 싸움이 생존이었다면, 그의 싸움은 진실을 세상에 드러내는 일이었다. 해고 경위와 과정은 서로 달랐지만, 그 속에는 KT라는 거대 공룡에 똬리를 튼 공통된 제도적 맥락이 있었다. 우리는 각자의 사례를 비교하여 이야기하며 겹치는 부분과 차이를 나누었다. 나는 비로소 그의 경험을 통해 일부 놓치고 있던 KT 안의 제도 구조와 절차를 보다 구체적으로 이해할 수 있었다. 이 날의 만남은 단순한 연대의 대화를 넘어, 사건의 큰 틀과 흐름을 새롭게 인식하게 된 뜻깊은 자리였다. 그날 이후, 나는 지금까지의 싸움을 다시 점검하며 앞으로의 대응 방향을 보다 명확히 세울 수 있었다.

> ❷ 노조위원장 선거時 온건후보 당선 지원
>
> [KT] (2009.4월 탈퇴)
>
> - 舊 ㅇㅇㅇㅇㅇ은 2008.12월 노조위원장 선거時 강성후보 선거 전략 및 동향을 파악하여 온건후보에게 제공하고, 강성후보 낙선을 위해 社側의 노무관리 강화를 독려하는 등의 방법으로 온건후보의 당선을 지원한 후
> - 2009.3월부터 노조위원장을 접촉하여 민노총 탈퇴를 설득하는 한편, 社側에도 인사·보수제도 개선 등 노조 요구사항을 수용하도록 설득해 민노총 탈퇴를 유도한 정황을 확인하였습니다.
>   * 2009.7.15 前 노조간부 활용, KT 홈페이지에 탈퇴 支持 성명서 발표 조정
> - 한편, 청와대가 KT 노조위원장 선거 과정에서 후보별 성향·선거운동 실태 등을 보고해 줄 것을 요청함에 따라, 국정원이 2008.10~12월간 4차례 관련 동향을 종합·보고한 정황도 확인하였습니다.

국정원이 '노조 파괴 공작' 의혹을 감찰한 뒤 검찰에 보낸 '수사참고자료'
(출처: 한겨레21, 2020.5.15.일자 캡쳐)

끝내야 할 전장

KT 어용 노조(제1노조)

토탈 영업 TF로의 부당한 발령에 맞선 소송에 이어 이번에는 KT 어용 노동조합을 상대로 한 손해 배상 청구에 합류하기로 했다. 이 소송은 KT전국민주동지회(KT노동인권센터)가 중심이 되어 소송인단을 모집하며 앞장서고 있었고, 나 역시 거기에 이름을 함께 올렸다.

KT민주동지회와 KT새노조(제2노조)는 지금도 회사 내부에서 현재 회사와의 교섭권을 가지고 있는 어용노조(제1노조)의 부조리에 맞서 싸우고 있다. 난 그 투쟁의 한 자리에 서기로 했다. 이번 합류는

단순한 동참이 아니라, 부당한 구조와 현실을 더 이상 외면하지 않겠다는 나 자신의 선언이기도 했다.

조합원 총회를 거치지 않은 구조 조정 합의, 그것은 단순한 절차적 하자만을 의미하는 게 아니었다. 그것은 조합원 전체를 대상으로 한 노조의 배신이었다. 2024년 10월 17일, KT 노동조합은 사측과의 구조 조정에 동의하여 일방적으로 합의문에 서명했다. 그 과정에서 단 한 번도 조합원 총의를 묻지 않았다. 회의도 없었고, 설문도 없었고, 알림조차 없었다. 그렇게 5,750명의 일자리가 희망 퇴직, 신설 법인 전출, 잔류자에 대한 영업 TF 강제 배치까지, 그 모든 조치가 '노조의 동의'라는 이름 아래 밀실에서 이뤄졌다. 나는 물었다. '과연 조합원 총의에 기반한 노조가 맞는가?'

밀실 합의에 의한 구조 조정의 피해는 실제로 심각했다. 2,800명이 특별 희망 퇴직을 택했고, 1,700명 이상이 신설 법인으로 전적(轉籍)·전출되었으며, 잔류를 선택한 약 2,500명은 직무와 무관한 '영업 TF'로 강제 배치되었다. 경력과 무관한 업무, 자괴감을 유발하는 교육과 거주지와 무관한 도외지 발령, 그 모든 과정이 사측과 어용 노조의 합작품이었다. 더 충격적인 내용은, 이 구조 조정이 KT 노동조합 규약 자체를 위반한 명백한 불법 행위였다는 점에 있었다. 단체 협약 사항은 반드시 조합원 총회를 거쳐야 함에도 불구하고, 현 김인관 노조위원장은 이를 무시하고 일방적으로 합의했다. 노조법 제16조는 물론 노조법 제22조를 위반했다.

노동조합법 제16조(총회의 의결 사항)는 노동조합은 중요 사항을 결정할 때, 조합원 전체의 의사를 반영하기 위해 총회의 의결을 거쳐야 하며, 이는 조합의 민주적 운영을 보장하고, 조합원들의 참여를 통해 주요 결정을 내리도록 하는 취지이다. 동법 제22조(조합원의 권리와 의무)는 노동조합의 조합원은 균등하게 그 노동조합의 모든 문제에 대해 참여할 권리를 가지며, 조합의 규약에 따라 의무를 부담할 수 있게 규정한다. 이는 조합원 간 평등한 권리 보장과 함께, 조합의 규약에 따른 의무 이행을 통해 조합의 원활한 운영을 도모하기 위한 규정이다.

2014년에 KT는 이미 이와 마찬가지 시나리오를 한 차례 실행에 옮긴 적이 있었다. 특별 명예 퇴직이라는 미명하에 4년간 임금의 100%를 삭감하는 '임금피크제'를 도입했고, 직원 자녀에 대한 대학 학자금 지원도 조용히 폐지됐다. 그 모든 과정에서 조합원들은 배제되었다. 총회는 없었고, 조합원 동의도 없었다. 오직 회사와 노조 수뇌부 간 밀실 야합만 존재했다. 회사는 그 형식적 합의를 법적 정당성의 방패로 이용했다. "노조와 협의했기 때문에 문제 없다." 겉으론 절차를 갖춘 듯 보였지만, 실제로는 조합원의 권리를 철저히 무시한 조작된 합의였다. 참다 못한 조합원들이 노동조합을 상대로 손해 배상 소송을 제기했고, 그 싸움은 대법원까지 이어졌다. 그리고 2018년 7월 26일, 이 소송과 관련하여 법원은 단호했다. "위법이다"(대법원 2018.07.26 선고, 2016다 205908). 노조법 제16조, 제22조를 위반한 그 합의는 무효가 되었다. 노조는 조합원을 배신했고, 회사는 그 틈을 이용해 목적을 이뤘다. 당시 희망 퇴직을 거부한 직원들은 기존 업무와는 전혀 무관한 '업무지원단'이라는 본사 직속 조직으로 일괄 발령되었다. 전문성과 무관한 부서에 배치해 자발적 퇴사를 유도하려는 조치였다. 형식은 발령이었지만 실상은 조직적 유배였다.

뉴스타파 "노사 상생, KT? … 쫓겨나는 직원들", 2014. 06. 17 보도

노동자의 존엄과 권리를 위해

그리고 2025년, 또다시 똑같은 수법이 반복되고 있다. 이번엔 이름만 달라졌을 뿐, 구조는 똑같다. '영업 TF'라는 이름의 조직을 만들고, 희망 퇴직과 신설 법인으로의 전출을 거부한 직원들에게 일괄적으로 영업직 발령이 내려졌다. 20년을 넘게 기술 분야에서 몸 바쳐 일한 이들에게 매출 압박과 실적 중심의 생소한 영업 조직으로의 강제 전환. 그들은 다시 한 번 '잔류자'라는 이유만으로 존재의 의미를 흔들어 버린 강제 조치에 발가벗긴 채 버려졌다. 회사는 달라지지 않았다. 이전 방식의 보다 정교하고 교활한 복제가 있을 뿐.

'노조 수뇌부와의 합의'라는 그럴듯한 포장 뒤에 숨어, 회사는 자신들이 원하던 구조 조정과 비용 절감을 그대로 이뤄 냈고, 직원들은 또다시 모든 걸 빼앗겼다. 오늘도 과거와 다름없이 되풀이되고 있는 구조적 폭력의 모습이었다. 모든 조합원이 침묵을 강요당한 것이고, 노동자의 권리는 조직 이기심에 무참히 짓밟혔다.

나를 포함한 소송인단은 2025년 3월 13일에 서울지방법원에 소장을 접수했다. 사건 번호 '서울지방법원 2025가단77137' 손해배상소송. 상대는 KT 노동조합과 김인관 위원장. 1차 소송에 참여한 소송인단은 약 10,000여 명의 조합원 중 189명의 조합원으로 구성되었고, 우리는 조합원 1인당 50만 원의 손해 배상을 청구했다. 소송은 단순 금전적 보상을 넘어선, 조직과 권력에 맞서는 작은 혁명의 불씨였다. 사실 회사에 남아 있는 직원이라면 누구나 이 소송에 참여할 수 있었다. 특히, 2,800명의 특별 희망 퇴직자, 1,700명의 타 법인 전적·전출자, 그리고 잔류를 선택한 약 2,500명은 이 소송에 더욱 적극적으로 참여할 것이라 기대했다.

하지만 현실은 달랐다. 많은 이들이 찍힐까 봐, 과거와 똑같이 눈치를 보며 한발 물러섰다. 불참 이유는 다양했다. 희망 퇴직을 선택한 직원은 "50만 원? 그깟 돈이 뭐 대수냐"며 무관심했고, 아직도 상황을 정확히 이해하지 못한 사람들은 어떻게 참여해야 할지 몰라 우왕좌왕했다. 심지어 신설 법인으로 전출된 이들조차 언제 어떻게 불이익이 돌아올지 모른다는 두려움에 떨었다. 모두가 알고 있었다. 회사가 '참여자 리스트'를 주의 깊게 들여다보고 있다는 것을. KT 노동자들은 너무도 오랫동안, 너무도 악랄한 수법으로 길들여져 있었다. 얼마나 얼어붙었는지, 얼마나 오랜 시간 억압 속에 살아왔는지, 이제는 자신의 목소리마저 잊어버릴 지경이었다. 회사의 눈치를 보고, 조합의 기류를 살피며, 단체 행동을 '위험'이라 터부시한다.

KT 안에는 마치 전체주의 같은 정교하고 치밀하게 설계된 통제 시스템이 깔려 있는 듯하다. 겉으로는 보이지 않지만, 그 시스템은 보이지 않는 감시와 통제의 톱니바퀴처럼 조직 전체를 조용히 움직이는 듯했고, 누가 보고 있지 않아도 위계와 공포는 스스로 작동하는 듯 돌아갔다. 2013년 6월 21일 광주 MBC 뉴스는 KT가 직원들 성향 감시 문건을 만들어 회사가 직원들을 감시한 것 아니냐는 의혹을 보도했다. 10여 년이 지난 지금도 상황은 크게 달라지지 않았다. 철창 속에 갇혀 주인이 먹이를 가져다 주길 목놓아 기다리는 닭의 모습이 아니고 무엇이랴.

광주MBC 뉴스. 2013. 06. 21

물론 전혀 이해 못 할 바는 아니었다. 그들의 선택을 결단코 비겁하다 말하기 힘들다. 누구에게나 당장의 생존은 중요하다. 소송 참여로 인사 고과에서 불이익을 받을까 봐, 승진 기회가 날아갈까 봐 두려울 수 있다. 가장으로 책임져야 할 가족이 있고, 매달 나가는 대출 이자가 걱정스러울 수 있다. 그것이 우리네 삶이다. 하지만 이 현실을 바꾸지 않는 한, 우리는 언제까지나 닭장 속 길들여진 닭으로 남을 수밖에 없다. 이럴수록 맞서야 한다. 더 단단히 뭉치고, 더 크게 외쳐야 한다. 똘똘 뭉쳐 한 목소리를 낼 때 비로소 변화의 기대가 가능하다. 하지만 기업은 그 빈 틈을 노린다. 사람들의 두려움과 불안을 교묘히 이용해 분열을 유도하고, 파편화되어 고립된 개인들로 하여금 입을 닫게 만든다. 전략은 정교하고, 결과는 치명적이다.

이번 소송의 목표가 오로지 배상금에 있는 것은 아니다. 잃어버린 존엄, 반드시 되찾아야 할 우리의 권리에 대한 주장이다. 단순 보상의 요구가 아니라, 길들여짐에서 벗어나려는 인간 존재의 선언이다. 이제는 말할 때다. 조직이라는 이름 뒤에 숨어 있는 억압의 기제, 파편화된 노동자들을 방패 삼은 '거짓 대표성'에 맞서 진짜 목소리를 되찾아야 한다.

이번 소송은 부당한 인사 발령에 맞선 과거 나의 싸움만큼이나 또 다른 의미에서 깊고, 노동자가 노동자를 지키기 위해 반드시 필요한 선택이었다.

3부

나의 삶, 나의 꿈

10장

시련과 응전

청춘의 꿈과 좌절

거침 없던 청춘의 질주

오희표, 나는 군산대학교 해양생산학과(현, 해양수산공공인재학과)에 93학번으로 입학한, 이른바 학력고사 마지막 세대다. 수원에서 초등학교, 중학교, 고등학교를 다니며 학창 시절을 보냈다. 대학 진학을 앞두고 재수는 죽어도 하기 싫었다. 당시엔 1년을 더 공부한다는 것이 마치 내 인생을 뒤로 미루는 것으로 느껴졌기에, 곧장 4년제 지방대를 선택했다. 성적표보다 '당장 내 인생을 시작해 보고 싶다'는 열망이 더 컸다.

무엇보다 집을 떠난다는 사실, 부모의 울타리 밖으로 나가 홀로서기를 한다는 느낌은 말로 다 표현 못 할 설렘이었다. 기차에 몸을 싣고 군산으로 향하던 날, 가슴은 두근거렸고, 창밖 풍경은 영화처럼 다가왔다. 낯선 도시, 낯선 거리, 낯선 바다. 어쩐지 이곳 어디쯤 내 삶의 터전이 있을 듯싶었다.

대학에 입학하자마자 나는 과 대표를 맡았다. 지금 생각하면 왜 그렇게 나섰는지 모르겠다. 하지만 젊음이란 게 그렇지 않은가. 뭐든 도전하고 부딪치고, 실패해도 아무렇지 않았던 시절이었다. 3학년이 되어 과 학회장을 맡았고, 어느새 나는 과방 소파에 아무렇지 않게 드러누워도 되는 존재가 되어 있었다. 공부보단 사람들과 어울리는 데 진심이었고, MT며 체육대회며, 선후배 뒤엉켜 어울렸던 나의 삶은 마치 작은 공동체를 구성해 살아가는 인생의 예행연습이었다.

책장을 들추기보다 사람들 앞에 서기를 즐겼고, 강의실보다 어울려 노는 장소에 더 많이 있었다. 하지만 나는 그 시간들을 후회하지 않는다. 그 시절, 그 공간, 동무들과의 부딪침이 지금의 나를 있게 한 뜨겁고 선명한 기억들이기 때문이다. 한편 스킨스쿠버 동아리에 입회한 후 나는, 말 그대로 바다를 품었다. 여름이면 짙푸른 바다로 잠수하여 파도 소리 대신 나의 호흡 소리를 들었다. 마스크 너머 오가는 물고기 떼와 해초 숲은 강의실에서 배울 수 없는 또 다른 배움의 세상이었다. 그곳에서 나는 내가 얼마나 작고, 동시에 얼마나 자유로운 존재인지를 느꼈다. 그렇게 대학 시절은 내 인생 가장 치열하고 자유로웠던 시기였다. 지금 생각하면, 캠퍼스는 작은 사회였고, 나는 그 안에서 사람을 배우고, 삶을 연습하고 있었다. 후회 없는 젊음, 그리움이 가득한 시간. 내 인생의 가장 반짝였던 장면이 바로 그곳 군산에 있다.

그런 삶들 속에 3학년이 지나고, 마침내 '사회'라는 이름의 정글에 뛰어들 준비를 해야 할 4학년이 다가왔다. 머나먼 미래일 거라 막연히 생각했던 현실이 어느새 코앞으로 성큼 다가와 버린 것이다. '졸업',

'사회 진출'이라는 단어가 기대 어린 설렘보다 막막함과 두려움이 혼재된 답답한 현실로 나를 짓누르기 시작했다.

4학년이 되던 해, 나는 대학 캠퍼스에 거의 발길을 끊었다. 졸업 기준을 충족시킬 최소 학점만 수강하며, 나머지 시간을 사회 진출을 위한 '무언가'를 준비해야 한다는 강박으로 쫓기듯 보냈다. 하지만 졸업 후 나에게 남은 것은 250의 당구 스코어, 자동차 운전면허증, 스킨스쿠버 자격증, 그리고 친한 동기와 선후배 몇 명뿐이었다. 그럼에도 나는 후회는 없는 대학 생활이었다며 스스로를 다독였다.

급한 대로 취업은 했지만, 그건 어디까지나 번듯한 '정규직'이 아닌, 지인이 소개해 준 동네 사출 공장의 임시 일자리였고, 사실상 알바에 불과했다. 4학년 2학기 때 취업 신고를 하면 학교를 나가지 않아도 되기에, 시간을 벌기 위한 선택이었을 뿐이었다. 그리고 그 시간에 그럴 듯한 회사에 취업을 준비해야 했다. 그러다 맞은 기회가 당시 대학가를 중심으로 한창 유행하던 다단계 판매였다. "좋은 기회"라고 재촉하는 친구의 손에 이끌려 혹시나 하는 마음에 발을 디딘 것이다. 교육장에선 성공한 사람들의 이야기가 신화처럼 부풀려 소개되고, 그 신화는 마치 내 미래로 그려졌다. 화려한 수트, 외제 차, 박수갈채. 정작 현실은 찬바람 부는 골목에서 제품을 팔기 위해 전단지를 돌리며 눈치를 보는 날들의 연속이었다. 청춘에 품었던 야망은 너무도 허약해 쉽게 휘청였다.

작은 희망을 품었던 날들

청춘의 시행착오의 끝자락에서 나는 신문을 뒤적여 취업 광고를 찾으며 여기저기 면접을 보러 다녔다. 하지만 지방대 출신에 스펙이라 할 만한 것 없는 나에게 대기업은 꿈도 못 꿀 일이었다. 원서 제출은 대개 중소기업이나 자그마한 사업장이었고, 그마저 면접 연락을 받는 일이 뜸했다. 게다가 1997년은 IMF 외환 위기로 대한민국 전체가 흔들리던 때였다. 수많은 회사가 문을 닫고, 길거리엔 명예 퇴직자들이 넘쳐났으며, 신입 채용은 완전히 얼어붙어 있었다. 그런 시절이었기에 '지방대 출신'의 '스펙 없는' 딱지를 붙인 채 시도하는 사회 진출 노력은 그야말로 맨몸뚱이로 허리케인 한가운데 선 거나 마찬가지였다. 그래도 포기할 수는 없는 노릇. 실패 또한 축적되는 삶의 한 자락으로 여기며 버티고, 버텼다. 대한민국 사람 누구나 힘들어하던 그 시절, 나 역시 많은 방황과 좌절 속에 나의 길을 찾고자 몸부림쳤다.

그렇게 1년을 노력했지만, 안정된 직장은커녕, '괜찮은 삶'이란 무엇인지, 그림자조차 잡히지 않았다. 그리고 결심했다. '다시 처음으로 돌아가 제대로 도전해 보자.'

방향을 틀어 경찰 공무원에 도전하기로 마음먹었다. 그런데 문제는 공부도 돈이 있어야 할 수 있다는 사실. 졸업 후 다시 부모님께 용돈을 달라 하기가 민망했다. 부엌 냉장고 문을 열 때마다 눈치가 보였고, 가스레인지 위에 끓이는 라면 한 봉지가 조심스러웠다.

교차로 신문을 펼쳐 아르바이트 자리를 찾았다. 우선 당장의 생활비와 경찰 시험 준비를 위한 자금을 마련해야 했다. '야채 배달. 오전 6:30 출근, 11시 퇴근, 월 60만 원, 중식 제공.' 앞뒤 잴 것 없이 전화를 걸었다. "저, 내일부터 출근하겠습니다."

다음 날, 해도 뜨기 전에, 덜덜 떨리는 몸을 일으켜 1톤 트럭에 올랐다. 수원 전역의 슈퍼 체인에 야채를 배달하는 일이었다. 온몸에 흙

먼지가 배었다. 물품 정리를 마치고 차고지에 주차하면, 사장님 댁에서 배달 기사들과 함께 점심을 먹고 퇴근했다. 된장국, 김치, 두부조림. 소박한 식사지만 내겐 하루를 버티게 해 주는 유일한 양식이었다. 점심을 마치면 백팩을 메고 수원 시립도서관으로 향했다. 땀에 절은 옷을 갈아입을 시간도 없이 책상에 앉았다. 그리고 밤 10시까지, 하루도 빠짐없이 책과 씨름했다. 공부하고 또 공부했다. 그때 나의 하루는 '야채, 공부, 잠', 세 가지로 이루어진 단순하지만 치열한 루틴이었다.

도서관엔 나와 같은 처지의 사람들이 가득했다. 취업에 실패한 친구들, 공무원 시험을 준비하는 선배들, 고시 준비생, 행정 고시를 접고 일반직 공무원 시험으로 방향을 튼 형, 그리고 경찰시험을 준비하는 나. 우연히도 고등학교 동창을 도서관에서 마주쳤다. 반가웠다. 동시에 씁쓸했다. "야, 너도 여기야?" "그래…, 나도 별 수 없더라." 그렇게 우리는 공부 동맹군이 되었고, 어느새 각자의 하루를 공유하고 있었다. 어떤 날은 공부 동맹군끼리 도서관 벤치에서 새우깡 안주로, 또 어떤 날은 도서관 근처 남문 순대타운의 허름한 '다찌'에서 소주를 나누며 결의를 다졌다. 그날들은 미래에 대한 불확실, 그로 인한 서글픔이 교차하던 날들이었다. 그러 날들 속에서도 우린 꺼지지 않는 불씨처럼 '희망' 하나를 품고 있었다. 당장은 막막할지라도, 언젠가 이 시절을 돌아보며 "그때, 참 열심히 살았지"라고 말할 날이 올 거라 믿었다. 그리고 지금, 그 시절을 글로 회상하는 지금, 막연했던 그때의 작은 희망은 현실이 되었다. 이제는 나에게 말해 주고 싶다. "오희표, 수고했어. 그동안 정말 잘 버텼다."

좌절된 꿈, 경찰 공무원

그렇게 희망을 품고 달려온 시간들. 마침내, 기다리던 경찰 공무원 채용 시험일이 되었다. 나는 반드시 노력의 결실을 맺을 거라, 이를 통해 인생의 전환점을 맞을 수 있을 거라 생각했다. 경찰 공무원 채용 과정은 1차 필기시험→ 신체검사→ 1차 합격자 발표→ 체력 검사→ 면접(신원 조회) → 최종 합격자 발표로 이어진다. 정확히 기억한다. 당일 시험장은 수원 연무중학교. 잔뜩 긴장한 응시생들 사이에서 나도 문제지를 받아 들고 시험을 쳤다. 경쟁률 4:1. 나는 그 벽을 넘을 수 있을까? 필기시험의 느낌은 좋았다. 기대할 만했다. 며칠 후, 경기지방경찰청에서 신체검사를 받았다. 기본 검사를 거쳐 청진기를 댄 의사와 미심쩍은 시선을 교환하며 무엇인가 메모를 하던 심사관이 내게 물었다.

"가슴 부위에 10cm 정도의 수술 흉터가 있는데, 이건 뭔가요?"

무슨 일인가? 조금 긴장하며 대답했다.

"고3 때 기흉으로 폐 수술을 받았습니다. 지금은 완치되었고, 운동도 문제없습니다."

내 대답에 잠시 침묵하던 심사관이 믿을 수 없는 말을 했다.

"가능하면 경찰 공무원 시험은 응시하지 않으시는 게 좋겠습니다."

그 말이 내 귀에 벼락같이 내리꽂혔다.

"네? 뭐라구요…?" 말문이 막혔다. 농담이지 싶었다. 하지만 그건 현실이었다. 그렇게 나는 신체검사에서 탈락했다. 과거의 '상처' 하나 때문에 탈락이었다. 이유는 단 하나. 외관상 흉터가 대중에게 혐오감을 줄 수 있기 때문. 당시 경찰 조직은 '이미지'를 중요시했다. 문신, 흉터, 외형적 결점 등은 '불합격 사유'가 되었다. "시민이 봤을 때 위화감이 없을 것." 이 말이 그토록 가슴 깊이 박힐 줄은 몰랐다.

무엇보다 분통이 터졌던 건, 신체 검사 일정을 왜 필기보다 나중에 두었는가 하는 데 있었다. "그게 채용의 전제라면 애초에 신체검사를 먼저 하는가!" 그간 쏟아부은 시간이 억울했다. 불합리한 시험 절차에 화가 났다. 애초의 목표가 좌절된 나는, 그 후 깊은 무기력에 빠졌다. 취업도 실패, 경찰 공무원 시험도 탈락. 다시 생활을 위해 새벽 야채 배달 트럭에 몸을 실었지만 마음은 비어 있었다. 아무 생각 없이 새벽 공기를 가르며 트럭에 올라 배달 일을 하고, 집에 돌아와 소주병을 땄다. '내 인생, 도대체 어디로 가는 거지?'

그러던 어느 날, 사장님이 말했다. "이제 알바 필요 없어요. 그만 나오셔도 돼요." 멍했다. 이제 그나마 나를 지탱해 주던 적은 돈조차 벌 수 없다. 나는 침대에 털썩 주저앉았다. 손끝 하나 까딱할 수 없었다. '망했다, 이제 어쩌지…' 하지만 그렇게 손놓고 있을 수는 없는 일. 온갖 광고지, 취업 사이트를 뒤지며 어떤 곳이든 눈에 띄는 곳에 지원했다. 그러던 중, 한 파견 인력업체에서 연락이 왔다.

"수원 거주하시죠? KTF 영업소에서 3개월 단기 업그레이드 아르바이트가 있습니다. 하시겠어요?"

인생을 바꾼, KTF 입성기

KTF에 첫 발을 딛다

고민할 여유도 이유도 없었다. 집에서 가깝고, 보수도 나쁘지 않았다. 그렇게 나는 KTF 영업소에서 핸드폰 업그레이드 아르바이트를 시작했다. 3개월의 짧은 기간이었지만 내겐 생존의 시간이었다. 그 작은 기회가 다시 숨을 틔워 줬다. 그리고 예정되었던 3개월이 다가올 즈음, 같은 파견업체에서 또 한 통의 전화가 걸려 왔다.

"혹시 KTF 수원 고색동에서 운전직 6개월짜리 파견직 있는데, 해 볼래요?"

파견업체의 제안이 어둠 속 한 줄기 빛처럼 다가왔다. 경찰 공무원 채용 시험 탈락, 야채 배달 알바를 거쳐, KTF 3개월 단기 알바도 끝나 가는 상황에서 당장 하루 벌어 하루 먹고살기 벅찼던 내게 그 제안은 구원의 손길이었고, 나는 두 말 없이 "예, 하겠습니다" 대답했다. 다음 날, 곧장 KTF 수원 고색동으로 출근했다. 면접은 간단했다. 면허증을 확인하더니 "내일부터 바로 출근하시면 됩니다." 공무적인 건조한 말이었지만 나에겐 더 이상 감사할 수 없는 구원의 손실이었다. 내 업무는 정규직 박수기 대리의 전파 측정 차량을 운전하는 일이었다. 내가 운전하는 전파 측정 차량은 말 그대로 'KTF의 눈과 귀'였다. 전국의 기지국 신호 세기를 실시간으로 측정하여 전파의 흐름을 읽는 게 이 차량의 역할이었다.

나의 사수 박수기 대리는 그 시스템을 설계하는 통신 베테랑이었다. 한국이동통신 무선호출부에서 SK텔레콤을 거쳐 현재 KTF에서 이동통신망 설계 최적화 업무를 맡고 있는, 진짜 프로인 그와 함께 나는 매일같이 수원, 안산, 화성, 용인, 평택 등을 누비며 전파 측정을 위한 현장 운행을 반복했다. 운전만 하면 되니 어렵지 않을 거라 생각했지만, 현장은 늘 변화무쌍하게 살아 있었다. 지하 주차장에서 발생하는 GPS 끊김 현상, 산지 너머 수신 불량 지역, 아파트 단지와 전파 간섭 구간 등, 그 모든 걸 함께 체크하고 기록했다. 박 대리는 현장에서만큼은 무서우리만치 정확했다. 하지만 늘 나를 존중해 줬고, 어느 순간부터는 운전기사 이상의 존재로 대해 줬다.

"지금 저쪽 언덕 너머 중계기 하나 더 들어가야 할 것 같지 않아?"

"네, 거긴 지난번에도 수신이 끊겼습니다."

"너도 이제 감이 생겼구나."

그렇게 박 대리와 나는 호흡이 맞는 한 팀이 되어 갔다. 시간이 흐르면서 기지국 위치는 물론 지역적 특성도 눈감고 외울 수 있게 됐다. 어느새 기술적 용어들이 자연스레 내 입에 붙었고, 그만큼 자부심도 늘었다.

그렇게 6개월이 흘렀다. '계약 종료'라는 현실이 박 대리와의 협업과 업무에 대한 나의 자부심과 관계없이 옥죄어 왔다. 이후 조치에 대해 물었을 때 파견사 담당자는 덤덤하게 말했다.

"6개월이 지나면 KTF에서 연장 요청이 있어야 가능한 구조입니다. 우리는 관여할 수 없어요."

평생의 은인, 박수기 대리

마음이 철렁 내려앉았다. '이대로 끝나는 건가…. 또 거리로 나서야 하나….' 고민 끝에 나는 박수기 대리에게 정중히 고개 숙여 요청 드렸다.

"대리님…, 제가 지금 정식 취업도 어렵고, 생계도 힘든 상황입니다. 가능하다면, 더 연장해 일하고 싶고, 일을 해야 됩니다. 연장 가능하도록 부탁드립니다, 대리님."

내 말이 끝나자마자 박 대리가 담담히 말했다.

"무슨 말인지 알겠어. 중심국장님하고 얘기해 볼게."

박 대리의 진정 어린 한마디가 나를 울컥하게 했다. 다음 날, 박 대리가 나를 조용히 불렀다.

"내가 중심국장에게 요청했는데, 연장하기로 결정했어. 운전직 필요하냐고 묻길래, 내가 '이 친구 없으면 불편하다'고 했지. 손발 맞는데 굳이 바꿔 뭐하냐 했더니, 바로 오케이하더라고. 걱정 말고 나랑 계속 일하자."

"정말… 정말 감사합니다, 대리님….'

너무 감사했다. 그날의 연장 결정은 단순한 알바 기간 연장에 그치는 것이 아니었다. 내 인생 두 번째 기회, 그리고 내 자존감을 지켜준 전환점이었다. 다시 6개월 연장하여 일하던 어느날, 파견직만으로는 더는 업무의 지속성 유지가 어렵다고 판단한 KTF가 "기존 파견 운전직을 KTF 계약직(운전직)으로 전환한다"는 내부 결정을 내렸다. 마침 그 시점의 한가운데 있던 나는 그 흐름에 올라탔다. 이제 내 명함에 파견업체명이 아니라 'KTF' 로고가 새겨졌고, 나는 드디어 '비정규직' 문턱에서 한걸음 더 나아갈 수 있었다.

IMF 이후 대기업들이 정규직 채용을 줄이고 파견직·계약직을 확대하던 시절, 나는 그 시대의 흐름 속에서 파견직에서 계약직으로, 절망에서 기회로 작은 승리를 이뤄 냈다. 지금도 나는 생각한다. 그때 박수기 대리가 없었더라면, 나의 연장 요청이 그에 의해 받아들여지지 않았더라면, 지금의 나는 없었다고 확신한다.

KTF의 계약직 직군은 매우 다양했다. 운용직, 사무직1, 사무직2, 비서직, 전산직 등 여러 형태가 있었고, 나는 운전직에 해당했다. 하지만 구조적으로는 정규직 전환이 불가능했으며, 이 중 일부 계약직, KTF 사규에 따르면 특히 운용직은 정규직 업무 범위에 해당한다고 명시되어 있었다.

"서당 개 3년이면 풍월을 읊는다더니…, 정말 그런가 봅니다."

내가 운전대 너머로 중얼거릴 때마다 박 대리는 조용히 웃곤 했다. 그만큼 나는 현장을 돌며, 단순 운전직을 넘어선 지식을 흡수하고 있었다. 다른 운전직들과는 달랐다. 나는 늘 박수기 대리가 하는 일에 관심이 많았고, 궁금한 게 생기면 주저 없이 질문을 던졌다. 그러면 박 대리는 "잠깐 차 세우자" 한 뒤, 1~2시간을 차 안에서 기지국, 주파수, 반사 손실, 전파 간섭, 시스템 파라미터에 대해 원리부터 실제 적용 사례까지 조곤조곤 설명해 주곤 하셨다. 내게 있어 현장은 곧 교실이었고, 그렇게 자연스럽게 실무 기술을 익히고 있었다. 회사에서도 나를 그냥 운전기사를 넘어 기지국 이해도를 갖춘 운용 인력으로 대했다. 박 대리는 늘 "오희표는 정규직을 시켜도 손색없다"고 말하곤 했다. 그 말은 임원 회식 자리에서도 오갔다.

"오희표, 얘는 진짜 일머리가 있어요. 정규직시켜도 될 친구입니다."

그런 말을 들을 때마다 나는 진정성을 가지고 사람을 대하는 박 대리를 존경의 눈으로 바라보곤 했다. 정말 감사했다. 내 인생을 이끌어 주는 누군가가 있다는 감정이 이런 느낌일까.

그런데 예상치 못한 큰일이 터졌다. 어느 날, 평소처럼 박 대리와 함께 전파 측정 겸 망 설계를 위해 안양 석수동의 한 상가 주택 옥상으로 오를 예정이었다. 기지국 설치 후보지를 판단하려면 지역을 조망할 수 있는 고층 건물 옥상에서 지형, 장애물, 반사면 등을 직접 확인해야 했기 때문이다. 내가 먼저 올라가 인근 뷰를 확인한 뒤, 계단을 내려가고 있을 때였다. "아아악!!" 외마디 비명이 들려왔다. 심장이 철렁 내려앉았다. 허겁지겁 옥상으로 뛰어올라갔다. 옥탑에서 떨어진 박 대리가 누워 있었다. 그의 발목은 눈으로 보기에도 비틀려 있었고, 발등은 말 그대로 덜렁덜렁, 꺾여 있었다. 피는 보이지 않았지만 상황은 심각했다. 나는 바로 119를 불렀고, 박 대리는 수원 아주대학교 병원 응급실로 이송됐다.

수술, 그리고 산재 처리, 복귀까지 1년이 걸렸다. 그런데 박 대리가 복직하지 않기로 결정했다. "여기는 내가 있을 자리가 아니다"며 조용히 사직서를 냈다. 3년간 동고동락했던 나의 멘토, 나는 그동안 내게 보여 줬던 그 모든 것들에 감사를 드렸고, 박 대리는 그렇게 회사와 나를 떠났다. 나의 멘토가 사라졌다. 나는 든든한 기둥이 무너진 듯 허전했다.

사다리 오르기

박 대리가 떠난 뒤에도 나는 여전히 KTF에서 계약 운전직으로 복무하고 있었다. 앞서 이야기했듯, 운전직을 포함한 거의 모든 계약직 직원은 구조상 정규직 전환이 불가능했다. 다만 KTF 사규에 따르면 운용직은 정규직 업무 범위에 해당한다고 명시되어 있었다. 그런 이유로 회사는 정규직으로 전환시켜야 하는 상황을 가능한 한 회피하려고 했다. 이를 위해 파견직을 계약직으로 전환하고, 계약직을 아웃소싱 업체로 이관하거나 아예 신설 법인을 만들어 아웃소싱했다. 다행히도 나는 파견직도, 아웃소싱 전환 대상도 아니었다. 전국에서 일부만 남아 운용되던 운전직 중 하나였다. 망 설계 최적화 업무를 함께 담당하는 '현장 운용형 운전직'이었기에 가능했던 일이었다.

이런 구조적 모순이 존재하는 가운데 KTF 노동조합이 설립됐다. 나를 포함한 계약 운전직들도 당당히 노조에 가입했고, 우리는 운용직으로의 전환을 요청했다.

"우리는 KTF에서 단순히 운전 업무만 담당한 게 아니었습니다. 현장 기술 업무, 측정, 기지국 설계 보조까지 다 담당해 왔습니다. 실질적인 운용직 업무와 동일한 역할을 수행합니다."

회사는 실태 조사에 들어갔고, 마침내 우리의 주장이 받아들여졌다. 계약직(운전직) 신분이 공식적으로 계약직(운용직)으로 전환되었다. 이건 단순히 명칭 변경만을 의미하는 게 아니었다. '이동통신 운용 경력'으로 인정되는 중요한 전환이었다. 해양생산학과 전공으로 이동통신 전공이 아니었던 나로서는 너무도 소중한 전환이자 경력을 인정받을 수 있는 중요한 전환점이었다. 게다가 KTF에는 학자금 지원이라는 복지 제도가 있었다. 계약직이라도 대학원 진학 시 50%의 등록금 지원을 받을 수 있었다. 나는 그 혜택을 활용해 아주대학교 정보통신대학원 정보통신학과에 진학했다. KTF에서 일하며 낮엔 현장을 뛰고, 밤엔 대학원 강의실에 앉았다. 회사와 대학원을 병행하며 숨 가쁜 1년을 보냈다. 그 과정을 통해 나는 '해양생산' 전공자에서 '정보통신' 전문 인력으로 진화하고 있었다.

2003년, 회사 내부에 조용히 소문이 돌기 시작했다. "이번에 계약직(운용직) 중 일부를 정규직으로 전환한대." 그 소문은 나에게 한 줄기 빛과 같았다. 공식적으로는 전체 240명의 계약직 인원 중 약 10%인 24명만이 정규직이 될 수 있다는 내용이었다. 소문의 근거는 다름 아닌 KTF 사규. 운용직 업무가 일반직 업무에 해당되며, 구조적으로 정규직 전환 가능성이 있다는 문구가 명시되어 있었기 때문이다. 하지만 회사 입장에서 그 결정도 쉽지 않았다. 모두를 정규직화하자니 인건비가 폭등하고, 일부만 하자니 형평성 논란이 일어날 상황. 결국 회사는 타협점을 찾아 '공식 전환 절차'를 마련했다. 그렇게 마련된 전환 기준은 이러했다.

1. 계약직 인사 고과 반영, 2. 필기시험, 3. 인적성 검사, 4. 면접 전형

그야말로 정규직 채용과 다름없는 프로세스였다. 하지만 나에게는 기회였다. 다시 오지 않을 기회. 그 기회를 붙잡지 못하면, 내 인생의 일보 전진은 다시 없을 듯했다. 마음을 굳혔다. '내 인생의 모든 걸 다 걸자.' 그때부터 나는 그야말로 식·음·전·폐! 밥 먹는 시간도 아끼고, 사람 만나는 시간도 줄였다. 하루종일 도서관에서 살다시피 하며 기지국 원리, 전파 간섭, 안테나, 시스템 파라미터, 망 설계 기준을 공부하고 공부했다. 실무 문제엔 자신 있었다. 박수기 대리에게 배운 현장 지식이 고스란히 각인되어 있었기 때문이다. 그게 내가 가진 가장 강력한 무기였다. '어설픈 암기보다 현장에서 제대로 이해한 실무자에게 유리한 시험이다.' 나는 그렇게 믿었다.

마침내 정규직 KTF 맨으로

예정된 시험일이 점점 다가왔다. 마지막 한 주를 남겨 둔 어느 일요일 아침, 나는 수원도립도서관으로 향했다. 익숙한 자리, 익숙한 공기. 조용히 책장을 넘기다 잠시 고개 들어 올린 시선에 낯익은 얼굴이 눈에 들어왔다. 어?… 설마…, 박 대리님? 순간 반가움에 심장이

뛰었다. 그리웠던 얼굴이었다. 벌떡 일어나 조심스레 다가가 보니, 역시 박수기 대리였다.

"박 대리님!"

나의 부름에 박 대리가 고개 들어 나를 보더니 환하게 웃으며 일어났다.

"야, 오희표! 어쩐 일이야, 여기서 다 만나고!"

우리는 도서관 밖으로 나와 근처 벤치에 함께 앉았다.

"박 대리님…, 그동안 연락 못 드려서 정말 죄송해요."

"에이 뭘 그런 걸로. 서로 바쁘잖아. 그래도 이렇게 보니까 너무 좋다."

"그런데 어쩐 일로 도서관에 오신 거예요?"

"응, 정보통신기술사 시험 준비 중이야. 공부하러 왔지."

역시 박 대리였다. 그의 열정은 예전과 다르지 않았고, 눈빛은 여전히 진지했다.

"그런데 너는?"

"아, 지금 계약직(운용직) 대상 정규직 TO가 생겼거든요. 240명 중 24명을 뽑는데…."

"그래서 공부하러 왔구나?"

"네. 꼭 붙고 싶어서요."

"붙어야지. 이 기회 절대 놓치면 안 된다. 정규직인데."

"네, 정말 최선을 다해 보려구요."

그날 우리는 그렇게 옛 동료이자 스승과 제자로 많은 이야기를 나누었다. 이후로 박 대리와 나는 다시 연락을 주고받기 시작했다. 서로의 근황을 나누고, 기술사 시험에 대한 조언을 듣기도 했다. 도서관

재회의 날, 박 대리가 내게 건넨 "넌 할 수 있어. 너는 그동안 제대로 배워왔잖아"는 한마디 말은 나의 자신감을 다시 일으켜 세웠고, 나는 정규직을 향해 한 걸음 더 다가설 수 있었다.

시험 당일, 설레임에 제대로 눈을 못 붙이던 나는 새벽같이 일어나 망설임 없이 시험장으로 향했다. 심장이 북을 두드리는 듯 쿵쾅거렸다. '이 시험이 내 인생을 바꿀 수 있어.' 1교시 필기시험. 숨을 멎고 문제지를 받아드는데 환호가 일었다. '나왔다, 실무 위주 문제!' 기지국 주파수 간섭, 파라미터, 안테나, 커버리지 설계에 관련된 실무 문제가 줄줄이 등장했다. 이건 내가 매일 박 대리와 현장에서 보고 듣고 부딪쳤던 것들이었다. 펜을 든 손이 멈추지 않았다. 2교시, 인적성 검사. 못 이룬 잠 탓인지 정신이 조금 산란했지만, 차분히 마음을 다잡고 문제를 풀어 나갔다. 수리와 언어, 도형 추리 문제들을 하나씩 마킹하며, 성격 검사 문항에 이르러서는 가식을 버리고 '진짜 나'로 승부를 보기로 했다.

그리고 며칠 후 면접 전형일, 면접실에 실무 팀장급 면접관 5명이 앉아 있었다. 각자의 노트를 펼친 그들이 순서대로 면접에 임하고 있었다. 내 차례가 돌아왔을 때 나는 호흡을 가다듬고 당당히 나를 소개했다.

"대한민국의 건전한 KTF 근로 소득자, 오희표입니다!"

면접관 중 한 명이 웃음을 애써 자제하지 않으며 물었다.

"뭐야, 건전한 근로소득자?"

낮은 웃음들이 방 안을 맴돌았다. 나도 웃음 띤 얼굴을 숨기지 않은 채 차분히 말을 이어 갔다. 약간은 경직된 듯한 면접실 분위기가 풀리고 있었다. 이후 실무 위주의 질문들이 면접관들로부터 이어졌지만, 이미 익숙한 현장의 문제들. 핸드 오프 과정, 셀 분할, 최적화의 가장 중요한 사항 등 내 입에선 막힘 없이 나왔다. '이건 진짜 붙겠다….' 약간의 떨림은 없지 않았지만 마음은 가벼웠다.

드디어, 결과 발표일. 사내 문서로 합격자 명단이 공개되었다.

[정규직 전환 합격자 명단]

긴장감에 떨리는 손으로 마우스를 움직여 스크롤했다.

오희표

내 이름, 매일 불리던 그 이름이 왠지 낯설게 마음을 파고 들었었다. 이루 말할 수 없는 기쁨이 밀려들었다. 계약직(운전직) 중 정규직 전환 시험에 합격한 사람은 유일했다. 소식이 순식간에 사내에 퍼졌다. "야, 운전직에서 정규직 된 사람 처음 본다!" "희표야, 너 진짜 잘했다. 넌 자격 있어. 축하한다." "감사합니다…." 나는 그 말밖에 할 수 없었다. 퇴근 후 집으로 돌아가면서 나는 수없이 중얼거렸다. "이제는 잘릴 걱정 없어…. 드디어 정규직이야." 누구에게도 기대지 않고, 스스로 기회를 잡아 파견직 알바 6개월을 거쳐 계약직에서 마침내 정규직으로 전환되던 날, '안정'이라는 두 글자가 인생 처음으로 내게 들어오던 순간이었다. 내 인생 최고의 순간이었다.

도전과 변화의 날들

화물 운송 기사와 실패한 사업들

KT에서 부당해고당한 후, 나는 7개월간 실업 급여로 총 840만 원을 받았다. 이제 수입이 없어졌다. 생계 수단이 막막했다. 불안과 초조감은 늘 나의 몫이었고, 머릿속은 온통 생계 수단을 찾는 데 집중되었다. '지금 당장 돈을 벌 수 있는 현실적 방법이 무엇일까?' 가족을 책임져야 하는 가장으로서, 나는 무엇이라도 해야만 했다.

되풀이되는 고민 속, 대학 시절 기억 한 조각이 나를 붙잡았다. 새벽 공기를 가르며 1t 트럭으로 야채를 배달하던 그 시절. 새벽 길 위에서 느꼈던 핸들의 진동과 신선한 야채 냄새가 되살아났다. 화물 운전이란 선택지가 하나의 대안으로 그려졌다. 화물 운전은 단순한 생계 수단 그 이상이었다. 운전하는 시간에는 오롯이 나만의 시간이라 자유로워 다양한 모색의 시간을 가질 수 있고, 사람들과 부딪치는 데서 오는 스트레스도 덜할 것 같았다. 무엇보다 몸으로 부딪치는 시간은 잡념을 덜어 내고 일종의 성취도 느낄 수 있을 터였다. 마음먹은 이상 망설이지 않았다. 그런 망설임의 시간조차 내겐 허락되지 않았다. 화물 운전 면허를 따기로 마음을 굳히고 실행에 옮겼다. 화물 운전자 자격증을 손에 쥐자마자 일자리를 찾기 시작했다. 그러던 중 우연히 만난 고등학교 동창생과 소주잔을 기울이는데, 나의 상황을 들은 그가 중요한 정보를 줬다.

"우리 회사에 납품하는 1t 화물차 배달 기사가 있는데, 마침 그만둔다더라. 도급 계약을 맺고 기사로 뛰면 어떻겠냐? 일이 그리 어렵진 않아."

그러면서 해당 업무와 관련 환경에 대해 아는 대로 자세히 설명했다. 일이 필요했던 내가 망설일 이유는 전혀 없는 조건이었다. 그렇게 나는 트럭을 인수하여 사업자 등록을 하고, 노란 번호판을 단 후, 친구가 주선해 준 일에 뛰어들었다. 내가 지입으로 들어간 회사에는 같은 처지의 화물 기사분이 여럿 있었다. 하루 일과를 마치고 간간이 가지는 회식 자리에서 그들이 내게 물었다.

"자네, 원래 이쪽 일 하던 사람이 아닌 거 같은데, 무슨 일을 했었나?"

그런 물음에 뭐라고 말해야 할지 고민되었다. 해고되었다는 말은 쉽사리 나오지 않았다. 나는 "실은…, KT 다니다 그만뒀습니다." 마치 무슨 비밀이라도 되는 양 짧게 답하고 말았다.

때론 고되기도 했지만, 같은 일을 하는 선배들과의 호흡 속에서 나는 때때로 KT와 벌이는 지난한 투쟁의 고통을 잠시나마 잊을 수 있었고, 내가 몰랐던 또 다른 삶의 의미를 하나하나 내 인생의 장에 쌓아 올릴 수 있었다. 부당해고에 맞선 전쟁의 시간을 잠시 잊게 해주었을 뿐 아니라 짓누르는 생계의 고통을 해결할 수 있었던 소중한 날들. 아직도 나는 그 시간들, 함께했던 사람들을 감사히 생각한다.

그 이후 나는 화물 운송업뿐 아니라, 발효 화장품 대리점, 음이온 생리대 다단계 판매업 등을 겸업하며 생계를 위해 가능한 모든 일들에 주저함이 없었다. 그 와중에도 단 한순간 부당해고 무효 투쟁과 복직에의 희망을 버린 적은 없었다. 하지만 쉽게 쌓은 성은 쉽게 무너져 내린다 했던가. 화장품 대리점은 본사 대표의 기만으로 겨우 초기 투자금 일부를 회수하는 선에서 접었고, 혁신 제품이라 생각했던 음이온 생리대는 다단계 판매업이라는 덫에 걸려 선구매 제품을 떠안은 채 접어야 했다. 친구의 사업에 의탁해 건물 청소업에 뛰어들어 몸으로 부딪칠 때는 땀흘리는 노동의 소중함과 노동으로부터 얻는 참된 대가를 깨달았다.

여행을 떠나다

2016년 3월, 나는 예상치 않은 정직 3개월이라는 징계를 받았다. 깊은 고민에 빠졌다. 이 시간을 어떻게 보내야 할까? 문득 대학 시절, 늘 꿈만 꿔왔던 유럽 배낭여행이 떠올랐다. '지금이 아니면 영영 못 갈지도 몰라.' 하지만 처음 시도하는 배낭여행. 영어도 미숙한데다 혼자 떠난다는 생각에 두려움이 밀려왔다. 낯선 길, 예상치 못한 상황, 혼자 마주해야 할 모든 순간들이 두려웠다. 하지만 망설이기만 한다면, 오히려 평생 후회로 남을 듯싶었다. 두려움을 온전히 떨쳐 버릴 수는 없었지만, 마음 한편에서는 다른 목소리가 들려왔다. '지금 아니면 못 해. 인생에 한 번쯤은 오롯이 나를 위한 여행을 떠나도 되잖아.' 그렇게 나는 마음을 다잡고, 60일 동안 자유로운 발걸음으로 세상을 누비며 내 삶을 돌아보기로 했다.

하지만 어떻게 준비해야 할지 감이 전혀 잡히지 않았다. 어디서부터 시작해야 할까? 고민 끝에 문득 떠오른 한 사람이 있었다. 고등학교 후배 수종. 영국 유학까지 다녀온 녀석이라면 뭔가 좋은 조언을 해 줄 성싶었다. 수종에게 연락해 술 한잔을 핑계 삼아 만났다.

"수종아. 나 징계 정직 3개월 먹고 쉬게 됐어."

"뭐라구요? 무슨 잘못한 거에요? 정직 3개월이, 무슨 말이에요?"

"해고가 부당하다 해서 복직했는데, 해고가 부당한 거지 징계는 내려야겠다는 회사 방침으로 해고 밑 단계인 정직 3개월 받은 거야.

정직하면…, 이렇게 정직 3개월 먹는 거야. 그래서 말인데 2개월 정도, 혼자 자유롭게 배낭여행 다녀오려고. 그냥…, 나를 위한 시간이 좀 필요할 것 같아."

수종이 내 이야기를 가만히 듣더니, 고개를 끄덕이며 온갖 필요한 조언을 해 주었다.

계획이 하나하나 구체화되었다. 영국으로 들어가 여정을 시작하고, 프랑스로 건너가 리스한 차량을 이용해 벨기에, 네덜란드, 독일, 오스트리아, 스위스, 크로아티아, 그리고 이탈리아까지…, 끝없이 이어질 자유로운 여정을 상상하니 가슴이 뛰었다. 이제, 모든 준비는 끝났다. 유럽 여행이 드디어 현실이 되었다.

영국에 도착했다. 까다로운 입국 심사 과정을 통과하고 공항을 나선 나는, 숙소로 가기 위해 미리 준비한 이정표를 확인하며 지하철역으로 향했다. 배낭을 짊어진 채 전철에 올라타니, 영국 여자들이 힐끗힐끗 나를 쳐다봤다. 이방인을 보는 표정. 순간, 어색한 침묵을 깨고 싶어 손을 흔들어 "하이!" 인사를 해 줬다. 그러자 그녀들도 피식 웃으며 "하이!" 하고 손을 흔들어 주었다. 그제야 긴장이 조금 풀렸다. 전철 안이 신기해 셀카봉을 꺼내 사진을 찍었다. 여행의 첫 순간을 기록하는 기분이 꽤나 짜릿했다. 짐을 둘러맨 채 전철을 갈아타길 반복하여 마침내 목적지에 도착했다.

다음 날부터 본격적인 여행이 시작됐다. 재래시장을 돌며 현지 분위기를 만끽하고, 낯선 풍경에 연신 사진을 찍어 댔다. 대영박물관에서는 수천 년의 역사를 품은 유물들에 감탄했다. 그렇게 런던에서의 3일이 순식간에 흘러갔다. 다음 목적지는 프랑스였다. 프랑스에서도 출발 전에 한인 민박을 미리 예약하고 유로스타 열차에 몸을 실었다.

창밖으로 빠르게 스쳐 지나가는 유럽의 풍경을 바라보며, 또 다른 여행의 시작을 실감했다. 런던을 뒤로하고, 새로운 모험을 향해 파리로 떠났다.

**여행의 동반자,
그리고 창공에 나를 던지다**

설렘을 안고 도착한 도시 파리에서 나는 여행 길잡이 책과 구글맵을 이용해 대중교통으로 움직이며 하루하루를 꽉 채웠다. 에펠탑을 바라보며 한숨 돌리고, 루브르 박물관에서 예술에 감탄하고, 고풍스러운 성당을 거닐며 사색에 잠겼다. 새로운 곳을 탐험하는 기쁨에 흐르는 시간이 아까웠다. 아침부터 밤까지, 한 순간도 헛되이 보내지 않겠다는 마음으로 파리를 누볐다.

그런데 아름다운 모습을 상상하며 거닌 파리의 모습이 충격이었다. 파리가 이렇게까지 불편하고 지저분한 도시일 줄이야. 파리의 지하철은 난민들로 인해 지하철역에 화장실이 없어진지 오래라 찌린내가 진동을 한다. 환상의 도시라 생각했던 파리에 대한 실망감이 밀려왔다. 하지만 여행의 묘미는 좋은 것만 보는 데 있지 않은 것, 불편함 속에서도 배울 것이 있고, 예상과 다른 현실 속에서도 새로운 시각을 얻는 것이 여행이 아닐까, 생각하며 파리에서의 여정을 이어 갔다. 숙소로 돌아오면 다른 여행객들과 더불어 저녁식사를 하며 하루를 정리했다. 처음 만난 사람들이었지만, 서로의 여행 목적과 경험을 공유하며 점점 가까워졌다. 유용한 여행 정보를 나누고, 각자의 나라에서 온 삶의 방식도 나누었다. 이 시간은 내게 있어 또 다른 배움의 순간이었다.

파리에서의 일정을 마치고 나는 파리 공항으로 향했다. 이제부터는 예약한 리스 차량을 수령하여 직접 운전하며 유럽을 가로지르는 새로운 여정이다. 차를 받자마자 곧장 벨기에로 향했다. 그런데 예상치 못한 또 다른 문제가 기다리고 있었다. 차량에 장착된 내비게이션이 전부 불어로 설정되어 있었던 것. 당황한 나는 구글 맵을 켜고, 내비게이션과 번갈아 길을 확인하며 운전하기 시작했다. 벨기에로 가는 길은 한국과는 전혀 다른 교통 체계여서 안 그래도 초행길에 바짝 신경을 곤두세워야 했다. 익숙지 않은 길에 긴장감은 최고조로 달했다. 조그마한 실수도 사고로 이어질 수 있다는 생각에 그야말로 기듯 천천히, 신중하게 핸들을 잡았다.

몇 시간의 긴장된 운전 끝에 마침내 벨기에 숙소에 도착했다. 낯선 도시에 첫발을 내딛는 순간, 온몸이 뻐근했지만 성취감이 밀려왔다. 벨기에의 거리는 마치 동화 속 마을처럼 아름다웠다. 시내를 둘러보니 아기자기한 건물들과 운하, 고풍스러운 건축물이 눈을 사로잡았다. 유럽 여행 중 나는 숙소에 들어가기 전, 습관처럼 마트에 들러 현지 와인을 한 병 샀다. 유럽에서는 와인이 워낙 저렴했기에 여행지마다 한 병씩 사서 숙소에 함께 든 여행객들과 나누는 일이 작은 즐거움이 되었다. 벨기에 숙소에서도 예외는 아니었다. 와인을 꺼내 한인 민박에 머무는 여행객들과 나누었다. 대개 대학생 신분인 여행객들은 신이 나서 와인을 즐겼다. 그렇게 벨기에에서 며칠 간 추억을 쌓고 다음 목적지 네덜란드로 향했다.

네덜란드 한인 민박에서 뜻밖의 인연을 만났다. 30대 초반의 한국인 여행객, 동현이었다. 한국에서 쉐프 일을 한다는 동현은 유럽 각지를 돌며 음식을 탐방하는 중이라 했다. 유럽 각국의 미식 문화를 경험하고, 이를 바탕으로 창업 아이디어를 얻기 위해 철저하게 계획된 여정이었다. 두 달간의 여정으로 항공권과 숙소까지 모두 예약해 둔 상태였다. 내가 동현에게 제안했다.

"내가 동현 씨 일정에 맞춰 동선을 조정하면, 같이 다닐 수 있지 않을까요? 운전은 내가 할 테니, 기름 값은 반반 부담하는 걸로, 어때요?"

그가 흔쾌히 수용하면서 우리는 뜻밖의 여행 동반자가 되었다. 그렇게 우리는 네덜란드를 함께 누빈 뒤, 독일, 오스트리아, 헝가리, 그리고 체코로 이어지는 장대한 여정을 함께했다. 예상치 못한 만남이 나의 여행을 더욱 흥미롭고 특별하게 만들어 주었다.

체코 프라하. 여행의 흐름에 따라 우리는 한인 민박을 중심으로 숙소를 정했다. 서로 선호하는 여행 스타일이 다르다 보니, 낮에는 각자 원하는 곳을 탐방하고, 일정이 겹치는 곳이 있으면 함께 움직였다. 이런 방식이 생각보다 훨씬 효율적이었고, 각자의 자유를 존중하면서도 함께하는 순간이 더 특별하게 느껴졌다. 그리고 나는, 프라하에서 평생 잊지 못할 경험을 하기로 했다.

어쩌면 내 인생에서 처음이자 마지막이 될지도 모를 경험이었다. 심장이 두근거렸다. 전날 밤엔 긴장된 마음에 좀처럼 잠이 오지 않았다. '과연 내가 할 수 있을까?' 하지만 이미 마음을 정한 이상, 물러설 수 없었다. 스카이 다이빙이었다.

비행기가 이륙하고, 나는 하늘 위로 올라갔다. 점점 작아지는 도시의 전경, 발 아래 펼쳐진 프라하의 전경이 믿을 수 없을 만큼 아름다웠다. 1시간을 날아 올라 드디어 몸을 던질 순간이 왔다. 심장이 터질 듯했다.

"3, 2, 1, GO!"

몸이 창공으로 내던져졌다. 엄청난 속도로 떨어지는 순간, 나는 비명을 지르며 온몸으로 바람을 느꼈다. 그 짜릿함, 전율. 말로 표현할 수 없는 자유가 온몸을 감싸는 느낌이었다. 몇 초간의 혼란 속에서도 온 세상이 내 앞에 펼쳐지고 있었다.

'이것이 진짜 자유구나.' 그렇게 나의 첫 스카이 다이빙이 성공적으로 끝났다. 착지하는 순간, 심장이 미친 듯 뛰고 있었지만, 짜릿한 성취감이 온몸을 휘감았다.

프라하에서 스카이 다이빙을 하며 우리는 또 한 명의 한국인 젊은 여행객을 만나 의기투합하여 나머지 일정을 동행하기로 했다. 각자의 장점이 합쳐져 우리의 동반 여행은 너무도 좋았다. 더군다나 셰프와 함께하는 미식 여행. 그랬다. 무엇보다 우리 팀의 최고의 행운은 셰프가 늘 함께한다는 것이었다. 동현은 전문 요리사답게 현지 시장과 마트를 돌며 신선한 식재료를 찾아내 우리에게 즉석에서 최고의 현지 요리를 구현해 입을 즐겁게 해 줬다. 매일 저녁 식사 시간은 마치 한 편의 미식 다큐멘터리의 주인공인 듯했다.

"이건 진짜 식당에서 사 먹는 것보다 더 맛있다!"

"이렇게 먹으면 여행 경비도 아끼고, 좋은 음식도 마음껏 먹을 수 있으니 최고네."

그렇게, 우리는 하루하루 여행과 미식의 황금 조합으로 크로아티아, 스위스, 슬로베니아, 그리고 이탈리아까지 풍성한 이야깃거리를 만들며 한 달을 함께했다.

포기할 것인가,
끝까지 나아갈 것인가

여행 중 예상치 못한 사건에 부딪쳤다. 아니, 악몽이라 부르는 게 더 적절한 표현일 것이다. 로마의 한적한 골목. 나는 혼자 차를 주차하고 있었다. 그런데 갑자기, 한 이탈리아 남성이 다가오더니 손가락으로 내 차의 운전석 앞바퀴를 가리켰다. 처음에는 무슨 뜻인지 이해하지 못했다. '타이어에 문제가 있나?' 불안한 마음에 차에서 내려 바퀴를 살펴보았다. 하지만 바퀴에는 아무런 이상이 없었다. '뭐지? 그냥 장난치는 건가?' 사내는 내가 말을 붙이기도 전에 유유히 자리를 떴다. 찜찜한 기분이 들었지만, 대수롭지 않게 넘기며 곧장 숙소를 향해 운전대를 잡았다.

민박 주차장에 도착해 짐을 챙길 때였다. 조수석에 둔 내 크로스백이 안 보였다. 설마 싶어 차 안을 뒤졌다. 시트 밑, 뒷좌석, 트렁크까지 샅샅이 뒤졌지만 어디에서도 백은 보이지 않았다. 머릿속이 하얘졌다. '설마…, 소매치기?' 심장이 요동쳤다. 크로스백 안에는 여권, 현금, 신용카드까지 여행에 필요한 필수품이 들어 있었다. 멍한 상태로 숙소로 들어갔다. 침착하려고 애썼지만, 손까지 덜덜 떨렸다. 민박 사장님께 자초지종을 이야기하자, 그가 깊이 한숨을 내쉬며 말했다.

"아…, 이건 전형적인 로마 소매치기 수법이에요. 타이어를 가리키면서 운전자를 차에서 내리게 한 뒤, 다른 일당이 조수석에서 가방을 훔치는 거죠. 로마에는 이런 조직 소매치기 범죄가 많아 정말 조심해야 해요."

그 말을 듣는 순간, 머리가 띵했다. 눈 뜨고 코 베인 듯, 그 짧은 순간에 소매치기를 당했다는 현실이 믿기지 않았다. 그동안 여러 도시를 다니며 황홀한 순간들을 경험했다. 이 일로 그 모든 감동이 한순간에 무너지는 기분이었다. 탈진한 몸을 침대에 던졌다. 60일 여정의 기간 중 한 달 되는 시점에 이런 사고를 당하니, 모든 의욕이 사라졌다. 그날 밤, 나는 처음으로 여행을 포기하고 싶다는 생각이 들었다.

그 사건 이후, 나는 완전히 무너져 내렸다. 여행을 계속해야 할 이유도, 의지도 모두 사라져 갔다. 그때 민박 사장님이 말을 건넸다.

"두 달을 계획하고 왔는데, 이렇게 중도에 포기하는 건 너무 아깝지 않아요? 어렵게 시간을 내서 온 여행인데, 이겨 내고 끝까지 마무리해야죠."

그 말을 듣는 순간, 머릿속이 번쩍 깨는 것 같았다. 3년 동안 소송을 이어 가며 버텨 왔던 기억들이 스쳐 지나갔다. 수많은 어려움 속에서도 결코 포기하지 않았던 지난 시간들.

'그래, 이렇게 중간에 여행을 포기할 순 없어.' 나는 더 이상 주저하지 않기로 했다. 로마 주재 한국 대사관으로 가 여권을 재발급받고, 한국에 있는 친구에게 전화를 해 상황을 털어놓고 도움을 요청하여 돈을 마련했다. 우리는 로마의 거리로 다시 나섰다. 도둑맞은 가방에 대한 미련은 남았지만, 그보다 더 큰 감정이 새로웠다. '이 여행을 내 힘으로 끝까지 완성하겠다.'

셋 중 체코에서 만난 동반 여행자는 이탈리아 여행을 끝으로 한국행 비행기를 탔고, 동현과 나는 이탈리아를 떠나 프랑스 남부를 거쳐 스페인의 바르셀로나, 그리고 발렌시아까지 여정을 이어 갔다. 그런데, 예기치 않은 악몽이 또 나를 기다리고 있었다. 우리가 함께 장을 보러 간 발렌시아의 까르푸 매장 주차장에서 장을 보는 사이 누군가 또 차 문을 열고, 차 안에 있던 모든 짐을 몽땅 훔쳐간 것이었다. 다시 무력감이 밀려들었다. 완전한 의욕 상실, 한 번도 아니고 두 번이나 같은 사건에 맞닥뜨렸다. 다행히 돈과 핸드폰은 몸에 지니고 있었기에 최대한의 피해는 면할 수 있었다. 하지만 문제는 따로 있었다. 배낭 속에는 여권이 들어 있었던 것이다. 게다 그동안 여행 중에 소중히 모아 둔 기념품, 옷, 필수 물품들까지 전부 사라졌다. 그제야 현실이 눈앞에 닥쳐왔다.

우리의 다음 목적지는 스페인 남부 세비야, 그리고 모로코였다. 모로코에서 비행기를 타고 마라케시 공항에 내린 뒤, 13시간 동안 버스를 타고 사하라 사막까지 가는 일정이었다. 그런데…, 여권이 없다. 항공기 탑승 시간까지 남은 시간은 24시간. '여기서 포기할 것인가, 아니면 끝까지 밀어붙일 것인가?' 여권을 재발급받으려면 스페인 한국 대사관이 있는 마드리드까지 가야 했다. 문제는 마드리드까지 왕복 16시간을 운전해야 하는 데 있었다. 미친 일정이었다. 그 많은 시간을 급하게 도로를 달린 후, 다시 모로코로 향해야 한다. 고민 끝에 우리는 다시 한번 도전을 선택했다. 16시간의 사투를 벌이기. 천근만근인 눈꺼풀을 붙들어 매며, 10분의 짧은 휴식과 더불어 운전대를 번갈아 가며 무작정 도로를 질주했다. 8시간의 극한 운전 끝에 마드리드 대사관에 도착하여 절차 끝에 여권을 다시 손에 쥐고 다시 8시간의 극한 운전 끝에 스페인 남부 세비야에 도착해 모로코행 비행기를 탔다. 그리고 모로코에서 버스로 13시간의 질주 끝에 도착한 사하라에서 1박 2일의 낙타 캐러밴.

사하라는 완전 다른 세상이었다. 끝없이 펼쳐진 모래 언덕, 바람이 시시각각 변화를 만드는 장엄한 모래 언덕, 수평선 너머로 서서히 가라앉으며 하늘을 붉게 물들이는 태양은 현실이 아니라 차라리 꿈이었다. 베이스캠프에서 준비한 저녁 식사 후, 모닥불을 피운 원주민들이 전통 악기로 연주하는 사이 올려다본 하늘은 숨을 멎게 했다. 내가 우주의 중심인 듯, 우주가 내게 쏟아지고 있었다

북아프리카 여정을 마치고 마지막 기착지 스페인으로 돌아온 후, 우리는 각자의 길로 헤어졌다. 나는 그간 18개국의 여정을 돌아보았다. '이 모든 여정을 결국 마무리해 냈구나, 내가!' 낯선 나라에서의 모험, 예상치 못한 사건들, 그리고 이어지는 도전들, 그 모든 순간들이 주마등처럼 스쳐 지났다. 한국행 비행기에 몸을 싣고 창밖에 펼쳐진 유럽의 마지막 풍경을 눈에 담았다. 익숙해진 거리와 언어, 낯선 땅에서 펼쳐졌던 여러 기억들이 파노라마처럼 스쳤다. 기내 방송이 흘러나왔다. "여러분, 인천 국제공항에 곧 도착합니다." 나도 몰래 미소가 흘렀다. '희표야, 결국 해 냈다.' 이제 다시 현실로 돌아가겠지만, 이 여행은 평생 내 가슴에 남고 그 감동은 언제까지 지속될 것이다.

예측할 수 없는 여정,
인생의 값진 순간들

정직 기간의 유럽 여행에서 여권을 두 번이나 잃어버렸고, 소매치기까지 당했다. 낯선 도시 한복판에서 길을 잃기도 했고, 예상치 못한 사건에 휘말리기도 했다. 하지만 나는 값진 것을 얻었다. 유럽 곳곳을 누비며, 나보다 어린 대학생부터 직장인까지, 각자의 꿈을 안고 떠난 배낭 여행자들과 동행했다. 그들과 낯선 길을 걸으며, 세상을, 그리고 나 자신을 다시 바라보게 되었다. TV나 책으로 보고 이해하던 세상이 아니라 직접 부딪치고 체험한 세계, 그 속에서 나는 더 단단해지

고, 더 넓은 시야를 가지게 되었다. 그리고 깨달았다. 인생이란 결국, 예상치 못한 순간 순간들이 만들어 가는 마법 같은 경험이라는 것을…. 60일간의 유럽 여행은 나를 완전히 바꾸어 놓은, 생의 전환점이었다. 타인의 시선에 얽매이지 않고, 자신의 가치와 기준에 따라 당당하게 살아가는 사람들, 그들과의 만남이 내게 결코 작지 않은 질문을 던졌다. '너는 왜 그렇게 오랫동안 남의 눈치를 보며 살아왔니?' '네 인생인데, 왜 늘 타인의 기준에 너를 꿰맞춰 살아 왔던 거야?'

돌아보면 우리는 늘 주변을 의식하며 산다. 상하 관계, 조직 문화, 동료의 눈치 등. 하고 싶은 말이 있어도 쉽사리 꺼내지 못하고, 가고 싶은 길이 있어도 돌아서게 만드는 현실을 살아왔다. 하지만 이제는 다를 것이다. '앞으로는 남의 눈치 보며 살지 않겠다.' '하고 싶은 말은 하고 살자.' '정직하게 소신대로 살아가자. 언젠가 그 삶은 반드시 빛날 테니까.'

여행은 끝났지만, 진짜 변화는 지금부터이다. 이제 다시 일상으로 돌아갈 시간이다. 하지만 나는 더 이상, 예전의 내가 아니었다. 달라진 마음가짐과 태도로, 진짜 내 삶의 주인으로 설 준비가 되어 있었다. 변화는 거창한 어디에 있는 게 아니었다. 그건 이미 내 안에서 시작되고 있었다

다시 정직 3개월,
그러나 인생 최고의 45일

두 번째 정직이었다. 회사는 아무렇지도 않게 내게 '정직 3개월'을 통보했고, 나는 또다시 석달을 일터를 떠나야 했다. 한때는 억울했

다. 분노도 치밀었다. 하지만 이번에는 달랐다. '그래, 어차피 버텨야 하는 시간이라면, 또 의미 있게 써 보자.' 나에게 주어진 이 강제적 휴식을 '벌'이 아니라, 기회로 바꾸기로 했다. 자연스레 머릿속에 떠오른 단어는 단 하나, '떠나자!' 회사도, 사람도, 억울함도, 미련도 전부 뒤로 미루고 어디론가, 정말 멀리 떠나고 싶었다. 그래 아직 가보지 못한 곳, 이 시간이 아니면 가기 힘든 곳. 중남미로 45일간의 여행을 떠나자. 한국과는 시차도, 거리도, 문화도, 언어도 완전히 다른 대륙으로.

여행을 결정한 순간부터 또 다른 어려움이 시작되었다. 중남미는 유럽처럼 만만한 여행지가 아니었다. 총 9개국에 비행기만 9번을 타야 했다. 콜롬비아 보고타 공항에 발을 딛는 순간, 모든 것이 달라졌다. 공기의 냄새가 달랐고, 사람들의 눈빛, 거리의 색감, 말투, 리듬, 온도 모든 것이 생경했다. 완전히 다른 세상이었다. 페루의 마추픽추로 향하는 새벽 기차 안, 산등성을 깎아 만든 철로를 달리는 기차 창밖으로 아침 햇살이 쏟아졌다. 안개를 뚫고 고대 도시가 신비한 모습을 드러냈다. 마추픽추. 내가 발 딛고 선 돌 하나하나에 수천 년의 시간이 고여 있었다. 볼리비아 우유니 사막에선 하늘 땅이 구분되지 않았다. 상상할 수 없었던 신비의 세계였다. 장엄한 자연의 신비에 나는 입을 다물 수 없었다. 거기선 모든 경계가 허물어졌다. 칠레의 와이너리, 산티아고 외곽의 포도밭에서 햇살 받아 투명한 포도알들을 손으로 쓸며, 와인 한 잔을 천천히 입에 머금었다. 온몸에 번지는 그 부드러운 향에 단단하게 조여 있던 가슴이 조금씩 풀어졌다.

아르헨티나의 페리토 모레노 빙하에서 거대한 얼음산이 쾅, 무너져 내리는 소리는 하늘을 울렸다. 아르헨티나와 브라질 국경에 맞물려 쏟아지는 이과수 폭포는 아르헨티나에서 볼 때와 국경 넘어 브라질에서 볼 때가 다른 환상적 광경을 드러냈다. 브라질 삼바의 밤, 우루과이의 고요한 해변, 쿠바의 거리를 달리는 올드카의 행렬, 1950년대에서 시간이 멈춘 건물들, 빨간 지붕, 푸른 벽. 사람들은 가난했지만, 눈빛만큼은 열정적이었다. 나는 깨달았다. '속도가 인생을 증명하지 않는다. 느려야 보이는 것들도 있다.' 정지된 시간 속에서 나는 이전의 나를 하나하나 내려놓기 시작했다. 이번 남미 여정에서 가장 인상 깊었던 장면은 세계 3대 성지라 하는 과달루페 성당에서 있었다. 수천 명이 무릎 꿇고 기도하는 광경에 나도 모르게 고개가 숙여졌다. 그리고 스스로를 돌아보게 만들었다. '지금 이 순간, 난 조직을 만드는 구성원도 아니고, 정직자도 아니며, 누군가의 동료도 아니다. 나는 그저 나로서의 인간이다.'

시간은 빠르게 흘렀고, 어느덧 45일 여정의 마지막 주가 다가왔다. 돌아가야 했다. 다시 그 사무실로, 다시 그 책상 앞으로. 하지만 돌아갔을 때의 나는 과거의 내가 아닐 것이다. 나는 이 여행을 통해 억울함을 내려놓는 법, 자기 연민을 다독이는 법, 무엇보다 '나'라는 존재를 있는 그대로 받아들이는 법을 배웠다. 브라질의 노을 속에서, 쿠바의 거리에서, 멕시코의 성당 계단에서 나는 울었다. 그리고 웃었다. 회사는 나를 밖으로 내몰았지만, 그 시간 속에서 나는 세상에 대한 시야를 넓혔고, 마음의 골을 메웠고, 인생에서 가장 찬란한 장면을 가슴에 새겼다. 이제 나는 돌아갈 준비가 되어 있었다. 복직이라는 단어의 무게가 두렵지 않았다. 그들이 나를 환영하지 않더라도, 이제 내 안에 더 단단해진 내가 있으므로.

사람들은 물었다. "정직 중 여행이 가당키나 하냐? 지금 네가 그릴 때냐? 네 인생 이제 다 끝난 거 아니냐?" 하지만 단언할 수 있다. "그 시간에 나는 인생의 방향을 다시 정비했다고, 무너진 마음에 햇살을 다시 들였고, 꺾인 나에게 바람을 다시 실었다고." 복직을 앞두고, 나는 돌아간다. 하지만 예전의 나로 돌아가는 건 아니다. 중남미의 광활한 대지와 자연과 사람들과 함께 새로운 나로 돌아간다. 그 여정은 내가 살아온 인생 중 무엇과도 바꿀 수 없고, 견줄 수 없는 가장 값지고, 가장 절실하며, 죽을 때까지 잊지 못할 45일이었다.

에필로그

**쓰며 버텼고, 또 쓰며 울었습니다.
함께 싸우는 용기를 전하며**

나는 지금도 싸우고 있습니다.
"부당한 인사 발령 취소하라!"
"합리적인 인사 재배치 요구한다!"
회사를 상대로 법정에 섰고, 이제는 그 책임을 회피한 KT 노동조합에 손해 배상 청구 소송을 제기해 정면으로 싸우고 있습니다. 어떤 이들은 묻습니다.
"그렇게까지 할 필요가 있냐?"
"이미 복직했으면 된 것 아니냐."
하지만 나는 말하고 싶습니다. 그 싸움은 나 하나만의 것이 아니었습니다. 이 싸움은, '부당함'에도 침묵을 강요당한 수많은 노동자들의 이야기이고, 불합리한 구조 속에서 자신을 지켜 내야 했던 누군가의 진실이자, 무너진 정의를 다시 세우기 위한 한 인간의 존엄을 건 투쟁입니다. 나는 그저, 내가 원했고 정말 열심히 일했던 곳에서의 경력을 내가 선택한 길에서 정당하게 마치고 싶었습니다. 그 바람 하나로 여기까지 달려 왔습니다. 하지만 그 길에서 나는, 회사의 구조적 폭력과 노조의 직무 유기, 제도 및 사람들의 무관심 속에 수없이 쓰러지고 일어섰습니다.

이 책은 여기서 끝맺지만, 나의 싸움은 아직 끝내지 못합니다. 그리고 간절히 바랍니다. 이 책을 읽고 있는 당신이 이 싸움을 단순히 '한 사람의 투쟁 이야기'로 넘기지 않기를···. 그 싸움을 지켜보는 눈이 많을수록 비슷한 억울함은 줄어들 것이고, 억울함이 줄어들수록 노동은 숭고한 인간 활동으로 자리매김되고, 이 땅 위에 정의는 다시 굳건히 뿌리내릴 것입니다.

나는 지금도 싸우고 있습니다. 하지만 이젠 더 이상 혼자이고 싶지는 않습니다. 당신이 이 싸움의 목격자가 되어 준다면, 그 시선과 존재만으로도 세상은 이미 조금 변한 것입니다. 이 책을 덮는 순간, 당신의 마음속에 '침묵하지 않을 용기'가 아주 조금이라도 남아 있기를 바랍니다. 우리는 혼자 싸우는 게 아니라, 함께 변화를 만드는 사람들입니다.

쓰며 버텼고, 또 쓰며 울었습니다. 책을 쓰는 내내, 나는 수십 번이나 멈춰야 했습니다. 과거를 다시 떠올리는 일이 결코 쉬운 작업은 아니었기 때문입니다. 문장을 써 내려가던 손이 멎은 채, 가슴 깊이 울컥했던 날도 많았습니다. 생각보다 많은 기억들이 아직 선명하게 비수처럼 꽂혀 있습니다. 퇴역 군인이 밤마다 전쟁의 상흔에 괴로워하듯, 나에게도 문득문득 당시의 장면들이 생생하게 꽂힙니다. 억울했던 순간, 외면당했던 말, 그리고 아무도 들어 주지 않던 내 목소리까지, 그 모든 기억들이 지금도 내 안에 살아 괴롭힙니다. 하지만 나는 쓰기를 멈추지 않았습니다. 나의 기록이 누군가에게 용기를 심어 줄 수 있기를, 지금도 어딘가에 고개 숙여 힘들어하고 있을 누군가에게 작은 빛이 되기를 바라기 때문입니다. 끝까지 읽어 주셔서 진심으로 감사드립니다.

〈끝〉

나의 KT 연대기

날짜	내용	설명
1997.11	KTF 영업소 3개월 아르바이트	통신업 현장 실무 경험 시작 (업그레이드 업무)
1998.01	KTF 무선망 최적화 업무 운전 6개월 단기 파견직 근무	이동통신 기지국 운용 실무 참여
1998.11	(주)유니에스 입사, KTF 무선망 최적화 업무 운전 파견 근무	KTF 관련 업무 파견 근무 지속
2000.11	KTF 계약직 전환 (운전직)	정식 근무 형태로 계약직 전환
2001.08	KTF 노동조합 설립	노동조합 창립 시점 참여
2001.11	KTF 운용직 전환(계약직)	이동통신 운용 경력 인정 요건 확보
2003.09	아주대학교 정보통신대학 입학	2년 과정 석사 졸업
2003.10	KTF 정규직 전환 시험 합격	KTF 대졸 신입 채용으로 정규직 입사
2008.01	공로패 수상	KTF
2009.06	KTF & KT 합병	KT-KTF 통합 조직 전환
2010.02	KT 노동조합 강서 쟁의부장	노동조합 간부로 활동 시작
2011.02	KT 노동조합 강서 조직부장	조합 내 조직운영 담당
2012.06	공로패 수상	KT
2013.02	KT 노동조합 강서 조직부장	재임
2013.02	KT 해고(사유: 사적 부당 이득·정보 유출·성실 의무 위반)	해고 통보 및 법적 대응 시작
2013.03	실업급여 신청 인정	2014년 해고예고수당 안양지청 진정 신청 인정
2013.03	지방노동위원회 부당해고 구제 신청(경기2013부해691)	2013.07 기각(패소)
2013.07	중앙노동위원회 재심 신청 (중앙2013부해677)	2013.11 기각(패소)
2013.04	원고 KT 측 오희표 상대로 손해배상청구 (2013가소14500)	2014.04 오희표 1심 승소 확정
2014.05	해임무효확인청구 소송 제기 (2014가합203232)	성남지원 제기 → 2015.04 1심 승소

2015.05	피고 KT측 항소(2015나2023428)	2016.01 서울고등법원 항소 기각, 원고 승소 확정
2016.01	KT 복직	
2016.02	1차 징계 정직 3개월	부당해고 판결 후 복직 직후 회사가 해고 직전 단계의 징계를 새로 부과
2016.05	무선 경력 무관 경기남부 선로팀 유선 분야 발령	경력과 무관한 부당 전보
2016.02	복직 후 3년간 인사평가 '0점' 부여	부당인사평가 이의 제기 → 묵살
2016.06	해고 기간 부당 인사평가 구제 신청(경기2016부해778)	2016.08 지방노동위 기각(패소)
2016.09	중앙노동위원회 재심 신청(중앙2016부해974)	2016.12 재심 기각(패소)
2017.03	해고 기간 부당 인사평가 임금 손해배상 소송 제기(2017가소310586)	2018.01 1심 승소
2018.03	피고 KT측 항소(2018나54453)	2018.09 2심 패소
2018.12	원고 상고(2018다279040)	2019.02 대법원 3심 승소-해고 기간 중간 인사평가 및 상여금 반영 최초 판례
2019.03	2차 징계 정직 3개월(타 본부 원거리 발령)	사유: 조직 내 질서 위반
2019.12	KT 표창장 수상 (서울중부유선운용센터)	OSP Transformation 협업 통한 선로 시설 안정화 및 비용 절감 공로
2023.07	KT 표창장 수상(서울강북액세스운용센터)	2023년 상반기 우수 성과 달성
2024.11	KT 대규모 구조 조정	유선 5,500명 분사, 잔류자 영업 도외지 발령
2025.01	KT 상대 부당 발령 취소 소송	거주지·경력 무시 도외지 전보에 대한 소송 진행 중
2025.03	KT 노동조합 상대 손해배상 소송(189명 단체소송)	밀실 합의(노사 합의) 관련 손배 청구 진행 중
2025.10	KT 노동조합 상대 추가 손해배상 소송(41명 단체소송)	대의원 미선출로 인한 조합원 권리 침해 손배청구 진행 중

부록 1

KT, 권력과 낙하산 인사 15년 연대기, 그리고 끝나지 않은 전쟁

2013년 2월 28일, 나는 13년 몸 담았던 회사를 하루아침에 떠나야 했다. 표면적 이유는 성실 의무 위반이었지만, 실제로는 낙하산 인사, 정치권 개입, 검사 영입, 그리고 밀실 구조 조정으로 이어지는 흐름 속에서 회사에 낙인찍혔기 때문이었다.

이 구조적 변질의 시작은 2009년 1월, 이명박 정부가 낙점한 이석채 회장의 취임에서 비롯되었다. 취임 직후 서울고검 출신 정성복 검사를 윤리경영실장으로 영입하며 윤리경영실 조직을 방대하게 확대하더니 내부 통제의 칼날을 날카롭게 들이댔다. 그 뒤를 이어 정치권 및 언론계 출신 '낙하산' 인사들이 속속 KT에 입성했다. 서울시장 오세훈의 동생 오세현, 청와대 대변인 출신 김은혜, 국회의원 김성태의 딸

채용 비리까지. 회사는 점점 '능력'보다 '연줄'이 지배하는 곳으로 변질되어 갔다.

내가 해고되던 시점, 이미 KT는 정치·법조·언론 네트워크에 잠식된 조직이었다. 그 흐름은 이석채가 떠난 후에도 멈추지 않았다. 2014년, 황창규 회장 취임과 함께 역대 최대 규모인 8,304명에 대한 명예 퇴직이 단행됐고, 그 과정에 조합원의 의사가 전혀 반영되지 않은 노사 간 밀실 합의가 있었다. 이후 4년 동안 124명이 명을 달리했고, 그중 50명은 명퇴자였다. 최근 5년간 산업 재해 사망자만 109명으로, 이동통신 3사 중 최다를 기록했다.

2023년, 대표이사 공백 7개월 끝에 선임된 김영섭 대표 체제에서도 KT의 상황은 달라지지 않았다. 정관까지 개정하며 인사권과 경영권을 장악했고, 2024년 하반기에 5,750명을 자회사로 재배치하며 임금을 30~50% 삭감했다. 이 조치에 거부하는 직원들에겐 '토탈 영업 TF'라는 낯선 부서로의 배치가 강제됐다. 불과 9개월 사이, 또다시 5명이 목숨을 잃었다. 노조는 이를 '사회적 타살'이라 규정했다.

나는 이 모든 과정을 직접 겪었고, 아직도 그 희생의 현장에 있다. KT의 얼굴은 바뀌었지만, 권력의 방식은 그대로다. 이 연대기는 단순한 역사 기록이 아니라, 한 사람의 해고가 어떻게 한 조직의 병든 구조와 맞닿아 있는지를 보여 주는 증언이다.

1. 이석채 회장 체제, 낙하산 이사와 조직 변화

2009년 1월 16일, 이석채가 KT 회장으로 전격 취임했다. 이명박 정부의 직접적 낙점하에 이뤄진 인사로, KT와 KTF의 대규모 합병을 주도하며 회사 경영의 색깔이 급변했다.

- 검찰 출신 감사실장 영입

2009년 1월 21일, 서울고검 정성복 검사가 KT 윤리경영실장(부사장)으로 영입된다. 대기업에 검찰 출신 인사가 감사로 들어오는 상징적 사건이었다(네이트뉴스 2019. 01. 21. 참고).

- KT와 KTF 흡수 합병

2009년 6월 1일, KT의 KTF 흡수 합병 이후 2010년 1월에 실질적 조직 합병이 완성되었다.

- 오세훈 시장 동생 오세현 영입(한경 2011. 01. 05)

2010년 1월 5일, KT는 오세훈 서울시장 동생인 오세현 씨를 신사업전략담당 상무로 영입했다고 공식 발표했다. 당시 여야 정치권, 대선 캠프 등과의 연계와 함께 '낙하산 인사' 논란이 크게 일었다.

- 김은혜 낙하산 인사(오마이뉴스. 2011. 05. 23)

2010년 12월 1일, 이명박 정부 청와대 대변인 출신 김은혜가 신설 임원직인 그룹콘텐츠전략담당 전무로 영입되었다. 평균 50대인 전무직에 30대의 파격 인사, 기존에 없던 직위까지 새로 만들어 영입했다는 '위인설관' 논란이 일었다.

- 김성태(국회의원) 딸 부정 채용 사건(동아일보 2019. 03. 14)

2012년 하반기, KT 신입 사원 채용에서 김성태 의원의 딸을 비롯한 5명에 대한 부정 채용이 있었다. 당시 인사 담당 전무 김상효가 실무자들과 함께 구속됐고, 2019년 이석채 전 회장도 채용 비리로 구속되어 유죄가 확정됐다.

3. 황창규 체제, 밀실 합의와 구조 조정의 지옥문 개방

2013년 12월 20일, 사퇴를 발표한 이석채 KT 회장이 배임·횡령 등으로 기소되고 2014년 1월 27일, 황창규가 KT 임시 주주총회를 통해 회장으로 선임되었다. 황창규 회장은 이사회와 임원진, 외부 영입 인사를 대거 교체하며 '이석채 지우기'에 본격적으로 나섰다.

- KT 노사 "회사 사업 합리화 계획" 밀실 합의,
  강제 퇴출 프로그램(CP) 운용

2014년 4월 8일, 조합원 총회 없이 노조가 회사와 밀실 합의를 통해 평균 나이 51세 근속 년수 26년의 직원 8,304명에 대한 명예 퇴직을 단행했다. KT 역사상 최대 규모의 구조 조정이었다. 강제 퇴출 프로그램을 통해 구조 조정에 버티는 직원을 회의실로 불러 협박하는 등 인권 침해까지 자행되었다. 해당 노사 합의에 대해 대법원은 노조법 위반에 따른 불법으로 규정하였다. 이후 대규모 소송 끝에 노조와 위원장에게 손해 배상 판결이 확정되었다(2018년 7월 대법원 확정). 2015년 이후 임금 피크제 적용으로 고령자 임금 삭감 등에 따른 명예 퇴직, 대학 학자금 지급 중단 등 복지 삭감 정책이 잇따랐다.

MBC PD 수첩 〈통신부도의 날〉 2019. 01. 08

- 강제 구조 조정에 따른 파장

'자발적 참여 의사' 설문 없는 강제 구조 조정에 따라 잔류자 및 재배치 직원에 대한 대규모 '영업 TF' 발령으로 현장 스트레스 및 심리적 고립이 심화되었다. 2019년 1월 8일 단행된, KT 구조 조정 및 명예 퇴직 이후 심리적 압박과 고강도 스트레스 등으로 사망 사건이 다수 발생하였다.

"명퇴자 50명 사망. 황창규 취임 후 4년간 124명 사망"_MBC〈PD 수첩〉

4. 김영섭 대표 체제, 반복된 구조 조정의 비극

2023년 9월 7일, 많은 논란과 우여곡절 끝에 김영섭(전 LG CNS 대표)이 KT 회장으로 선임되었다. 김영섭 회장은 취임 직후 "인위적 구조 조정은 없다"고 밝혔다. 하지만 2024년 10~12월 사이에 KT 현장 인력 5,750명을 자회사로 재배치하며 임금 30~50%를 삭감하고 복지 혜택을 대폭 축소했다. 희망 퇴직 및 자회사 전출 거부자는 '토탈 영업 TF'로 강제 배치하여 전국에서 원거리 발령과 부당 업무를 강제 부여하는 조치를 강행했다. 이 과정에서 노조는 조합원의 의사를 수렴하지 않은 밀실 구조 조정 합의를 하는 등 황창규 회장 시절과 똑같은 '밀실 합의'를 반복했다. 핵심 영업·선로직 인프라를 붕괴시키고, 실적 압박과 부당한 업무 부담으로 정신적 고립을 유발하였다.

• 김영섭 대표 선임 논란(파이낸셜리뷰 2025. 04. 15)

LG CNS 출신 김영섭 대표의 KT 선임 과정에서 국민연금이 결격 사유를 고의 누락했다는 국회의 지적이 있었다. 정치권과 검찰 인사들이 대거 영입되며 정관까지 개정해 경영권과 인사권을 장악했다는 논란이 대두되었다.

- 2024년 11월에서 2025년 8월까지 9개월 사이에
  구조 조정 피해 직원 5명 사망(심정지, 극단적 선택 등).

2025년 8월 1일, 토탈 영업 TF에 배치된 직원이 현장에서 사망하는 일이 벌어졌다. 신설 법인 전출 직원에 대한 실적 압박 등 극심한 업무 스트레스로 인한 이른바 '복지 암살'이 현실화된 것이었다(위메이크뉴스 2025. 08. 03). KT 새노조는 "대량 해고, 복지 삭감, 차별적 인사 관리에 따른 조직적 사회적 타살"이라 규정했다.

"최근 5년간 이통사 산업 재해 사망 144명 중 KT 109명 사망 가장 많아"(IT 조선 2024. 09. 24).

KT 낙하산 인사 및 구조 조정 연대기

날짜	사건	설명
2009.01.16	이석채 회장 취임	이명박 정부 낙점
2009.01.21	정성복 검사 영입	윤리경영실장으로 영입 후 윤리경영실 대폭 확대
2009.06.01	KT&KTF 흡수합병	2010년1월 실질적 조직 합병
2010.01.05	오세현 상무 영입	오세훈 시장 동생, 신사업전략 상무
2010.12.01	김은혜 전무 영입	MB 청와대 대변인 출신, 콘텐츠전략 전무
2012 하반기	김성태 의원 딸 부정 채용	신입 채용 부정, 관련자 구속
2013.02.28	저자 해고	권력 재편 및 정치 개입 시기, 부당 해고
2013.12.20	이석채 회장 사퇴	배임·횡령 혐의로 사퇴
2014.01.27	황창규 회장 선임	대규모 인사 교체
2014.04.08	KT노사 밀실 합의	조합원 의사 미수렴, 8,304명 명퇴
2014~2018	황창규 시절 사망	4년간 124명 사망(명퇴자 50명 포함)
최근 5년	산업 재해 사망	이통 3사 사망자 144명 중 KT 사망자 109명(최다)
2023.01~09	대표이사 공백	7개월 대표 공백
2023~2024	김영섭 대표 선임	정관 개정 및 노사 밀실 합의 논란, 저자 노조 상대로 소송 제기
2024.10~12	대규모구조조정 및 KT 노사 밀실 합의	5,750명 자회사 재배치 및 임금 삭감
2024.11~2025.8	구조 조정 피해 사망	9개월간 5명 사망, 노조 '사회적 타살' 규정

부록 2

부당 해고와 징계 앞에서

이 부록은 대기업과 7년간 싸운 나의 실체적 경험을 바탕으로 부당 해고를 당했을 때 어떻게 싸워야 하는지에 대한 현실적 가이드와 노하우를 담았습니다. 법 이론이나 법 조항의 나열이 아니라, 실제 투쟁의 전장에서 얻은 피와 땀의 결과물입니다. 이 글을 읽는 당신에게 실질적인 무기가 되기를 바랍니다.

1. 부당 해고 징후를 감지했을 때 어떻게 해야 하나?

부당 해고나 징계는 예고 없이 닥치는 경우가 많지만, 그 전조는 분명 존재합니다. 사소해 보이는 변화 속에 해고의 징후가 숨어 있기에, 이를 빠르게 알아채고 준비하는 것이 무엇보다 중요합니다.

- 사전 조짐을 놓치지 마세요.

갑작스러운 감사 통보, 근거 없는 인사 평가 하락, 상사의 태도 변화, 반복되는 사소한 트집 잡기, 애매한 징계 언급 등은 해고 수순의 시작일 수 있습니다.

- 부당한 인사 조치나 업무 배치도 경고입니다.

본인의 경력과 전혀 무관한 부서로의 발령이나 비합리적인 업무 압박은 사전 단계일 가능성이 큽니다.

무엇보다 중요한 것은, 감지된 순간부터의 준비입니다.
- 대화는 반드시 녹취하세요.

휴대폰 앱이나 녹음기를 통해 상사나 인사팀과의 대화는 자동으로 기록해 두는 것이 좋습니다. 이메일, 문자, 사내 메신저 대화는 캡처하여 저장해 둡니다. 사후에 "그런 말 한 적 없다"는 대응을 막기 위해, 가능한 모든 기록을 남기세요. 핵심 무기가 될 수 있습니다.

- 먼저 내 패를 꺼내 보이지 마세요.

"나는 잘못한 게 없다. 억울하다"고 먼저 사정을 해명하지 마세요. 억울하다고 해서 감사가 시작되기도 전에, 회사에 온갖 사정을 먼저 설명하거나 변명하는 일은 절대 피해야 합니다. 오히려 당신이 무엇을 알고 있고, 어떤 상황에 처해 있는지 회사로 하여금 파악하게 만드는 역효과만 생깁니다. 먼저 내 패를 꺼내 보이는 행동은 금물입니다.

냉정한 자기 점검이 우선입니다.

회사는 부당한 사안을 그럴듯하게 포장해 정당성을 주장하려 할 수 있습니다. 내부 규정을 논리적으로 엮어 당신을 몰아갈 가능성이 큽니다. 그 논리가 얼마나 허술한지, 또는 정말 정당한지 스스로 냉정하게 따져 봐야 합니다.

- 내가 정말 잘못한 게 없는지 가슴에 손을 얹고 생각해 보세요.

나에게 잘못이 있다면 그에 합당한 대응과 반성을 준비하고, 명백한 부당함이라면 그 주장에 맞서는 증거와 논리를 철저히 준비해야 합니다.

- 이때 중요한 전략은 '지켜보며 판단하기'입니다.

회사가 어떤 식으로 절차를 밟고 어떤 주장을 펼치는지 냉정하게 관찰하다 보면, 회사의 실수나 허점이 드러날 수도 있습니다. 그러니 감정적으로 대응하지 말고, 조용히 모든 과정을 기록하며 준비하세요. 결코 나의 입장을 먼저 공개하지 마세요. 말보다 기록, 반응보다 관찰이 우선입니다.

전문가의 조언, 선택이 아닌 필수입니다.

혼자서 감당하기에 법과 조직은 거대하고 복잡합니다. 반드시 노동 전문 노무사나 변호사 또는 저와 같은 경험자의 조언을 받으세요. 하지만 그들도 당신만큼 사건을 알지는 못합니다. 대응 전략의 핵심은 여전히 본인이 쥐고 있어야 하며, 당신이 얼마나 진솔하고 정확하게 상황을 전달하느냐에 따라 전략의 질이 달라집니다.

- 절대 숨기지 마세요.

불리하건 유리하건 해당되는 모든 정보를 전문가에게 처음부터 모두 털어놓고 상담할 때 제대로 된 전략이 세워집니다. 숨겨 두었던 사실이 뒤늦게 밝혀지며 소송 전체가 불리한 상황으로 몰리는 경우가 있습니다.

책에 쓴 저의 경험을 통해, 내가 무엇을 겪고 있고, 무엇을 어떻게 준비해야 하는지 어떤 상황에 처했는지, 어떤 방향으로 나아가야 하며, 무엇을 준비해야 하는지, 어떤 증거가 필요하고, 누구와 소통해야 할지를 정리해 보시기 바랍니다. 회사와의 싸움은 외로운 싸움이지만, 준비된 사람은 절대 무너지지 않습니다.

2. 감사와 조사에 대응하는 기술과 노하우 및 사전 지식

1) 대기업의 경우

대기업에서 감사를 받는다는 것은 단순한 내부 점검이 아닙니다. 때로는 해고나 중징계로 이어지는 통로가 될 수 있습니다. 그래서 감사 대응은 그야말로 '말 한마디가 운명을 바꿀 수도 있는' 상황입니다.

- 즉흥적 발언은 절대 삼가야 합니다.

침묵은 방어입니다. 필요하다면 "묵비권을 행사하겠습니다"라고 말하는 것도 정당한 권리 행사입니다. 억울하다고 서둘러 해명하려는 의욕은 절대 해서는 안 됩니다. 회사는 당신의 진술을 바탕으로 불리한 해석을 하려 할 수 있습니다. 불리한 상황에서는 "묵비권을 행사하겠습니다"라 하시면 됩니다. 영화나 TV 드라마에서 보듯, 검찰 조사에 임하는 피의자가 변호사의 조력을 받아 불리한 증언에 대해서는 "묵비권을 행사하겠습니다" 하고 말하는 모습을 많이 보셨을 겁니다. 감사에서도 이와 같이 자신 있게 대처하시면 됩니다.

• 녹취·녹화 요청 시 당당히 맞서십시오.

회사가 녹음이나 녹화를 하겠다고 하면, "저도 녹취하겠습니다"라고 맞대응하세요. 감사가 이를 허용하지 않는 경우, 당신도 정중하게 거부할 수 있습니다. 감사는 검찰이나 경찰이 아니며, 당신은 수사 대상이 아닙니다. 녹화나 녹취를 거부했다는 이유로 "녹취를 거부했으니, 인사상 불이익도 감수하겠다"는 확약서를 요구받는 경우가 있습니다. 당황할 필요는 없습니다. 그럴 때는 차분하게 이렇게 말하세요. "괜찮습니다. 제출하겠습니다." 확약서를 제출했다 하여 실제로 인사상 불이익을 받는 일은 거의 없습니다. 녹화·녹취를 거부할 권리는 '피감인의 최소한의 자기 방어권'이며, 모든 사람은 자신에게 불리한 상황에서 스스로를 지킬 권리가 있습니다. 오히려 그런 확약서를 당당히 제출함으로써 감정에 휘둘리지 않고 냉정하게 상황을 통제할 수 있다는 강한 메시지가 될 수 있습니다. 녹화·녹취에 동의하는 경우, 감사 과정에서의 실수나 발언 하나가 불리하게 해석될 수 있으며, 전체 맥락이 왜곡될 수 있습니다. 최대한 말을 아끼는 것이 최선의 방어입니다.

• 감사는 회사의 전략적 설계일 수 있습니다.

감사 담당자는 마치 검사처럼 질문을 던지고, 원하는 답변을 이끌어 내려 합니다. 그들은 전문적으로 감사 교육을 받은 '기술자'입니다. 절대 만만하게 생각해서는 안 됩니다. 감사 과정에 대응이 힘든 경우나 판단이 정확히 서지 않는 경우, 쉬는 시간에 사전에 접촉했던 노무사나 유경험자에게 연락해 상담을 받으면서 감사받는 것도 좋은 방법입니다(법조계의 특성상 선임을 하지 않은 상태에서 밀착 대응해주는 변호사는 드뭅니다).

- 감사 단계에서 중요한 전략적 판단을 해야 합니다.

이 조사가 단순 경고 수준의 사안인지, 아니면 해고까지 노린 것인지 먼저 냉정하게 판단해야 합니다. 경고나 감봉 수준인 경우, 감사 내용에 대해 일부 인정하여 수용할지를 판단해야 하며, 해고 가능성이 농후하다면 외부 소송까지 대비한 전략이 필요합니다. 저의 경우는 실제 해고 수순이라 판단하고, 감사에 대해서는 무대응으로 일관하고 외부 대응 전략을 준비한 사례입니다.

- 반드시 소명서를 준비하세요.

감사 중이건, 감사 후 인사위원회건 소명의 기회가 주어질 수 있으므로 객관적 논거를 담은 소명서를 사전에 준비하십시오. 물론 실제 사례에서 감사 담당자가 소명 기회를 일부러 주지 않거나, 이미 결론을 정해 놓고 진행하는 경우도 있습니다. 피감인의 소명 기회를 무시하고 회사가 원하는 결론을 내립니다. 이럴수록 소명서가 중요한 무기입니다.

- 징계 수위는 고의성과 사안의 중대성에 따라 달라집니다.

회사의 징계 근거는 주로 고의성, 중과실, 반복성 등에 맞춰집니다. 따라서 반드시 회사 인사 규정, 감사 규정, 징계 기준 등을 미리 숙지한 상태에서 감사에 임해야 합니다. 징계 사안이 정확히 무엇인지, 회사가 어느 수위를 노리고 있는지 판단하지 못한 채 감사에 임하는 것은 가장 위험하고 무모한 대응입니다.

- 확인서에 서명하지 마세요.

"내가 잘못했다"는 식의 자인 문구가 들어간 확인서에 서명하는 경우, 지방노동위원회 구제 신청이나 이후 예정된 민사 소송에서도 불리해집니다. 이 경우 승소는 거의 힘들다고 봐야 합니다.

- 감사와 인사위원회의 관계를 이해하고
  인사위원회에 대응해야 합니다.

감사실은 '검사', 인사위원회는 '판사', 피감인은 '피고인'이라 이해하면 됩니다. 인사위원회는 거의 요식 행위에 가까워, 감사에서 결정된 징계 수위가 그대로 반영되는 경우가 많습니다. 인사위원회 참석 시 준비한 소명 자료를 토대로 최대한 피감인이 유리한 내용만 주장하면 됩니다. 이 과정에서도 마찬가지로 자신에게 불리한 내용은 묵비권을 행사합니다.

실무에서 해고가 무효가 되는 경우

노동위원회는 해고의 '절차 위반'만으로도 부당 해고를 인정할 수 있습니다. 법원은 해고 사유의 '실질적 정당성'까지 함께 판단합니다. 따라서 해고 예고 및 소명 기회 미이행, 인사위원회 절차 누락, 사유 불명확 등은 실제로 무효 판결로 이어질 수 있습니다.

대기업의 경우, 해고 절차를 치밀하게 설계해 두는 경우가 많아, 절차 위반의 입증이 쉽지 않습니다. 100% 절차 위반은 없다고 생각하시면 됩니다. 그만큼 소명 자료와 대응 논리가 더욱 중요합니다.

감사와 조사는 단순한 '소명의 자리'가 아니라, 해고 또는 중징계를 위한 명분을 만드는 자리입니다. 정확한 판단과 냉정한 대응, 그리고 철저한 사전 준비가 무엇보다 중요합니다.

2) 중소기업 또는 소기업(소상공인, 개인 사업자 포함)의 부당 해고에 대응하는 방법

대기업과 중소기업에서의 해고 과정엔 큰 차이가 있습니다. 대기업은 해고 시 정당성을 입증하기 위해 법적 절차를 정교하게 준비하는 반면, 중소기업이나 개인 사업자는 노동법에 대한 이해 부족, 노무 관리 경험 부족, 절차적 정당성 무시 등의 사유로 법적 허점을 드러내는 경우가 많습니다.

- 중소기업에서 자주 발생하는 해고 문제

대표자가 인사 규정, 해고 절차를 잘 몰라 절차 없이 해고를 통보하는 경우, 소명의 기회나 인사위원회 절차 없이 구두로만 "내일부터 나오지 마세요"라 통보하는 경우 등, 해고 사유가 정당하더라도 절차를 지키지 않아 노동위원회에서 부당 해고로 판정되는 사례가 다수 발생합니다.

- 권고 사직 유도 및 회유에 주의하십시오.

많은 사업장이 심리적 압박이나 회유를 통해 근로자에게 권고 사직서를 쓰도록 유도합니다. 예컨대 "3개월치 급여를 줄 테니 권고 사직서를 쓰자", "지금 사직서를 쓰면 불이익 없이 나갈 수 있다"는 식의 회유는 현장에서 매우 흔합니다. 이때 섣불리 사직서를 작성하지 마세요.

- 계약서에 불리한 조항이 있어도 무조건 유효한 건 아닙니다.

중소기업은 종종 근로기준법에 어긋나는 근로 계약서를 작성해 놓고, 이를 근거로 해고나 부당 인사 발령을 합니다. 대표적인 조항으로 "회사의 인사 발령에 이의를 제기하지 않는다"는 조항이 있습니다. 이 조항은 부당 발령 소송 시 당사자에게 불리하게 작용할 수 있습니다. 하지만, 이런 조항에도 불구하고 생활상 곤란, 경력 단절, 업무 연속성 단절 등의 사유가 인정되면 승소 가능성이 있습니다.

자주 발생하는 중소기업의 부당 행위 예시
- 계약서에 인사 발령 이의 제기 불가 조항 삽입 → 부당 인사 발령 후 퇴사 유도
- 계약서 조항에 어긋나는 인사 명령
- 인사 절차를 무시한 해고 통보
- 근로기준법 위반(해고 예고 없는 즉시 해고 등)

현명하게 대응하려면?

사직서 또는 권고 사직서는 절대 즉시 작성하지 말고 시간을 벌어야 합니다. 절대로 혼자 결정하지 말고, 주위의 유경험자나 노동 전문 노무사의 조언을 받으셔야 합니다. 이때 반드시 회사로부터 받은 통보나 문서, 회유 정황 등을 모두 기록하고 보관하십시오.

- 해고가 정당한 경우는 매우 제한적입니다.

정당한 해고 사유는 경영상의 명백한 어려움에 따른 구조 조정, (근무 태만, 횡령, 명백한 규정 위반 등)근로자의 중대한 귀책 사유에

해당되는 경우에 한합니다. 이 사유 외의 해고는 대부분 부당해고로 간주될 수 있습니다.

중소기업일수록 근로자가 법과 절차를 더 정확히 이해하여 스스로를 지킬 필요성이 크다 할 수 있습니다. 해고를 당했다면 감정에 휘둘리지 말고, 이 책의 사례와 부록 내용을 참고해 하나하나 기록하고 대응을 준비하십시오. 지난할 수도 있지만 그 여정은 "나 하나쯤이야"하고 포기할 수 있는 일이 아니라, 바로 나의 권리를 지키기 위한 위대한 걸음입니다.

3. 해고(징계) 이후 지방노동위원회 구제 신청 대 민사 소송의 장단점과 선택

해고나 징계를 당한 후에 대응할 수 있는 방법에는 두 가지 갈래가 있습니다. 바로 지방노동위원회에 구제 신청하는 방법과 민사 소송을 제기하는 방법입니다. 두 방식 모두 장단점이 뚜렷하므로 자신의 상황에 맞게 선택하는 것이 중요합니다.

- 지방노동위원회 구제 신청, 빠르게 결론을 낼 수 있습니다.

이 방식은 절차가 비교적 빨라. 내용이 단순한 경우 1개월 이내, 복잡한 경우에도 3~4개월에서 길어야 6개월 이내에 결론이 납니다(참고로 저 같은 경우 사안이 복잡하여 6개월 걸렸습니다).

지방노동위원회(지노위)의 복직 판정 시, 해고 기간 동안 받지 못한 임금 전액을 지급받을 수 있으며, 복직이 가능합니다. 지노위 판정 결과에 불복하는 경우, 중앙노동위원회(중노위)에 재심을 요청할 수 있으며, 중노위 결과에도 불복할 경우 행정 소송으로 진행할 수 있습니다. 지노위에서 다루는 사건은 형식적 절차 위반에도 민감하므로 절차적 정당성 문제로 이길 가능성이 높습니다.

- 민사 소송, 시간이 걸리지만 경제적 이득을 취할 수 있습니다.

민사 소송은 절차가 느려 보통 6개월~1년 이상 소요됩니다. 그러나 승소하는 경우, 이 기간 동안의 임금 상당액을 모두 배상받을 수 있고, 최대한 지연 전략을 잘 활용하면 1년치 급여 수준을 보전받는 경우도 있습니다. 복직보다는 금전 보상에 중점을 둔 해결 방식이라 할 수 있습니다.

어떤 선택이 나에게 유리할까?

빨리 끝내고 복직하고 싶다면 지방노동위원회 구제 신청을, 시간이 걸려도 금전적으로 충분히 보상받고 싶다면 민사 소송을 활용합니다. 정서적 문제로 복직이 부담스럽거나 회사와 갈등이 극심한 경우에는 민사 소송이 더 현실적이라 할 수 있습니다.

- 비용과 대리인 선임 팁

지노위 구제 신청은 노무사를 통해 진행 가능하며, 변호사보다 1/2 저렴한 비용으로 선임할 수 있습니다. 민사 소송은 변호사 선임이 일반적이며, 성공 보수는 보통 5~10% 이내로 책정됩니다. 간단한 사건일 경우, 혼자 진행(셀프 소송)도 충분히 가능합니다. 지노위 구제 신청과 민사 소송 모두 직접 서류 작성과 준비가 가능하며, 절차 안내도 잘 되어 있습니다. 간단한 쟁점 사안의 경우, 셀프 소송도 승소율이 높습니다. 비용 절감 효과도 큽니다.

- 실전 팁_복직 후 협상 전략

　복직 판정을 받았지만 실제로 다시 회사에 나가고 싶지 않다면 어떻게 해야 할까요? 이 경우, 회사와 퇴직 보상금 협상도 가능합니다. 예컨대, "복직은 하되 3~6개월치 급여를 추가로 받고 퇴사"하는 조건으로 합의 이직하는 방식입니다. 실제로 저 역시 복직 이후 회사 생활이 쉽지는 않았습니다. 복직 후 부당한 처우나 괴롭힘이 반복될 수 있으므로 복직 자체를 전략적으로 활용하는 방법도 고려해 볼 필요는 있습니다.

　소송은 단순한 법리 다툼이 아닙니다. 감정, 명예, 실익을 종합적으로 고려해야 하는 전략적인 선택입니다. 그러므로 감정이 아닌 전략으로 대응해야 합니다.

4. 노무사와 변호사, 어떻게 선택하고 어떻게 대응해야 할까?

　해고나 징계 문제를 겪게 되면 누구나 노무사나 변호사의 도움을 받게 됩니다. 그런데 중요한 건, 누구를 선택하느냐에 따라 결과도, 과정도 달라진다는 점입니다. 노무사이건 변호사이건, 중요한 기준은 딱 하나입니다. "내 얘기를 잘 들어주고, 공감해 주는 사람인가?" 하는 점입니다. 노무사는 일반적으로 근로자 편에 서는 경우가 많고, 변호사는 다소 기계적인 접근을 하는 경우가 있습니다. 그래서 실제 선임하기 전에 적어도 2~3명 이상 만나 상담해 보길 권합니다.

- 상담 전 준비 사항
1. 본인의 사건을 정리한 히스토리 문서를 미리 출력해 가져갑니다.
2. 설명할 때 말로만 하지 말고, 서면으로 보여 주고 공유해야 합니다.
3. 상담 중에는 상대가 얼마나 내 말에 집중하고 이해하려는 태도를 보이는지 확인합니다.

- 어떤 사람을 선택해야 할까?

내 이야기를 경청하고, 피드백을 구체적으로 해 주는 사람, 내가 정리해 온 내용을 읽고, 사건의 핵심을 빠르게 파악해 주는 사람, 형식적 응대가 아닌, 공감하고 함께 싸우겠다는 자세를 가진 사람을 선택해야 합니다. 저는 개인적으로 민주노총 소속 노무사를 추천드립니다. 일반 노무사에 비해 사용자 측보다는 근로자 측 입장을 더 잘 이해하고, 정서적으로도 지지해 주는 경우가 많았습니다. 정신적으로 힘든 시기에 든든한 동지가 되어 줄 수 있습니다.

- 경험보다 더 중요한 건 '소통'과 '신뢰'입니다.

소송 경험이 많아도 소통이 되지 않으면 실패합니다. 나의 상황에는 관심이 없고, 다만 떠안은 일처럼 처리하려는 태도를 보인다면 반드시 피하세요. 같은 팀이라는 인식, 같은 마음이라는 신뢰가 있어야 승소 확률도 높아집니다.

- 소송의 주체는 바로 '나'입니다.

노무사나 변호사는 어디까지나 조력자입니다. 실제로 소송을 끌어가는 이는 바로 '나'입니다. 내가 내용을 정리하고, 방향을 제시하며, 필요하다면 내가 의견을 더해야 합니다. 내 사건인데, 내가 모르고, 내가 무관심하면 결과도 나에게 불리하게 작용합니다.

- 서면 정리가 핵심입니다.

내 사안을 구두로만 설명하려 들지 마세요. 항상 문서로 정리해 제출해야 합니다. 형식에 얽매일 필요는 없습니다. 핵심은 사실과 근거입니다.

- 소통이 안 되는 노무사나 변호사는 절대 선택하지 마세요.

조력자인 노무사나 변호사는 나와 같은 배를 탄 동료여야 합니다. 나의 미래 인생이 걸린 문제이기 때문입니다. 노무사나 변호사를 '고용'의 객체가 아니라, '함께 싸우는 파트너'로 임해야 합니다. 그렇게 생각하고, 준비하고, 소통할 때 비로소 승리를 이끌 수 있습니다.

5. 체불 임금(해고 예고 수당, 연체 급여, 퇴직금)을 받는 실전 노하우

체불 임금은 단순한 금전적 문제에 국한되지 않습니다. 노동에 대한 대가이며, 인간으로서의 존엄과 권리를 지키는 문제입니다. 내가 일한 만큼 받는 건 너무나 당연한 권리이며, 절대 포기해서는 안 될 권리입니다.

- 1단계: 노동청에 '진정서' 제출하기

가장 먼저 해야 할 일은 고용노동부에 '임금 체불 진정서'를 제출하는 것입니다. 진정은 관할 지방노동청 근로감독관을 직접 방문하거나, 온라인(고용노동부 홈페이지)으로 제출할 수 있습니다. 진정서를 제출하면 근로감독관이 사용자(회사)를 조사하게 됩니다. 진정서에는 근무 기간, 체불액, 지급 예정일, 지급되지 않은 사실, 회사 명칭, 담당자 이름 등을 구체적으로 적시해야 합니다.

- 2단계: '형사 고소' 병행하기, 가장 효과적 압박 수단

진정과 함께 형사 고소를 진행하는 것은 매우 효과적인 방식입니다. 임금 체불은 근로기준법 위반(형사 처벌 대상)에 해당하므로 고소 가능합니다. 진정을 제기하는 경우, 많은 기업이나 회사는 버티지만, 형사 고소가 병행되면 빠르게 해결하려 나서는 경우가 많습니다.

- 고소 후 '합의 유도' 시 주의 사항

체불 임금을 받는 조건으로 고소를 취하해 달라는 요청을 받을 수 있습니다. 이 경우, 회사가 "돈을 주겠다"고 말만 하고 실제로 지급하지 않는 경우가 종종 있습니다. 절대 먼저 고소를 취하해서는 안 됩니다. 반드시 실제 입금이 확인된 후, 그 다음에 취하서를 써야 합니다. 근로감독관이 체불 임금 지급 후 고소 취하 여부를 확인하려 할 때 '반의사불벌죄' 확인서를 요구할 수 있습니다.

- 체불 임금 입증 자료 준비

근로 계약서, 출퇴근 기록, 급여 명세서, 통장 거래 내역, 문자, 메일, 사내 메신저 기록 등 체불 임금을 입증할 수 있는 자료를 최대한 모아 두세요. 정규직이 아니더라도 일한 사실과 금액만 입증하면 법적으로 보호받을 수 있습니다.

- 민사 소송도 가능하지만…

진정과 고소로 해결되지 않는다면, 민사 소송을 통해 임금 청구

도 가능합니다. 하지만 민사 소송은 시간과 비용이 더 소요되므로 진정 및 고소 단계에서 해결하는 것이 가장 효율적입니다.

- 정리하면 다음과 같습니다.
1. 노동청에 진정서를 넣는다.
2. 동시에 형사 고소를 진행해 사용자에게 압박감을 준다.
3. 체불 임금은 반드시 문서와 증거로 준비해 둔다.
4. 절대 선처해 주거나 먼저 취하해 주지 않는다.

임금은 받을 수 있는 것이 아니라, 당연히 받아야 할 권리입니다. 절대 포기하지 마세요. 당신이 일한 만큼, 반드시 받아야 할 권리입니다.

이 가이드는 부당 해고나 징계에 맞서 절차를 알려 주는 단순한 설명서가 아닙니다. 부당함에 맞서 싸우는 모든 사람들의 생존 매뉴얼입니다. 이제는 당신의 차례입니다. 이제부터 당신은 절대 혼자가 아닙니다. 진심을 담아 도움이 되길 바라는 간절한 마음으로….